- E

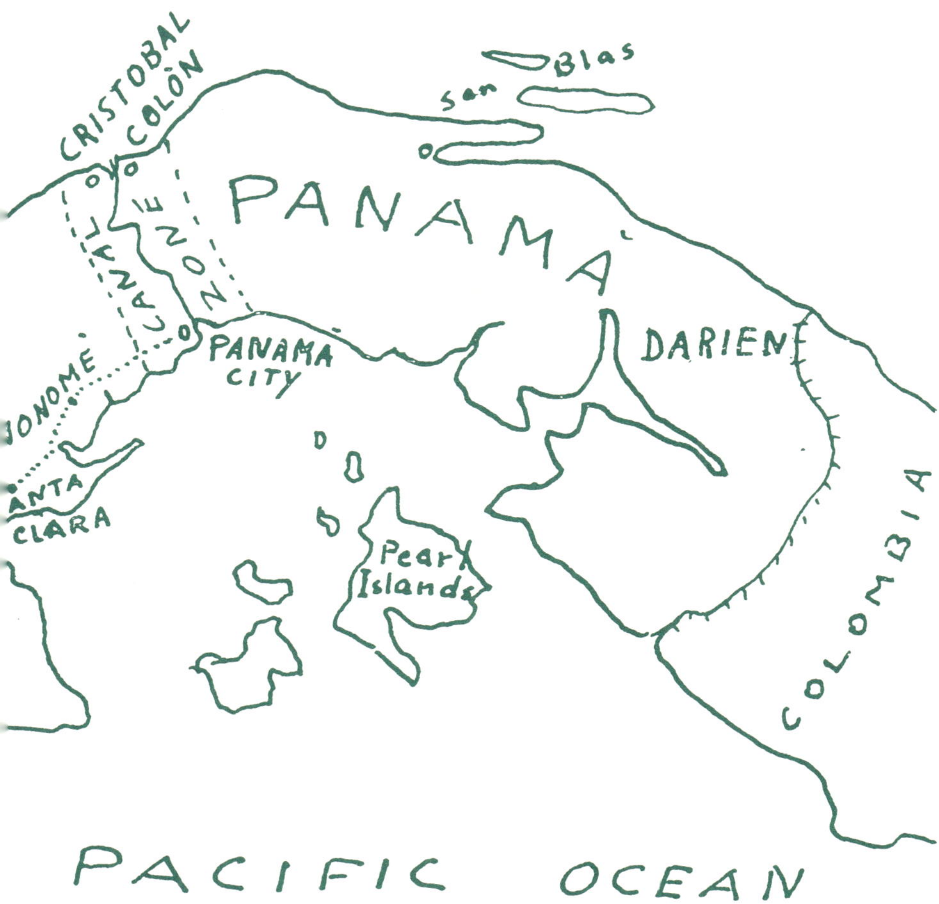

TRUDI WORRELL

Die Autorin, die heute in den USA lebt, schildert in ihrem autobiographischen Bericht, wie sie in den dreißiger Jahren als junges Mädchen mit einer Gruppe Schweizerinnen und Schweizer nach Panama auswanderte, um dort in einer von der Zivilisation noch unberührten Landschaft ein selbstbestimmtes, einfaches Leben zu führen. Spontan und direkt, mit viel Menschenkenntnis und Sinn für Humor erzählt Trudi Worrell von den Erlebnissen und Erfahrungen, Erfolgen und Mißerfolgen in der fremden tropischen Welt, vom oft nicht einfachen Zusammenleben der so verschiedenen Menschen, von Begegnungen mit Einheimischen, Siedlern und Goldgräbern und dem Umgang mit Pferden. Selbst ganz praktische Tips, z. B. wie unverwüstliche Sandalen aus alten Autoreifen hergestellt werden können, fehlen nicht.

Der Alltag der Pioniere war von harter Arbeit und Entbehrungen geprägt; bevor sie auf einer *finca* Landwirtschaft betreiben konnten, mußten sie eigenhändig einen Pfad durch den Urwald hauen und eine Brücke über den Chiriqui Viejo bauen.

Nach einigen Jahren in der paradiesischen Abgeschiedenheit von Cotito empfand Trudi den Wunsch, aus ihrem Leben noch etwas anderes zu machen.

Trudi Worrell • **Die Brücke am Chiriqui Viejo**

Es gelang ihr, allein und ohne Geld in die Zivilisation zurückzukehren. Zuerst arbeitete sie als Mädchen für alles bei einer Amerikanerin, wo sie nicht nur Englisch lernte, sondern auch ihrem zukünftigen Mann begegnete.

Der Reichtum der Natur, die dem Menschen eigentlich alles bietet, was er zum Leben braucht, die Schönheit des tropischen Urwaldes und der weiten Savanne waren schon damals vom sogenannten Fortschritt bedroht. Der Autorin war es ein großes Anliegen, die einzigartigen Jahre, die sie auf einem unverdorbenen Stück Erde erleben durfte, schreibend für immer zu bewahren. «Die Brücke am Chiriqui Viejo» ist ein eindrückliches Zeitdokument und zugleich ein Report aus erster Hand über ein echtes, faszinierendes Abenteuer und eine menschliche Bewährungsprobe, wie sie heute kaum mehr möglich sind.

Trudi Worrell

Die Brücke am Chiriqui Viejo

Bericht einer Auswanderung nach Panama

Aus dem Amerikanischen von Barbara Traber

Edition Hans Erpf
Bern • München

Die Karte auf dem Vorsatz zeigt den beschwerlichen Weg der Pioniere in Panama und stammt, gleich wie die Illustrationen im Buch, von der Autorin

Umschlag: Yvonne Worrell Pover / Stefan Golser

Postfach 6018 • CH-3001 Bern
ISBN 3-905517-79-5

Inhalt

Abschied von der Schweiz

Vom ersten Moment an, bei meiner Ankunft in Vairano, einem abgelegenen Dorf mit Blick über den Lago Maggiore, fühlte ich mich zu Hause. Dort schloß ich mich einer Gruppe Schweizer Bürgern an, die als Pioniere nach Zentralamerika, nach Panama auswandern wollten. Unsere Lebenseinstellung und unsere Ideen stimmten im großen und ganzen überein, und wir kamen uns näher als allen andern Menschen zuvor.

Wir saßen um einen großen, mit taufrischen Trauben, Feigen und gerösteten Kastanien beladenen Tisch herum und diskutierten unsere Pläne. In etwa vier Wochen würden wir von Genua nach Panama segeln, nach Zentralamerika. Ich wechselte eine heiße Kastanie von einer Hand in die andere, als jemand an die Tür klopfte.

«Ist ein Fräulein Trudi da?» fragte ein Ausläufer des Postbüros. «Wir haben einen Anruf von weit her für Sie!» erklärte er schnell auf italienisch. Erstaunt folgte ich ihm zum einzigen Telefon des Dorfes und nahm den Hörer entgegen. «Trudi, pack nicht aus!» flehte eine Stimme. Es war mein Onkel aus Zürich. «Bitte komm sofort zurück ... Laß dich von ihnen auf keine Weise überreden, dort zu bleiben ... Hörst du mich?»

Ich hatte noch gar nichts antworten können, als eine weibliche Stimme - die seiner zukünftigen Braut - sich einschaltete. «Trudi», sagte sie beunruhigt, «hörst du mich?» Die Verbindung wurde schwach und undeutlich. «Ich will, daß du sofort zurückkommst, Trudi. Wir haben nachgedacht. Es war ein Fehler, dich gehen zu lassen. Komm zurück, du kannst hier in unserer Wohnung in der Stadt ein eigenes Schneiderinnengeschäft eröffnen.» Mein Onkel nahm den Hörer wieder an sich. «Nimm den allernächsten Zug zurück...» Völlig durcheinander und verwirrt unterbrach ich ihn mit: «Ja, aber ich will nicht ...» - «Entschuldigung, Ihre Zeit ist abgelaufen», unterbrach die Telefonistin. Bestürzt legte ich den Hörer auf die Gabel.

Aller Augen waren auf mich gerichtet, als ich zurückkam. Ich wartete nicht auf ihre Fragen, sondern sagte einfach: «Sie wollen, daß ich zurückgehe.»

«Das wirst du nicht tun, nicht wahr?» fragten die Jüngsten neugierig. Ich schüttelte den Kopf. «Wir wollen nicht jetzt darüber reden.» Ich mußte diesen äußerst beunruhigenden Vorfall zuerst selbst verdauen. Im Augenblick zog ich es vor, alles zu vergessen und mit den andern begeistert zu planen, wer was anpflanzen und machen wollte, wenn wir dereinst im Dschungel ankommen würden, während wir nicht aufhörten, Trauben und Kastanien zu mampfen.

Dieses Vergnügen währte jedoch nur kurz, denn erneut klopfte es an die Tür.

Diesmal stolzierte eine Besucherin herein, die zu ihrer sorgfältigen Kleidung einen mit Rüschen dekorierten Hut trug. Eine randlose Brille war auf ihre spitze, hervorstehende Nase geklemmt. Sie stellte sich vor, als hätte sie dies einstudiert: «Ich bin die Vertreterin der nationalen Gesellschaft für den Schutz junger Mädchen. Ich bin beauftragt worden, Fräulein Trudi zurückzuholen!»

Ich brachte keinen Ton heraus und stand hilflos da. Ruedi, ein großer, strammer Mann um die Dreißig, schob den Kastanienröster zur Seite und kam näher, um besser mitzuhören. Die Frau starrte uns alle der Reihe nach an. «Darf ich fragen, wer oder welche Fräulein Trudi ist?» Keine Antwort. Aber die Besucherin war allzusehr von ihrer Mission erfüllt, um so leicht aufzugeben. Schrill erkundigte sie sich: «Nun, kann mir niemand meine Frage beantworten?»

«Ich bin Trudi», sagte ich schließlich und trat nach langem Zögern hervor, worauf sie prompt ihren eingeübten Ton wieder aufnahm: «Fräulein Trudi, ich habe den Auftrag erhalten, Sie zurückzubringen ... natürlich freiwillig», sagte sie und griff nach meiner Hand. Empört über ihre Taktik, mich unter Druck zu setzen, versteckte ich meine Hand hinter meinem Rücken.

In diesem Moment schritt Ruedi ein und rollte seine Hemdsärmel auf, um sein Vorhaben, mich zu beschützen, zu unterstreichen. Er blickte offen in die Augen der Frau und sagte: «Jetzt hören Sie mal zu. Sehen Sie denn nicht, daß Trudi nicht mit Ihnen kommen will?»

«Unglaublich», zischte sie empört, «noch niemals bin ich so ... so grob behandelt worden!»

Alle außer mir schienen die Angelegenheit mit großem Spaß zu verfolgen, was sie noch wütender machte. Wäre ich nur eine Zuschauerin gewesen, hätte auch ich die ganze Episode mit Belustigung verfolgen können. Da all dies meinetwegen geschah, konnte ich die Erheiterung der andern nicht teilen. Ich hatte genug damit zu tun, eine passende Antwort zu finden.

Ruedi nahm es auf sich, uns von dem unwillkommenen Gast zu befreien. Dramatisch spannte er seine Armmuskeln und warnte die Besucherin, mit dem Zeigfinger auf seiner Armbanduhr: «Wir geben Ihnen genau eine Minute, um zu verschwinden!»

Einen Moment lang glaubte ich, sie würde in Ohnmacht fallen. Mit glotzenden Augen hielt sie eine Hand an die Brust und stützte sich mit der andern am Türrahmen. Inzwischen war Ruedi zur Tür getreten und hielt diese weit auf.

Die offensichtlich geschockte Frau rückte zitternd ihren kleinen Hut gerade, der auf eine Seite heruntergerutscht war, und versuchte, ihre Stimme wiederzugewinnen: «Ich bin in meinem ganzen Leben noch nie, nie so beleidigt worden ...», murmelte sie, umklammerte ihre Handtasche, eilte zur Tür hinaus und die Treppe hinunter.

Plötzlich war mir, als ob mein Blut in den Adern erstarrte. Schnell entschuldigte ich mich. Ich mußte sofort hinaus und draußen in der Natur versuchen, den dramatischen Vorfall zu überdenken und wieder Boden unter die Füße zu kriegen.

Am selben Morgen hatte ich das im November schon kalte und winterliche Zürich verlassen und war nach Vairano gekommen, einem abgelegenen Dorf tief im Süden der Schweiz, wo das Wetter noch sommerlich war. Ich war froh, den Winter hinter mir zu lassen, vielleicht für immer. Aber ich konnte mich auf nichts konzentrieren, denn die wohlmeinende Stimme meines Onkels tönte immer noch in meinen Ohren.

Mein Onkel, der zu jener Zeit Medizin studierte, hatte mich am Tag davor in sein Büro bestellt. Er war sofort zur Sache gekommen.

«Trudi, wenn du das Gefühl hast, du müssest gehen, dann möchte ich, daß du wenigstens vorbereitet bist!» hatte er ernst gesagt und mir eine beeindruckende, komplette Erste-Hilfe- und Schlangenbisse-Ausrüstung überreicht. «Wenn Martin Amberg nicht einer der verantwortlichsten Männer wäre, die ich kenne, könnte ich nicht daran denken, dich ziehen zu lassen.» Dann blickte er mich mit seinen durchdringenden blauen Augen an und fügte mit erhobenem Zeigfinger bei, den Ernst dieser Angelegenheit noch steigernd: «Da Martin seine Familie mitnimmt, setze ich voraus, daß er weiß, was er tut.»

Sein großes Interesse und seine Hilfe überraschten mich. Ich war erstaunt über seine Mitteilsamkeit. Normalerweise drückte er sich in kurzen, abgehackten Sätzen, im Telegramm-Stil, aus. Stets war er mit zahlreichen Gesundheits- und Fürsorgeprojekten beschäftigt. Seine Bemerkung «Ich könnte nicht daran denken, dich ziehen zu lassen» hätte ich ihm übelnehmen können; statt dessen war ich gerührt, daß er sich um mich Sorgen machte.

Nach dem Tod meiner Mutter - da war ich, das älteste von drei Kindern, elfjährig - blieb von unserer wirklich glücklichen Familie nur noch die Erinnerung. Es war, als hätte man uns das Dach über dem Kopf weggerissen. Zum Glück nahm unsere Großmutter (die Mutter meines Vaters) uns bei sich auf, obwohl sie es kaum vermochte, für uns aufzukommen. Auch sie äußerte gewisse Befürchtungen wegen meiner Reise ans Ende der Welt, wie sie es nannte. In der Tat war sie über die ganze Idee sehr skeptisch.

Da wir ihn angefleht hatten, keine Stiefmutter heimzubringen, verschob mein Vater, Architekt von Beruf, seine Wiederverheiratung bis nach meiner Abreise nach Zentralamerika. Ob ich wegging oder nicht, schien ihm gleichgültig zu sein. Meine Schwester hatte ich nicht überreden können, mitzukommen. Peter, mein halbwüchsiger Bruder, jedoch hatte mich auf die Idee gebracht, auszuwandern.

Peter hatte schon seit manchem Sommer die Angewohnheit, mit seinem Velo billige Ferien zu machen. Er unternahm Touren in der ganzen Schweiz, Berg-, Paß- und Talfahrten, eine eigene «Tour de Suisse», wie er dies nannte. Diesmal in den Süden, ins schweizerische Florida. Er machte in Vairano-Ticino halt, um unsere Freunde, die Familie von Martin, zu besuchen. (Martin hatte vor einigen Jahren für meinen Vater ein Einfamilienhaus am Zürichsee gebaut.) Dabei erfuhr er von ihren aufregenden Auswanderungsplänen und blieb bei ihnen. Bald schrieb mir Peter immer wieder über Einzelheiten dieses Projekts und daß er sich entschieden habe, mitzugehen.

Da ich schon lange von einem solchen Abenteuer geträumt hatte, schrieb ich ihm zurück, wie glücklich ich für ihn sei und wie aufregend ich dies finde. Wenigstens werde der Traum für ihn wahr.

Einige Tage später klopfte Peter spätabends an die Tür der Wohnung unserer Großmutter in Zürich, wo ich lebte. Er war völlig erschöpft von der langen Velotour bergauf und bergab und über den verschneiten Gotthard. «Ich muß dir ganz viel erzählen, Trudi», sagte er noch ganz außer Atem. Schnell machte ich ihm etwas zu essen. Wir unterhielten uns, bis es Tag wurde. Nachdem mich Peter geradeheraus gefragt hatte: «Möchtest du mit uns kommen?», hätte ich ohnehin nicht mehr schlafen können.

Mir war, als müßte mein Herz vor Freude bersten, ich konnte kaum glauben, was er gerade gesagt hatte. Auch ich mitgehen? Aber zugleich wußte ich, meine Antwort würde ja sein!

Sofort überschwemmte ich Peter mit einigen entscheidenden Fragen. Wie war es *wirklich*, mit diesen Leuten zusammenzuleben? Peter versicherte mir, es sei interessant und oft aufregend. «Aber welches ist ihre Einstellung ganz allgemein?» erkundigte ich mich weiter. «Darin unterscheiden sie sich von der Mittelmäßigkeit», antwortete Peter nachdenklich. «Weißt du, für jeden Fehler oder jedes Unrecht, ob groß oder klein, nimmst du die Schuld voll auf dich.» Darüber mußte ich nachdenken, bevor ich es mir vorstellen konnte. Viel später fand ich heraus, daß sich dies bewährte. Dieser Grundsatz verhindert mögliche Reibungen, die sich in jeder Gruppe ergeben, besonders wenn man in völliger Abgeschiedenheit lebt, wie wir es taten.

«Und was ist mit dem Vorlesen aus der Bibel jeden Abend?» fragte ich etwas skeptisch. «Darf man seine eigenen Gedanken äußern?» - «Oh, bestimmt», sagte Peter. «Ja, aber sag mir, machen sie dauernd ernste Gesichter?» wollte ich weiter wissen. «Überhaupt nicht.» - «Haben sie Humor?» erkundigte ich mich. «Die Antwort ist eindeutig ja», lachte Peter. Diese letzte Antwort erleichterte mich sehr, denn Humor war und ist für mich etwas vom Wichtigsten. Das Sandmännchen streute mir dann schließlich doch noch Sand in die Augen, und ich hatte lebhafte Träume, die sich um die neuen und dramatischen Ereignisse in meinem Leben drehten.

Im nüchternen Tageslicht am nächsten Morgen versuchten meine Familie und meine Freunde zwar noch, mich von meinen Plänen abzubringen, aber ich hatte meinen Entschluß gefaßt und war bereit, ein ganz neues Leben auf einem neuen Kontinent zu beginnen.

Kein Bedauern, die Zivilisation zu verlassen

Unberührtes Land zu entdecken war schon lange mein Traum. Ich sah keine Ursache, Angst vor einer unsicheren Zukunft zu haben. Ich war zuversichtlich, für mich selbst sorgen zu können, falls irgend etwas schiefgehen sollte.

Dies war meine Chance, meinen Traum zu leben: ein Leben voller Wunder im unbegrenzten Urwald. Und von dem zu leben, was Land in seiner rohsten und reinsten Existenz bietet.

Nicht eine einzige Minute hatte ich Zweifel, ob all dies möglich sein würde. Ich kann vorbehaltlos behaupten, daß der Rest unserer Gruppe meinen unerschütterlichen Optimismus teilte. Niemand zeigte je ein Zeichen von Furcht über mögliche Härten. Wir waren begierig, jede notwendige Arbeit und Anstrengung auf uns zu nehmen, nicht nur um zu überleben, sondern um *wirklich zu leben.* Für uns war dies die größte Herausforderung.

Trotzdem war ich immer noch skeptisch wegen einer Besonderheit der Gruppe und betrachtete diese mit größter Vorsicht und Besorgnis: die Lektüre im Neuen Testament, womit die Abende rund um den großen Küchentisch verbracht wurden. Gewöhnlich folgte eine Diskussion über das Gelesene.

Ich befand mich an einem Punkt meines Lebens, wo ich die meisten Religionen mit Desillusion betrachtete. Es schien mir, jede behaupte, *der einzige und einzig richtige* Weg zu sein, während das, was gepredigt wurde, dem, was gelebt wurde, völlig entgegengesetzt war. Trotzdem glaubte ich immer noch, daß ein wahres und ehrliches christliches Leben möglich sei. Auch war ich mir bewußt, daß viele überspannte Sekten existierten, und deshalb froh, daß unsere Gruppe jede Art von besondern Umgangsformen, Bündnis oder Benennung ablehnte. Unabhängigkeit fand bei mir immer Anklang. Es schien mir am besten, bei diesen Lesungen dabeizusein, um herauszufinden, ob es Grund für meine Skepsis gab, da es nur noch einige Wochen bis zu unserer Abreise nach Zentralamerika dauerte. Nach und nach begann ich mich für die Vorlesungen wirklich zu interessieren, ja mich sogar darauf zu freuen, und meine Befürchtungen schwanden. Oft gab es großes

Gelächter über die einzigartigen Interpretationen von jung und alt. Bald war mir klar, daß ich mich nicht mit einem Haufen sturer Frömmler eingelassen hatte.

Mein Besuch in ihrer Werkstatt überzeugte mich noch mehr, denn während des lustvollen Sägens und Hämmerns der großen Gepäckkisten wurde viel gespottet und gelacht.

Wie ich aus den bisherigen Bibelabenden schließen konnte, würden wir versuchen, den zwölf Aposteln nachzuleben und alle weltlichen Vergnügungen hinter uns zu lassen. Natürlich fanden wir bald heraus, daß dies die meiste Zeit fast unmöglich war. Das «Laß all deine weltlichen Sachen zurück und folge mir» reichte viel weiter, als wir uns vorstellen konnten. Doch wir ließen wirklich alles außer dem unbedingt Notwendigen zurück, was eine weitere Herausforderung war, an die ich nicht gedacht hatte. Wie würde das alles herauskommen?

Inzwischen tröstete ich mich mit dem Gedanken, man sei kaum mit mehr Problemen belastet, als man lösen könne. Diese Einstellung half mir wirklich, die größten Schwierigkeiten zu überwinden. Mir keine Sorgen zu machen über Dinge, die noch gar nicht geschehen sind und oft gar nie geschehen, half ebenfalls.

Was die Einstellung anbelangt, habe ich immer geglaubt: «Nichts ist unmöglich.» Dies erklärt, weshalb mich nichts, aber auch gar nichts von diesem Abenteuer abbringen konnte, egal, wie schlimm die Voraussagen waren. Ich war bereit mitzugehen und hatte gar keine Zeit, mir Sorgen zu machen.

Vorerst wollte ich noch mit Vreni sprechen. Sie gehörte als Frau und Mutter zur einzigen Familie, die ich schon vorher gekannt hatte. Ich traf Vreni in der großen Küche beim Kneten des Teigs für das tägliche Vollkornbrot. Sie süßte den Teig mit etwas Mehl von am Vortag getrockneten Kastanien. Vreni hatte sich in all den Jahren, seit ich sie zuletzt gesehen hatte, nicht verändert. Sie war schmal gebaut und sehr feminin mit ihrem hellbraunen Haar, das zu einem losen Knoten gebunden war. Ich war sehr froh, daß sie und ihre Familie zur Gruppe gehörten. Wir tauschten Erinnerungen aus und fühlten fast etwas wie Ehrfurcht beim Gedanken, wie oft sich unsere Wege gekreuzt hatten - und diesmal vielleicht für immer zusammenführten.

«Hast du kürzlich etwas von Martin gehört?» fragte ich. Vreni lächelte, und ihre dunklen, blauen Augen wurden feucht, als sie ihre mehligen Hände an der Schürze abwischte, um Martins Brief, den Brief ihres Mannes, zu lesen. Der Brief kam aus Panama, und sie hatte ihn wohl schon ein dutzendmal gelesen. «Weißt du, Trudi, ich vermisse Martin sehr, es sind jetzt schon zwei Monate her, daß er nach Panama gegangen ist», seufzte sie, «er hat dort nicht nur geeignetes Land und eine Unterkunft suchen müssen, sondern in erster Linie die Einwilligung der Regierung von Panama einholen müssen, damit man uns Land überläßt.» Die Regierung bot zu jener Zeit zuverlässigen Einzelpersonen, Gruppen oder Familien ungerodetes Land an. Dafür mußten diese versprechen, die Wildnis in produktives Ackerland umzuwandeln. Durch dieses Gesetz ging die Anzahl Morgen, die eine Gruppe urbar machen konnte, in deren Besitz über. Kein Wunder denn, daß die Ehrlichkeit jedes einzelnen Auswanderers durch das Konsulat von Panama in Zürich gründlich überprüft wurde.

Aufgeregt las Vreni die wichtigsten Passagen aus Martins Brief laut vor: «Ich freue mich, Euch melden zu können, daß die Regierung von Panama mir endlich das schriftliche Einverständnis gegeben hat, mehrere hundert

Morgen Urwald an der Grenze zu Costa Rica anbaufähig zu machen. Jetzt ist alles geregelt, und wir können unsere Aufgabe in Angriff nehmen.»

Einen Moment lang versuchte ich mir vorzustellen, wie es sein würde, mitten in diesem Urwald ..., aber es kam mir nur vor wie ein Traum.

Vreni und ihre Familie waren für mich einer der wichtigsten Gründe, Vertrauen in unsere gemeinsame Zukunft zu haben. Wir hatten uns vor einigen Jahren kennengelernt. Martin war auf der Suche nach einem Architekten gewesen und an meinen Vater verwiesen worden. Mein Vater erhielt den Auftrag, ihm ein ganz modernes Haus zu bauen, da er mit seiner Familie gerade aus New York, wo sie jahrelang gelebt hatten, zurückgekehrt war.

Trotz dem Risiko, überheblich zu wirken, will ich nun einige meiner Meinung nach hauptsächliche Gründe erwähnen, weshalb der Rest unserer Gruppe das Leben im Dschungel der Zivilisation vorzog.

Philipp, Elisabeth und ihre zwei Teenager-Töchter Magda und Doris Weber zum Beispiel waren im Hotelgeschäft tätig gewesen. Mit ziemlichem Erfolg, bis Philipp einen schweren Schlaganfall erlitt. Nachdem er körperlich wie durch ein Wunder wieder gesund geworden war, jedoch das Gedächtnis fast ganz verloren hatte, führte Elisabeth, die zum Glück sehr stark und tüchtig war, das Geschäft weiter und sorgte für die Töchter und für Philipp, der abhängig wie ein vierjähriges Kind blieb. Sie konnte ihn nicht einmal einige Häuser weit ein Brot zu kaufen schicken, ohne ihm einen großen Zettel mit Name und Adresse um den Hals zu hängen, damit er nicht verloren ging, wie das vorher oft geschehen war.

Eines Tages hörte Elisabeth von einer Gruppe Leute, die

nach Zentralamerika auswandern wollte, um dort ein Leben ohne Hektik zu führen. Sie wurde mit ihrer Familie eingeladen, mitzugehen. Elisabeth dachte gründlich darüber nach. schließlich kam sie zum Entschluß, daß der Arzt eigentlich genau das verordnet hatte. Im Innersten wußte sie, daß der Streß durch die Doppelbelastung Geschäft und Familie für sie mit ihren bald fünfzig Jahren zuviel wurde.

Jörg Bürgi, der im gleichen Dorf am Zürichsee wie Martin lebte, war fast 60. Er trug einen grauen Vollbart, war stämmig und eher schüchtern, aber freundlich, wenn man ihn ansprach. Seit dem Tod seiner Frau vor einigen Jahren war sein Leben eintönig und einsam geworden. Er besaß keine nähern Verwandten. Sein ganzes Leben lang hatte er als Zimmermann und Kunsttischler gearbeitet, und diese Arbeit war zur reinen Routine geworden. Er war oft in seinem kleinen Garten anzutreffen und machte gern eine Pause, wenn Martin vorbeikam und mit ihm über den Zaun einen kleinen Schwatz abhielt. Eines Tages veränderte sich sein Leben, denn anstatt sich zu erkundigen, welche Pflanzen wuchsen, erzählte Martin ihm von seinen Pionierplänen in Panama und fragte ihn: «Warum kommst du nicht einfach mit, Jörg?»

Jörg richtete sich auf wie ein müder Soldat, der soeben Urlaub erhalten hat. «Bist du sicher, Martin, daß du einen alten Mann wie mich mitnehmen möchtest?» fragte er mit Zweifel in der Stimme. Martin wiederholte unbeirrt, schon im Gehen: «Denk darüber nach, Jörg!»

So kam es, daß Jörg noch in der gleichen Woche ein Schild «Zu verkaufen» an seinem bescheidenen Chalet befestigte. Das gemütliche Haus stand auf einem größeren Stück Land; es schnell zu verkaufen war kein Problem.

In der gleichen Nachbarschaft lebte Ruedi Meier mit seiner Frau Mathilda und dem sechsjährigen Söhnchen Kurt, die alle Martin bereits kannten und von seinen Plänen wußten. Sie waren die ersten, die mitmachten. Ruedi war Rechtsanwalt und daneben im Immobilienhandel tätig. Er und Mathilda hatten zwei Jahre lang getrennt gelebt. Beide waren Mitte Dreißig. Ruedi war der Meinung, Mathilda sei unfähig, als Mutter allein für ihren Sohn zu sorgen. Deshalb schlossen sie einen Kompromiß und taten sich wieder zusammen in der Hoffnung, eine bessere Lösung zu finden.

Ruedi war zweifellos ein Gewinn für unsere Gruppe. Es zeigte sich, daß er vielerlei Begabungen besaß, besonders wenn es darum ging, mit Werkzeug umzugehen, und wenn es sich um Schwerarbeit für Männer handelte. Bald entdeckten wir, daß es sinnlos war, uns auf ein Streitgespräch mit ihm einzulassen oder mit ihm zu argumentieren, denn er wußte immer alles besser. Die meisten von uns lernten, daß wir viel Energie sparten, wenn wir ihm das letzte Wort ließen.

Mathilda jedoch war ganz anders. Sie war mit niemandem zu vergleichen, und niemand wäre auf die Idee eines solchen Vergleichs gekommen. Auf Distanz schien sie eine attraktive Blondine mit langem, blondem Haar zu sein. Aus der Nähe waren ihre Gesichtszüge irgendwie zu groß geraten. Ihre weiten, haselnußbraunen Augen besaßen einen Ausdruck von Mattheit, ihr breiter Mund erinnerte mich an ein Gummiband, das man allzusehr ausgezogen hatte. Sie war zweifellos der langsamste und langweiligste Mensch, den ich je getroffen hatte. Ich fragte mich, wozu sie im Busch wohl taugen würde? Aber dann dachte ich wieder, vielleicht besitze sie irgendwelche versteckte Talente? Zu allem hinzu sprach sie unerträglich langsam. Sie behauptete, freigeistig zu sein. Was immer das auch heißen sollte, wußten wir nicht. Wir fanden heraus, daß ihr Geist sie zum allernächsten schattigen Plätzchen unter einem Baum führte (wo sie meditierte, behauptete sie), bis der Geist ihr befahl, mit uns die guten Dinge am Mittagstisch zu teilen.

Bleibt noch ein Mitglied der Gruppe übrig: mein Bruder Peter, noch nicht ganz achtzehn. Er paßte sich leicht an, war körperlich stark und fit, von ruhiger, liebenswürdiger Wesensart. In Zürich begegnete man ihm nicht mit der gleichen Skepsis wie mir, als mich ein Regierungsbeamter väterlich besorgt fragte: «Wie könnte aus Ihnen, einer solch kleinen Person, ein Buschhacker werden? Und bisher waren Sie Schneiderin?» Ich nahm an, daß er es nur gut meinte. Zumindest konnte er sich einreden, er habe mich vor einer möglichen Katastrophe gewarnt.

Für mich war Peter der wichtige Vermittler zum kommenden Abenteuer. Wenn er nicht seine Velotour in den Süden der Schweiz, ins Tessin, gemacht hätte, hätte keines von uns beiden je von den Auswanderungsplänen erfahren. Am besten erinnere ich mich heute noch daran, wie sehr ich mich fürchtete, meine Großmutter von unserer Abreise in Kenntnis zu setzen, denn ich wußte, sie würde verletzt sein. Zuerst wollte sie nicht glauben, daß es mir ernst war. Dann äußerte sie große Bedenken: «Warum wollen diese Leute, daß du mitgehst? Irgendwie wirst du dafür bezahlen müssen, und dann wird es zu spät sein!» warnte sie mich. Aber ich war entschlossen, an die Aufrichtigkeit der Gruppe zu glauben. Ich konzentrierte mich weiterhin auf die Reisevorbereitungen: letzter Besuch beim Zahnarzt, Konsulat, Formulare ausfüllen, Packen und so weiter.

Ankunft im Hafen von Cristobal in Panama

Es war 1938, Neujahrsnacht. Aufgeregt standen wir an der Reling des Schiffes, als es langsam gegen die Docks des Panamakanals in Cristobal einfuhr. Der Anblick erfüllte uns mit großer Erleichterung. Kein Wunder - seit unserer Abreise im Hafen von Genua hatten wir drei Wochen lang nichts als das Meer gesehen. Wir versuchten, Martin Amberg in der Menge auf dem Pier auf einige Schiffslängen Distanz auszumachen. Mit seinem langen Haar und seinem Bart mußte es leicht sein, ihn zu erkennen, aber wir waren immer noch zu weit entfernt. Die Schiffsmaschinen stoppten, und aus einem Lautsprecher wurde gemeldet: «Die Ausschiffung wird infolge einiger neuer Zollvorschriften ungefähr um eine Stunde später erfolgen.» Wir bemerkten, wie eine Welle von Furcht und Angst die vielen jüdischen Flüchtlinge ergriff.

Nach einer zermürbenden Warterei fand unser Schiff allmählich den Weg zu den Kanaldocks. Plötzlich entdeckten wir Martin, der mit beiden Armen winkte. Heiße, dampfende Luft, die nach Maschinenöl und abgestandenem Meerwasser roch, nahm uns fast den Atem, als wir uns in einer Reihe auf dem Pier für die Zollinspektion aufstellten. Glücklich begrüßten wir Martin, aber jedes Wort ging im Lärm des Hafens und der umhereilenden Leute unter.

Als wir den Zoll passiert hatten, brachte uns Martin zum Bahnhof, wo wir in einen Zug nach Panama City stiegen. Diese Stadt liegt ungefähr 45 Meilen auf der Pazifischen Seite des Kanals. Der Bahnhof war von einem hohen Stacheldrahtzaun umgeben, was ich seltsam fand. Diente dieser hohe Zaun dazu, das Volk einzusperren oder als Absperrung? Hinter dem Drahtgitter ein Gedränge von sehr dunklen Menschen, die ungehindert ihre Gesichter an den Stacheldraht preßten, um uns näher sehen zu können. Ich fühlte mich wie in einem Zoo, doch auf welcher Seite des Käfigs waren wir? Ich war überrascht, wie stark geschminkt die Leute waren. Der viel zu weiße Puder hörte abrupt im Nacken auf, was natürlich den Rest noch schwärzer scheinen ließ. Ich glaube, unser Erstaunen war gegenseitig, denn noch nie hatten wir solch blauschwarzes Haar, das sehr fettig schien, gesehen. Die Schwarzen ihrerseits hatten wahrscheinlich noch nie so viele blaue Augen und aschblondes Haar gesehen, besonders solches wie das der Amberg-Kinder.

Die Hitze war erdrückend, als wir in Panama City ankamen. Martin brachte es mit nicht wenig Schwierigkeit fertig, zwei *chivas* zu mieten, die uns näher zu unserem zukünftigen Dschungelheim transportieren sollten. *Chivas* sind eine Art alter Kombiwagen aus Holz. Als zwei solche vor uns stoppten, waren wir entsetzt über ihren Zustand; Wrack wäre ein zutreffenderes Wort gewesen. Wir starrten sie ungläubig an. «Ich weiß, ich weiß, was ihr denkt», sagte Martin fröhlich. «Ob ihr's glaubt oder nicht, ich hatte Glück, diese da aufzutreiben ...» An den Holzseiten fehlten ganze Stücke; Seile und große, hervorstehende Nägel hielten die restlichen Teile zusammen. Die Räder und alle übrigen Metallteile waren voller Rost. Die Tür, durch die ich mich hineinpreßte, war mit einem Stück Seil befestigt. Wie wir alle achtzehn in diesen zwei erbärmlichen Wracks Platz fanden, verstehe ich heute noch nicht. Zudem stapelten wir einen großen Koffer über dem andern auf dem Dach und auf der Stoßstange. Diese enthielten die allernötigsten Dinge zum *survival,* Überleben. Wir wußten, daß es Monate dauern konnte, bevor der Rest der Kisten zu uns gelangen würde. Was für ein Anblick! Bergeweise Koffer hoch auf dem Dach und auf den Stoßstangen. Von außen gesehen eine Komödie, von innen eher eine Tragödie.

Es gelang mir, mit der Familie Amberg zusammen zu fahren, denn ich wollte Martin viele Fragen stellen. Wir waren so eng zusammengequetscht, daß eine oder mehrere Personen zuerst aussteigen mußten, wenn wir Platz wechseln wollten.

Unser Chauffeur, ein Einheimischer, schwarz, mit einem breiten Grinsen, brachte den Wagen endlich auf den Weg - zumindest dachten wir dies, bis wir entdeckten, daß er die Stadt bereits zum drittenmal umkreiste. Er erklärte Martin unbekümmert, er müsse seine Freundin suchen. Zuletzt fand er sie in einem lauten Musiklokal, einer *Dance Hall.* Ich hatte vergessen, daß es Neujahrsabend war!

Schließlich kam der Chauffeur mit einem Mädchen zum Wagen zurück. Auch sie war schwarz mit langem, schwarzem Haar. Er öffnete die Tür zum Chauffeursitz und drückte die Freundin in die Mitte, so daß wir noch mehr zusammengequetscht wurden. Wir protestierten laut ... umsonst. Er plapperte eine ganze Menge auf spanisch, grinste immer noch, drückte uns gegeneinander und schlug die Tür zu. Wir waren schweißnaß, als wir dem ersten *chiva* folgten. Es wurde dunkel, und endlich waren wir auf dem richtigen Weg. Die Fahrer hielten nur zwei- oder dreimal in irgendeinem Gasthaus an der Straße an.

Es war unmöglich, in dieser Nacht ein Auge zu schließen, da wir unbarmherzig hin- und hergestoßen wurden und die Hitze und der Staub uns fast erstickten. Zum Glück beklagte sich niemand. Die untere Hälfte unseres Körpers war schon lange wie erstarrt. Als es Tag wurde, sahen wir, was unsere Fahrt derart schrecklich machte: Die *chivas* fuhren mit Spitzengeschwindigkeit und nahmen die meisten Kurven auf zwei Rädern. Glücklicherweise gab es keinen Verkehr, denn die Wagen besaßen, wenn überhaupt, schlechte Bremsen. Die endlose Strecke war von einer einzigen Farbe beherrscht - dem Graurot einer staubbedeckten Wüste.

Plötzlich stoppten unsere Chauffeure. Warum wohl? fragten wir uns, denn in dieser Wüste gab es meilenweit kein Wasser. Wir fanden den Grund bald heraus, die Freundin des andern Fahrers hatte nämlich einen plötzlichen Anfall und lag auf dem staubigen Kies am Rand der Straße. Aus ihrem Mund trat Schaum, und ihr Körper wand sich krampfhaft. Die beiden Männer rauchten Zigaretten, völlig unbeteiligt. Vergebens wünschten wir uns Wasser herbei, um dem armen Mädchen zu helfen. Ihre Zuckungen hörten dann plötzlich auf, und wir trugen ihren schlaffen Körper wieder auf den Vordersitz. Staub und Hitze hatten unsere Zungen längst zu unbeweglichen Klumpen eingetrocknet, und wir fuhren in stoischem Schweigen weiter. Wie lange noch ...? Ich sah ein, es war sinnlos, allzu viele Fragen zu stellen - eine weitere Lektion, niemals zuviel zu erwarten. Unsere Fahrt dauerte den ganzen Tag, was eine einzige, endlose Stunden dauernde Tortur bedeutete.

Die Sonne ging schon unter, als wir endlich die Stadt David Alcalde erreichten, um uns im dortigen Büro registrieren zu lassen. Ganz steif, mit schmerzenden Gliedern, krochen wir aus den Wagen heraus. Ohne Übertreibung: Wir erkannten uns gegenseitig nicht mehr. Wir waren alle mit einer rotgrauen Schicht Staub bedeckt und konnten uns kaum mehr aufrichten. Jedes von uns schien gleich alt zu sein, etwa 80- bis 90jährig, in verschiedenen Größen. Haar,

Augenbrauen und Wimpern waren so staubbedeckt, daß wir aussahen wie ein paar grauköpfige Goldminengräber im Wilden Westen. Es war unmöglich, die Farbe unserer Kleider zu erkennen. Wären wir nicht so steif und erschöpft gewesen, hätten wir über diesen Anblick Tränen gelacht.

Aber jetzt wurden wir erlöst. Eine Einladung von Dr. Rios des *National Escuela Normal de David*, die Körper und Seele wieder auf die Beine brachte, erwartete uns. Man versorgte uns mit Nahrung und gab uns Unterkunft in seiner Schule. Die Unterkunft bestand aus einem großen Dach mit offenen Seitenwänden, unter dem etwa ein Dutzend lange Tische und Bänke standen. Offene Seitenwohnungen sind in tropischen Städten wie David recht häufig. In der Nähe gab es eine Dusche aus Wellblech in der Größe einer Telefonkabine. Wir verloren keine Zeit und stellten uns an für eine dringend notwendige Dusche. Endlich kam ich an die Reihe und merkte schnell, das ich mich dreimal nacheinander einseifen und abspülen mußte, um meine ursprüngliche Hautfarbe wiederzuerlangen. Als ich die kleine Duschkabine verließ, fühlte ich mich wie neugeboren und war sicher, daß der schlimmste Teil unserer Reise hinter uns lag. Jetzt war ich bereit, die neue Umgebung in mich aufzunehmen.

Paradies der Früchte

Am nächsten Morgen waren wir überzeugt, in einer Art Paradies gelandet zu sein. Der Tag begann mit dem Besuch eines großgewachsenen, sonnengebräunten, vornehmen

Herrn, der sich als Dr. Rios vorstellte. Er erklärte, jeder Freund eines Mannes wie Martin sei auch sein Freund, und schüttelte uns allen die Hände. Ich war überrascht, wie lang und schlank seine Hand sich anfühlte.

«Ich kam nicht nur, um Sie alle kennenzulernen, sondern ich will mich selbst davon überzeugen, daß Sie gut untergebracht sind», sagte er in fließendem Deutsch. Während des freundlichen Geplauders fanden wir heraus, daß er ebenso gut auch englisch und italienisch sprach.

Plötzlich schnalzte er mit den Fingern, und drei halbwüchsige Studenten seiner Schule erschienen, die weiße Hosen und Hemden und Panama-Strohhüte trugen. Jeder hatte ein etwa zwei Fuß langes Messer bei sich, das wir bald als die vielseitige Machete erkannten, ohne die kein rotblütiger Panamaer einen Schritt tut.

Dr. Rios gab den Jungen auf spanisch Anweisungen, und sie verschwanden. Kurze Zeit später kamen sie zurück, beide Arme voll verschiedenste tropische Früchte. Einige dieser Früchte waren uns völlig unbekannt. Die Jungen legten diesen Schatz auf zwei lange Tische. Unsere noch schüchternen Knaben packte die Neugier, und Andreas fragte durch Handzeichen, was denn diese großen grünen Dinger seien? Als Antwort kicherte der einheimische Junge nur, packte eine Frucht, hielt sie hoch und begann sie eilig mit seiner Machete zu bearbeiten und mit ihrer Spitze zwei Löcher hineinzubohren. Langsam sagte er *coco*, als er sie Kurt, dem jüngsten, reichte, der die ganze Prozedur mit schon geöffnetem Mund verfolgt hatte. Die Sprachbarriere überwindend, begannen die einheimischen Jungen einige Zuckerrohre, Papayas und *mameis* für uns zum Essen vorzubereiten. Wir lachten vor Freude und bewunderten, mit welcher Leichtigkeit und welchem Geschick die Jungen ihre Macheten für einfach alles einsetzten.

Dies war das wahre Leben, fanden wir übereinstimmend, als Dutzende von Ananas und haufenweise Bananen auf dem Tisch vor uns lagen. In weniger als einer halben Stunde verzehrten wir den ganzen Früchteberg. Wahrscheinlich hatten die Jungen noch nie Früchte so schnell verschwinden sehen. Diesmal waren sie es, die mit offenem Mund dastanden.

Ich war fasziniert, wie geschickt sie mit den langen Buschmessern, die zuerst wie unbeholfene Instrumente ausgesehen hatten, umzugehen wußten. In Sekundenschnelle schälten sie etwa ein Dutzend Ananas und schnitten sie in Stücke. Dann schnitten sie einige braune runde Zuckercakes auf, die in Blätter, jedes etwa acht Zoll groß und zweieinhalb dick, eingewickelt waren. Diese bananenblattartigen Blätter erwiesen sich als weit tauglicher zum Aufbewahren und Einwickeln als jede von Menschen produzierte Papierart. Im heißen und feuchten Klima wäre der Zucker geschmolzen und wie Leim am Papier kleben geblieben. In den Blättern hingegen blieb der Zucker trocken und frisch. Mahlzeiten aus Reis und Bohnen wurden auch in solche Blätter eingewickelt. Sie waren nicht nur fettdicht, sondern konnten einfach im Wald geholt werden. Zuerst jedoch mußten die Jungen uns zeigen, wie die braunen Zuckercakes gegessen werden mußten. Wie anders als ... mit der Machete! Schnell schabten die Jungen das Zuckerrohr ab, schichteten das Abgeschabte sorgfältig zu kleinen Haufen und zeigten mit einem Grinsen, wir sollten uns bedienen. Es schmeckte weit besser als jedes Bonbon, das ich je gegessen hatte. Unsere jungen Helfer schnitten Avocados (die ersten, die wir je gesehen hatten) entzwei und füllten sie mit der braunen Zuckermasse, die wir dann mit Genuß auslöffelten.

Es gab noch mehr Überraschungen. Glücklicherweise hatten wir Jüngeren unendlich große Magen - schien es. Noch mehr Jungen kamen, Holzplatten auf dem Kopf tragend. Die Servierplatten waren mit den eben beschriebenen Blättern ausgelegt und hoch aufgefüllt mit dampfend heißem Reis und in Öl gebackenen Scheiben von *platanos*, einer Bananenart, etwa dreimal so groß wie gewöhnliche Bananen, die auf verschiedenste Art zubereitet werden kann. Oben auf dem Reis lagen auch Pfannkuchen mit Mais, aus frischen Maiskolben zubereitet. Was für Glückspilze waren wir, daß wir so bald solche kulinarischen Entdeckungen machen durften!

Dr. Rios stellt uns das junge Panama vor

Wir hatten keine Ahnung, daß Dr. Rios die größte Überraschung noch aufsparte. Es war sofort ersichtlich, daß er nicht einfach ein Lehrer irgendeiner Schule war. Dr. Rios erlaubte seinen Schülern, alles, was sie aus ihren Büchern über Panamas Geschichte und Landwirtschaft gelernt hatten, in die Praxis umzusetzen. Seine Liebe für sein Land ließ sich an seinen liebenswürdigen Schülerinnen und Schülern ablesen. Er lehrte sie, Panamas alte Traditionen hochzuhalten und einige der fast in Vergessenheit geratenen wiederaufleben zu lassen.

Dr. Rios bat uns alle, auf den kühlen grünen Rasen hinauszukommen, der im Schatten von großen Affenbrotbäumen lag. Sein schmales, attraktives Gesicht glühte, als er einer Gruppe von etwa vierzig bunt gekleideten Jungen und Mädchen ein Zeichen gab. Sie marschierten in Reih und Glied vorwärts und hielten vor uns an. Auf jeder Seite trugen Jungen Fahnen der Nation und der Schule. Die andern trugen jeder eine Machete wie ein Gewehr. Die Mädchen trugen helle, bunt bestickte Jupes und Blusen und breite Sonnenhüte mit Fransen an der Krempe. Auch die Jungen trugen solche Hüte, weiße Hosen und Hemden. Alle sangen jetzt die Nationalhymne; die Melodie war typisch lateinisch, eingängig. Dann führten sie auf so bezaubernde Art Formationen und Übungen vor, daß ich am liebsten mitgemacht hätte. Immer fröhlichere Lieder folgten, und es machte nichts, daß wir sie nicht verstanden. Ich war hingerissen.

Auf einmal trauten wir unsern Ohren nicht, als sie begannen, das Schweizer Volkslied «Vo Luzern uf Wäggis zue» zu singen - und dazu noch in Mundart. Es war das erstemal, daß wir es mit einem spanischen Akzent gesungen hörten. Als Dr. Rios unsere Überraschung bemerkte, sagte er lächelnd: «Wir haben dieses Lied wochenlang geübt, ich hoffe, Sie können die Worte verstehen.»

Nachher bildeten die Jugendlichen Kreise, um einige ihrer viele Generationen alten Volkstänze vorzuführen. Als ich ihren ersten Schritten zusah, dachte ich, wie schade es sei, dies alles nicht in Bild und Ton aufzeichnen zu können. Noch viele weitere Erlebnisse, die wir in den kommenden Jahren im Urwald hatten, wären es wert gewesen, gefilmt zu werden. Aber wir waren ja nicht als Touristen hergereist, sondern um Pionierarbeit zu leisten.

Besonders ein Tanz machte mir Eindruck: Die Jungen hielten die Hand der Mädchen in die Höhe, während sie in kurzen, rhythmischen Schritten um sie herum trippelten:

jeder fast so stolz wie ein Hahn, der einen seiner Flügel senkt, während er mit dem äußeren Fuß die Erde scharrt, um sich beim Weibchen bemerkbar zu machen. Das Mädchen drehte sich derweil tanzend an Ort und Stelle, und die Fransen am Hut baumelten im Takt dazu. Unmöglich, all diese Tänze richtig zu beschreiben, auf dem Papier verlieren sie den ganzen Zauber.

Wahrscheinlich waren die Schüler begierig, mit uns zu reden, denn sie hörten plötzlich auf zu tanzen. Mit Handzeichen baten sie uns, Schweizer Dialekt zu sprechen. Auch Dr. Rios' eigene Tochter, ein sehr hübsches Mädchen mit großen, braunen, ausdrucksvollen Augen, befand sich darunter. Ihre Haut schien wie Alabaster, mit einem olivfarbenen Schimmer. Ihre Freundinnen zogen sie an beiden Händen zu mir hin, da ich erwähnt hatte, ich spräche ein wenig Italienisch. Ihr Vater hatte sie während ihrer Oberschulzeit in Italien und in der Schweiz ausbilden lassen. Ich war erfreut, mich mit diesem hübschen Mädchen, das ich auf knapp achtzehn schätzte, verständigen zu können. Es hielt mir seine schlanke Hand hin und sagte: «Mi chiamo Maria.» Dann versuchte es, all meine Fragen zu beantworten, wo in der Schweiz es in die Schule gegangen war und wie lange. Das heißt, ich versuchte zu fragen, vergebens, jedesmal, wenn Maria nur zwei Worte sagte, drängten sie ihre um uns herumstehenden Kameradinnen, jedes Wort zu übersetzen. Dasselbe geschah auf meiner Seite, denn die jüngeren, André, Luise, Doris und Magda, baten mich, Fragen zu stellen. Wir teilten einander mit Hilfe der Finger Namen und Alter mit. Dann baten sie uns, wir sollten sie lehren, auf schweizerdeutsch zu zählen, was ringsum fröhliches Gelächter auslöste. Die panamaischen Jugendlichen gaben vor, Erstickungsanfälle zu kriegen, wenn sie die Zahl Acht aussprachen.

Unsere Begegnung von Kontinent zu Kontinent nahm erst ein Ende, als es auf einmal dunkel wurde. Wir trennten uns mit den soeben gelernten Wörtern *buenas noches* und *hasta mañana*. Einige Studenten versuchten, zur Antwort *guet Nacht* zu sagen, wobei sie die größte Mühe hatten, das Ch auszusprechen.

Maria sagte mir zum Schluß noch, einige Studenten würden am nächsten Morgen zurückkommen, um uns die Stadt zu zeigen.

Die Jungen erschienen früh, wie versprochen. Es war ein sehr warmer und trockener Tag mit strahlend blauem Himmel. Man hatte uns gesagt, dies sei die Trockenzeit, die gewöhnlich um Weihnacht herum beginne und irgendwann im April ende. Das bedeutete, daß es bis dann nie regnen würde. Zuerst führten uns die Jungen durch die *agricultural testing fields* (landwirtschaftliche Versuchsfelder) ihrer Schule. Auf der einen Seite wiegte sich sanft der blühende Zuckerrohr wie ein silbriges Meer. Auf der andern hatte es endlose Ananasfelder; keines von uns hatte je vorher gesehen, wie Ananas wuchsen. Wie eine Menge Kakteen, dachte ich. Die Sonne brannte auf die Felder nieder, und wir kehrten um, um durch die staubigen Straßen der Außenquartiere von David zu schlendern. Alle Straßen sahen gleich aus mit großen Schlaglöchern voll rotem Staub und Schmutz. Ich versuchte mir vorzustellen, wie es nach ein, zwei Tagen Regen aussehen würde ... Beidseitig standen niedrige Hütten, viele aus Abfallmaterial gebaut, mit flachen Dächern und kaum einem Fenster. Die Straßen waren leer, mit Ausnahme einiger nackter Jungen, die im Staub spielten, und einigen herumstreunenden mageren Hunden.

Die meisten einheimischen Pferde, die ich bisher gesehen hatte, waren enttäuschend klein und schwächlich. Die meisten waren entweder braun, gelblich oder schmutzigweiß. Einige galoppierten vorbei mit nicht weniger als sechs oder sieben Knaben auf dem bloßen Rücken, dicke Wolken von rotem Staub hinter sich lassend. Ich war froh für das Pferd, daß die Jungen ausnahmslos sehr schlank waren, wie übrigens auch die Erwachsenen.

Auf den folgenden Schock war ich nicht vorbereitet. Ein an einen Pfosten am Straßenrand gebundener Esel schien von häßlichem, rissigem Schorf bedeckt zu sein. Als wir näher kamen, entdeckten wir, daß das arme Tier mit schwarzen, marmelgroßen Kugeln bedeckt war, von den Augen bis zum Schwanz. Sein Bauch war ganz schwarz davon. Wir waren geschockt und erstaunt, da wir von einem solchen Ausschlag noch nie gehört hatten. Einige dieser Kugeln waren so voller Blut, daß sie mit einem Aufprall zu Boden fielen. Einer der Jungen trat darauf herum und lachte über den lauten Knall, den sie machten. Dunkles Blut floß heraus. Ich wurde fast ohnmächtig, mir war schlecht, und ich versuchte weiterzugehen. Doch der Junge schien unsere Reaktion nur lustig zu finden. Diese Kugeln waren vollgesogene Zecken!

Ich war erleichtert, als wir kurz darauf zu einem viel schöneren und friedlicheren Ort am Fluß gelangten, an dessen üppig grünem Ufer die halbe Bevölkerung der Stadt sich abzukühlen schien. Einige putzten an einem Oldtimer-Car herum, der im Flußbett stand.

Frauen wuschen Kleider auf großen Steinen, während nackte kleine Kinder im nahen Wasser spielten. Tiefer unten wälzten sich drei Pferde im Wasser und rührten dabei viel Schmutz auf.

Als die Nacht hereinbrach, war ich überzeugt, daß es in David über eine Million Hühnerställe geben·mußte - und beinahe ebenso viele Hunde. In der Dunkelheit begann ein millionenfacher Chor zu krähen und zu gackern, zuerst ganz nah, dann in der Ferne, wie Ebbe und Flut ab- und zunehmend. In der stickigen Luft lag ich fast die ganze Nacht wach. Ich fragte mich, wann - wenn überhaupt - das Krähen, begleitet von Hundegebell, aufhören würde. Bis zum Morgengrauen dauerte es ununterbrochen. Als die Sonne aufging, begannen sämtliche Hähne der Stadt wie in einem großen Finale auf einmal zu krähen, und jeder Hund fiel mit seinem Gebell in den Chor ein.

Um ehrlich zu sein, muß ich zugeben, daß die Stadt, abgesehen von Dr. Rios und seinen liebenswerten Studenten, mir und den andern nicht sehr gefiel. Wir waren nun bereits den dritten Tag in David. Am nächsten Morgen reisten wir weiter, unserem Ziel, dem Urwald, entgegen, auf den ich sehr gespannt war. Wir bestiegen einen lokalen Zug nach La Concepcion; die Fahrt dauerte weniger als zwei Stunden nordwärts. La Concepcion war viel kleiner, grüner und weniger heiß als David. Hier gefiel es uns schon viel besser. Die offene, mit Gras überwachsene *Plaza* war das Zentrum der Stadt, umgeben von niedrigen Gebäuden aus Holz mit falschen Fassaden. Fast wie typische alte Wildwest-Cowboy-Städte. Vor jedem Haus gab es einen Pfosten, um das Pferd anzubinden. Wir hielten vor Jim Thorpes Laden an. In diesem Geschäft gab es absolut alles, was man in Panama zum Leben brauchte. Unsere letzte Gelegenheit zum Einkaufen. «Dies ist der letzte Laden, den ihr sehen werdet!» betonte Martin und verschwand in der offenen Tür. Wir mußten viele wichtige Dinge kaufen: Macheten, Sägen, Äxte, Sättel und noch viel mehr, was sich kaum aufzählen läßt. Die Sättel waren schon gebraucht und kosteten jeder zwischen zehn und fünfzehn Dollar. Einer darunter, ein richtiger Westernsattel mit einem Horn und allem Zubehör zum Eintreiben des Viehs, war seltsamerweise billiger als die andern - wir fanden erst später heraus, daß kein Einheimischer auch nur einen Bestandteil davon kaufen wollte. Sie glaubten, ein Fluch liege darauf ... Vor zwei Jahren hatte der Sattel einem Abenteurer auf Goldsuche namens Gaston van Stock gehört, dessen tragisches Schicksal sich auf dem uns zugewiesenen Land an der Grenze zu Costa Rica ereignet hatte. (Ich werde später darauf zurückkommen.)

Während wir auf Martin warteten, kauften wir zwei Stöcke Bananen, jeden für 35 Cents (je mit etwa 250 Bananen) und verschlangen sie auf der Stelle. Wie gewöhnlich stand inzwischen die halbe Bevölkerung des Orts um uns herum, um jede unserer Bewegungen zu verfolgen. Daran hatten wir uns schon gewöhnt. Während Martin und Ruedi sich auf den Weg machten, um ein Transportmittel für unsere weitere Reise aufzutreiben, spazierten wir durch La Concepcion. Was für eine exotische kleine Stadt, mit kleinen Bambushütten mit Dächern aus Palmblättern den grasbewachsenen Straßen entlang! Überall blühender Hibiskus, Bougainvillea, Palmen und große, schattenspendende Bäume. Nur zwei Wagenspuren führten von der grünen Straße des Zentrums zum übrigen Verkehr hinunter. Es schien, daß die vielen winzigen Affen, Papageien und Ameisenbären in dieser Gegend normale Haustiere waren. Das heißt, abgesehen von den vielen Hunden, Hühnern und Ferkeln. Es schauderte mich beim Anblick der riesigen häßlichen Bussarde, die durch die kleinen Höfe stolzierten, als wären sie gezähmt. Mir war, als wanderte ich wie im

Traum in einer seltsam antiquierten Welt herum. Als ob die Zeit hier vor hundert Jahren stillgestanden wäre ... Für kommerziell gesinnte Leute war das Dorf zu schwierig zu erreichen und zu abgelegen. Chiriqui bedeutet jedoch «Land der Fruchtbarkeit», und die Provinz gehörte zu den reichsten an natürlichen Bodenschätzen, Landwirtschaft, exotischem Bauholz, Vieh, Kaffee und anderem mehr. Ich war natürlich sehr froh, daß der sogenannte Fortschritt in diesem paradiesischen Winkel noch nicht Fuß gefaßt hatte.

Ruedi war hinter uns nachgekommen. «Tut mir leid, ihr müßt euren schattigen Spaziergang abbrechen, wir müssen uns auf den Weg machen. Wir haben zwei Lastwagen mit Fahrern gefunden», eröffnete er triumphierend. Lastwagen? Ich dachte, das werde bestimmt eine holprige Fahrt geben, aber für unsere Reise war nichts Besseres aufzutreiben. Sicher waren sie nicht schlimmer als die *chivas*. Nachdem alles, auch die neu gekauften Waren, auf die Lastwagen aufgeladen war, schien es, als ob der ganze Karren samt Passagieren am Boden festsäße. Wo wir noch Platz zum Sitzen finden würden, war unser Problem. Fast alle Männer und Jungen setzten sich auf die Stoßstangen, die Kotflügel und das Trittbrett.

Diesmal brauchten wir uns keine Sorgen zu machen wegen der Geschwindigkeit. Selbst ein Versuch, schnell zu fahren, war vergeblich. Die Straße glich einem ausgetrockneten Flußbett mit ihren tiefen Schlaglöchern und Kratern. Auf den besseren Strecken machten die Lastwagen fast zehn Meilen in der Stunde. Alle paar hundert Yards blieben wir in irgendeinem Loch stecken, und die Burschen sprangen ab, um den Lastwagen wieder daraus herauszustoßen. Das langsame Fahren machte mir nichts aus, denn jetzt wurde die Gegend interessanter. So bekam ich Gelegenheit, das abwechslungsreiche Land kennenzulernen. Ab und zu kamen wir durch Wälder mit Farnkraut, so riesig wie Bäume, etwa 30 Fuß hoch. Die Blätter einiger Bäume waren so groß, daß sie ohne weiteres hätten einen Küchentisch bedecken können. Wie lange würde es noch dauern, bis wir im richtigen Urwald ankommen würden?

Langsam, aber stetig kamen wir Richtung El Volcan, dem Ende dieser einzigen in Panama City beginnenden Straße, voran. Noch war sie die einzige Straße, und es hieß, eines Tages werde sie einen Teil der Panamerikanischen Landstraße bilden. Diese letzte Strecke von La Concepcion nach El Volcan war nur während der Trockenzeit passierbar. Obwohl die Distanz nur wenig mehr als fünfzehn Meilen betrug, brauchten wir fast einen ganzen Tag, um, immer aufwärts fahrend, El Volcan zu erreichen. Eine frische kühle Brise kam plötzlich auf. Es wurde von Minute zu Minute kälter, als wir uns dem Ende der Straße näherten. Fröstelnd wünschten wir uns, aus unseren Koffern Wolljacken und Westen herausholen zu können. Wolldecken wären noch besser gewesen, aber wir hielten durch, es konnte nicht mehr allzu weit sein. Als unsere Fahrzeuge eine weite Hochebene erreichten, blies uns ein kalter, starker Wind fast davon. Diese weite, offene Prärie heißt *savana* oder *llanos*, ist ein offener Raum für wilde Pferdeherden und Vieh.

Wiederum hatte Martin schon vorher organisiert, daß wir in der Nähe der Hütte des Postverwalters, die nicht größer als ein kleines Zimmer war, übernachten konnten. Mehrere Hütten mit je nur einem kleinen Raum wurden uns für die Nacht angeboten. Ich kann mich nicht mehr erinnern, wie wir uns an diesem Abend Essen besorgten, nur noch, wie kalt uns war. Die zusätzlichen Wolldecken, die uns der Postverwalter brachte, waren hochwillkommen, und wir freuten uns auf eine kühle Nacht.

Obschon wir müde waren, waren wir allzu aufgeregt, um am nächsten Morgen auszuschlafen. Die Jüngeren von uns waren ungeduldig und konnten es kaum erwarten, die neue Umgebung zu sehen. Wir befanden uns am Ende der Prärie, und im Hintergrund gab es wildes, knorriges Gestrüpp. Weit weg zu unserer Rechten war der Vulkan in einem blauen Dunst sichtbar, als wäre er nicht viele Meilen entfernt. Sein Gipfel war in Wolken gehüllt. Vom Ort, wo wir standen, konnten wir genau vor uns den Rand des lang erwarteten Urwaldes sehen.

Das eigentliche Postbüro war nichts anderes als eine zehn mal zehn Fuß große Hütte. Die Post kam einmal in der Woche, am Mittwoch, wenn die Straße passierbar war. Dann kamen die Siedler, meist Ausländer, zu Pferd, oft einen Tagesritt weit, um ihre Post abzuholen. Die Einheimischen brauchten sich kaum je um Post zu kümmern, da sie ohnehin weder schreiben noch lesen konnten. Der vorherige Postverwalter, ein Einheimischer, hatte jeweils einfach den Inhalt des Postsacks auf den Boden geleert und alle ihre eigene Post heraussuchen lassen. Natürlich wurde jede Zeitschrift und jede offene Postkarte von allen gelesen. Bis sie in die Hände des eigentlichen Empfängers gelangte, war die Post hoffnungslos abgenutzt und oft zerknittert. Diesen Self-Service brauchte es, weil auch der Postverwalter nicht lesen konnte.

Jetzt hatten wir Jüngeren Gelegenheit, die wilde Prärie von nahem auszukundschaften. All die struppigen Büsche, die wir fanden, waren *guava*, voller kleiner gelber Früchte. Sie schmeckten nicht besonders gut, und wir spuckten die haarigen roten Samen aus. Es war leicht, sich vorzustellen, wie diese weite Ebene einst durch gewaltige Ausbrüche des Vulkans entstanden war. Keine andere Gegend in Panama ist so flach; das ganze Chiriqui-Gebiet ist sehr bergig. Der Vulkan befindet sich etwa 11'300 Fuß über Meer und ist der höchste Punkt Panamas. Niemand schien zu wissen, wann er zum letztenmal aktiv gewesen war. Jetzt in der Trockenzeit war das Gras der Savanne gelb und trocken und bildete einen starken Kontrast zu den grünen Bergen in der Ferne. Frühlingshaftes Wetter herrschte fast das ganze Jahr. Voller Freude wanderten wir weiter in Richtung des Vulkans. Unsere dünne Baumwollkleidung war gerade richtig, solange die Sonne schien. Bei jeder der vielen struppigen Inseln aus Bäumen stoppten wir, um nachzusehen, was es im Innern hatte. Die meisten waren mit riesigen Brombeerbüschen überwachsen, deren Früchte wir gierig verschlangen. Immer näher rückten wir an den Vulkan heran. Zurückschauend, konnten wir uns den Ort mit dem Postbüro nur noch denken. In den Büschen vor uns gab es noch mehr Brombeeren, und wir verzehrten sie heißhungrig. Als wir in das tunnelähnliche Innere krochen, hielten wir voller Schreck inne. Dort lag ein blutiges Stück Fleisch eines Tieres, und daneben entdeckten wir Spuren eines riesigen Berglöwen. Die Knochen einer Kuh oder eines Pferdes lagen ebenfalls dort. Schweigend starrten wir darauf, schauten uns dann an ... und rannten weg, so schnell wir konnten.

In der Savanne grasten wilde Pferde. Ich war überzeugt, daß kein Pferd den Zuckerstücken widerstehen konnte, die ich von den Nachmittagsteestunden auf dem Schiff für solche Begegnungen aufgespart hatte. Doch mit oder ohne Zucker, ich kam nicht näher als hundert Fuß an die Pferde heran. Sie waren wirklich wild und frei. Zahlreiche Pferdeherden hielten sich in der Gegend auf, jede von einem Hengst beherrscht. Oft führten die Hengste der verschiedenen Herden schreckliche Kämpfe aus. Einige dieser Pferde hatten Besitzer und wurden ab und zu eingefangen. Ein einheimischer Cowboy wurde dann angestellt, um das Pferd anzuseilen und es in einen öffentlichen Pferch zu bringen. Um ein wildes Pferd zu zähmen, brauchte er drei Tage und erhielt für diesen Job fünf Dollar. Sobald ein Pferd wieder freigelassen wurde und in die Savanne zurückkehren konnte, verwilderte es gleich wieder.

Endlich Urwald

Bei Sonnenaufgang nahmen wir sieben jungen Leute je eine Machete in Empfang, die von jetzt an die unsrige sein würde. Wir wollten uns damit vertraut machen, mußten lernen, mit ihr umzugehen und, ebenso wichtig, sie richtig zu schärfen. Es war klar festgelegt, daß jedes von uns sich um sein eigenes Werkzeug, sein Bettzeug und seine Kleidung zu kümmern hatte. Männer wie Frauen. Dies bewährte sich ganz gut; es war überraschend, wie vorsichtig die Jungen geworden waren, wenn sie wie Affen die Bäume hinauf- und hinunterkletterten.

Richtig ausgerüstet mit unseren nagelneuen Macheten, machten wir uns auf den Weg quer durch die Savanne, dem lang ersehnten Urwald entgegen. Als Greenhorns ahnten wir nicht, daß unsere Macheten viel besser geschärft werden mußten. Mit großer Geduld mußten die Seiten der Schnittkante an einem fußbetriebenen Schleifstein ganz scharf gemacht werden. Mit dem stumpfsten Werkzeug von El Volcan brachen wir auf. Aber unser Geist war alles andere als abgestumpft, als wir uns dem Urwald näherten, dessen Größe uns überwältigte. Unzählige Lianenranken verbanden die Kronen der Riesenbäume. Der Urwald begann abrupt. Als ich von der offenen Prärie in das für die Augen beruhigende Grün eintrat, war mir, als würde ich die Kathedrale der Erde selbst betreten ... mit Lichtstrahlen, die die hohe, durchscheinende grüne Decke durchdrangen. Mein Herz klopfte vor Bewunderung und Ehrfurcht wie nie zuvor. Auch die andern waren alle still geworden. Die Luft war von einem warmen Dunst aus Erde und Vegetation erfüllt. Unser ebener Pfad bestand aus einem endlosen Netz aus dicken Wurzeln. Das Unterholz war so licht, daß wir mindestens hundert Fuß in die Weite sehen konnten. Zuerst standen wir eine Weile einfach da und wußten nicht, was wir zuerst bewundern sollten: das ungewöhnlich tiefe Palmgewächs mit seinen glänzenden, farbigen Tropenblumen oder die zarten Orchideen, die an verfaulten Stämmen wuchsen. Oder sollten wir unsere Arme um den größten Stamm herum halten, um den Umfang zu messen und seine Höhe zu erraten? Der Pfad war mit orchideenähnlichen Blüten bedeckt, die von den Bäumen heruntergefallen waren, als hätte ein Blumenmädchen sie für eine Braut gestreut.

Nur ab und zu sahen wir Streifen von blauem Himmel an der grünen Decke. Ständig stolperten wir über die hohen Wurzeln, die wie riesige Füße und Zehen aus dem Pfad herausragten. Zu acht standen wir um einen Riesenbaum herum und konnten einander trotzdem nicht sehen. Einige Bäume formten hohe Wände, die in einer Höhe von etwa fünfzehn Fuß begannen und sich weit über den Boden ausbreiteten, so daß sie ringsum wie einzelne Zimmer bildeten. Die Wände waren jedoch nur etwa zehn bis zwanzig

Zoll dick. Von einem unglaublichen Glücksgefühl erfüllt, wanderten wir weiter und atmeten tief die würzige, nach Holz riechende Luft ein. Bei der Wegbiegung flatterten zwei der größten und schönsten Schmetterlinge gemächlich um unsere Nasen herum. Sie waren dunkelblau mit einem silbrigen Schimmer und gegen zwei Handflächen groß. Um uns herum hörten wir die sonderbarsten und unheimlichsten Vogelrufe, konnten die Vögel aber nicht sehen. Nur der bizarre Tukan schien überall zu sein, sein quietschendes Kreischen tönte in unseren Ohren nicht wie Musik, sondern wie das Geräusch eines verrosteten Karrens. Sein kecker, farbiger, übergroßer Schnabel, in scharfem Gegensatz zu seinem kleinen schwarzen Körper, ließ ihn irgendwie grotesk erscheinen. Das vielfache Summen, Brummen und Zirpen war für mich Teil des unbeschreiblichen Vergnügens, mich in einer noch völlig intakten Welt aufhalten zu dürfen.

Ein plötzlicher, ohrenbetäubender Ton wie von einer Sirene erklang. Was war das? fragten wir uns, die Ohren zuhaltend. Es dauerte minutenlang. Nie, auch in all den folgenden Jahren nicht, fanden wir heraus, was diesen ohrenbetäubenden Lärm verursacht hatte. Einige glaubten, es seien Frösche. Sicher war, daß das Geräusch vom oberen Teil der Bäume her kam. Kurz danach näherten wir uns plötzlich einer Art Bellen. Bald entdeckten wir, dem Geräusch zerbrechender Äste folgend, eine Schar weißgesichtiger Affen, die uns tatsächlich heftig anbellten. Sie schwangen sich auf die tiefsten Äste herunter, um uns aus der Nähe sehen zu können. Einige trugen winzige Babys auf dem Rücken, die sich an der Mutter festkrallten. Wir machten ihr Bellen nach, was dazu führte, daß sie noch näher kamen, aber dann begannen sie, unsere Köpfe mit verfaulten Ästen zu bewerfen und etwas Nasses auf uns zu schütten, und wir zogen uns schnell zurück.

Sie folgten uns noch lange hoch oben in den Bäumen nach. Zu spät realisierten wir, daß wir vergessen hatten, unsere Macheten auszuprobieren.

Wir finden eine Lagune

Aus den in dieser vulkanischen Prärie verbrachten Tagen wurden Wochen, da wir die Ankunft unserer Kisten vom Pier in Colon, in der Kanalzone, abwarten mußten. Wir brauchten das Werkzeug, um unseren Weg bis zur Grenze zwischen Panama und Costa Rica zu bahnen. Dies bedeutete mindestens zehn Stunden zu Fuß oder zu Pferd über Berge und durch verschiedene Flüsse.

Inzwischen unternahmen wir Jüngeren täglich eine Entdeckungsreise. Einmal wanderten wir vom Vulkan aus gesehen nach links. Einige Meilen weit hinter dicken Büschen und struppigen Bäumen stießen wir auf eine stille Lagune. Da diesmal die Jungen nicht dabei waren, sondern nur Luise, Doris und ich, beschlossen wir, schwimmen zu gehen. Es war sehr sumpfig dem Ufer entlang, Büsche und viele Algen und Grünzeug wuchsen im Wasser. Ich bin nie gerne in Wasser gestiegen, dessen Grund man nicht sehen kann. Ich ließ die andern vorausgehen. Luise und Doris hatten schon ihre Kleider an einem Busch aufgehängt, schwammen in die Mitte der Lagune und riefen mir zu, ich solle mich beeilen und nachfolgen. Als ich mein letztes Kleidungsstück an einem Zweig aufhängte (wir besaßen kein Badekleid), hörte ich das Rascheln von Geäst und Blättern in der Nähe. Im nächsten Moment stand ich einem großen, jungen Mann gegenüber, der eine grüne Botanisierbüchse und ein Schmetterlingsnetz trug. Schockiert und ungläubig starrte ich ihn an und langte nach meinem Unterhemd, um mich zu bedecken. Gleichzeitig schrie ich den Mädchen zu, sich in Deckung zu bringen. Der Mann schien fast so erschrocken zu sein wie ich. Es tönte, als ob er sich auf englisch entschuldigte, während er rückwärts flüchtete und mit einem Sprung so schnell, wie er aufgetaucht war, verschwand.

Damals verstand ich kein Wort Englisch. Sobald der Eindringling verschwunden war, stiegen die Mädchen aus dem Wasser heraus und zogen sich sofort an. Doris fragte nervös: «Was hat dieser Mann hier allein zu tun gehabt?» Und Luise erkundigte sich beunruhigt: «Was meinst du, wie lange hat er uns beobachtet?» Ich meinte, vielleicht sei er eine Art Naturforscher. Wer es auch gewesen war, nach diesem Vorfall wagten wir es nicht mehr, schwimmen zu gehen.

Vergiftet

Auf unserer nächsten Wanderung fanden wir es besser, die Jungen wieder mitzunehmen. Da sie immer Hunger hatten, suchten wir Beeren und andere eßbare Dinge. Jedesmal zerstreuten wir uns in alle Richtungen. Wir Mädchen entdeckten eine Stelle, wo es viele Beeren gab, während die Jungen aufbrachen, um ein eigenes Plätzchen zu finden. Nach einiger Zeit kamen sie zurück, ihre Hosentaschen und Münder vollgestopft mit den allerbesten Nüssen, die sie je gegessen hätten, erklärten sie, fast wie Haselnüsse, behauptete Arthur. Da wir nur zu gut wußten, daß unser Geschmack nicht allzusehr übereinstimmte, interessierten wir uns kaum für ihren Fund, ja wir waren zu skeptisch, um auch nur eine Nuß zu versuchen.

Auf dem Rückweg mußte Arthur sich in die Büsche zurückziehen. Dann verschwand plötzlich auch sein älterer Bruder André. Eine Weile fanden wir das lustig. Nur kurze Zeit später war es den Jungen schlecht, und sie mußten sich heftig übergeben. Ihre Gesichter waren ganz grün. Beunruhigt gaben wir ihnen den Rat, den Finger in den Hals zu stecken, um alles, was sie gegessen hatten, wieder erbrechen zu können. Zum Glück half dieser Trick zum Teil. Sobald wir wieder zurück im Camp waren, gab ich ihnen Salzwasser zu trinken, damit sie ihren Magen ganz leeren konnten. Wiederum konnten sie sich übergeben und hatten Durchfall, was sie ganz schwach machte. Etwas später fanden wir mit Entsetzen heraus, daß beide Jungen nicht mehr sprechen konnten. Martin und Vreni, ihre Eltern, und alle andern versuchten, ein Mittel dagegen zu finden, während Arthur und André hinter den Büschen bleiben mußten und sich sterbenselend fühlten. Es gab ja keine Badezimmer. Und Ärzte nur ein bis zwei Tagesritte entfernt.

Am nächsten Tag fühlten sich die Jungen etwas besser und konnten langsam wieder sprechen, doch kaum verständlich. Sie hatten immer noch hohes Fieber und fühlten sich schwach und zittrig. Dazu wurden sie den ganzen Tag von einem fürchterlichen Durst geplagt. Als es Abend wurde, war das Schlimmste vorüber.

Diese sogenannten Nüsse, klärte uns der Postmeister auf, seien große Rizinusbohnen, die sehr giftig sein könnten, wenn man viele davon esse. Eines war sicher: Unsere Naturkunde-Lektionen lernten wir schnell und aus erster Hand.

Nach zwei solch dramatischen Erlebnissen innert zwei Tagen dachten wir, es sei besser, zur Abwechslung einmal im Camp zu bleiben. Eine Putzaktion war ohnehin fällig, und wir begannen, den Inhalt unserer Koffer und das Bettzeug zu lüften. Als ich das Stroh unter meinem Kopfkissen lockerte, lag dort aufgeringelt eine hübsche, korallenfarbige Schlange, die dann schnell an meinen Füßen vorbeiglitt, um sich anderswo zu verstecken. Arthur trug sie mit einem Stock hinaus. Bei jeder Berührung wurde die Farbe der Schlange dunkler. Wir ließen sie frei, da wir - außer in Notfällen - keine Lebewesen töten wollten, und sie verschwand in den Büschen.

Tagelang bemerkte ich etwas wie einen sehr juckenden Ausschlag rings um meine Taille. Ich hatte Hemmungen, darüber mit jemandem zu sprechen, bis Mathilda mir ihren zeigte. Ihr Ausschlag hatte sich über den ganzen Körper ausgebreitet. Abschrubben half überhaupt nicht. Schließlich erfuhren wir, jeder rote Pickel sei ein *coloradio*, der eng darin sitze und so winzig sei, daß man ihn kaum von bloßem Auge sehen könne. Was konnten wir dagegen tun? Es gab keine Apotheke und keinen Arzt, den wir einfach bei Bedarf aufsuchen konnten, wir waren auf uns selbst und auf die Hilfsmittel der Natur angewiesen. Wir entdeckten, daß wir durch tüchtiges Abreiben mit Zitronen die Plaggeister los wurden. Zitrone brannte etwas auf den entzündeten Körperstellen. Um solchen Torturen ein Ende zu machen, benutzten wir von nun an täglich Zitronen, mit denen wir uns tüchtig einrieben. Zum Glück gab es in Panama haufenweise Zitronen. (Viel später lernte ich, daß die *coloradios*, wie die Einheimischen sie nennen, in den USA als *jiggers* bekannt sind.)

Nimm dein Bett und gehe dahin ...

Nie hätte ich gedacht, wie praktisch unsere zusammenlegbaren Liegestühle aus Segeltuch (die ganz gewöhnlichen) an so vielen Orten und in so vielen Situationen sein würden. Jeden Tag begann ich sie mehr zu schätzen. Sie waren nicht nur leicht zu tragen und verstellbar, sie konnten auf jeder Art Boden aufgestellt werden, ganz gleich wie feucht er war oder wie viele Insekten, Ameisen oder wer weiß was herumkroch. Manchmal nahmen wir uns Zeit, über unsere Betten ein improvisiertes Dach aus Palmblättern zu machen. Wenn der Regen kam, konnte das Wasser frei unter unsere Betten fließen, ohne unser Bettzeug nass zu machen. Jedesmal, wenn wir ein neues Lager aufschlagen mußten, und das taten wir oft, legten wir unsere Betten samt Inhalt einfach zusammen und trugen sie auf dem Rücken ins neue Camp. Ich erinnere mich, wie Luise und ich einmal wie Maultiere beladen waren: mit dem kompletten Bett auf dem Rücken, einem Koffer in der Hand und natürlich der nie fehlenden Machete in der andern. So ausgerüstet, trafen wir auf einem engen Pfad einen deutschen Siedler mit seinem Packpferd, der bemerkte: «Ganz wie es in der Bibel heißt: Nimm dein Bett und gehe dahin ...»

Eines Nachts in den ersten Wochen nach unserer Ankunft wollten Luise, Doris und ich das Draußenschlafen unter einem knorrigen Baum, ziemlich weit vom Postbüro entfernt, ausprobieren. Jedes von uns hatte eine warme Steppdecke und ein Segeltuch darüber, um gegen den Tau geschützt zu sein. Mit größter Freude hörten wir den vielen Vogelrufen, den Fröschen, dem hundertfachen Chor von Grillen und allen neuen Nachtgeräuschen zu, als die Dämmerung zu tintenschwarzer Nacht wurde. Glühkäfer begannen in der Nähe herumzufliegen, die größten, die es überhaupt geben konnte. Wenn ich sie doch nur aus der Nähe hätte anschauen können! Was mich faszinierte, waren ihre zwei Kopflichter, die wie Miniaturautos strahlten, und ein rotes Schwanzlicht, das während des Fliegens blinkte. Glücklicherweise gelang es mir, eines der Tierchen zu fangen und es auf ein kleines Buch unter mein Kopfkissen zu setzen. Der Käfer produzierte genug Licht, so daß ich die Textstelle, auf der er saß, lesen konnte. Im Tageslicht war ich erstaunt, wie gewöhnlich und unscheinbar das Glühwürmchen aussah. Es war kaum mehr als einen Zoll lang, dünn und dunkelgrau, mit einer harten Schale wie die besten Käfer. Nur daß sein Panzer, wenn man es auf den Rücken drehte, sofort wieder zurückschnappte. Die Einheimischen nennen es *curcullo*.

Die draußen in der Prärie verbrachte Nacht hatte jedoch einen Nachteil: Die starken Windstöße hörten nicht auf, unsere Decken wegzublasen, so daß wir der eiskalten Nachtluft ausgesetzt waren.

Mittwoch: Posttag

Ein *chiva* sollte heute Mittwoch die Post bringen. Nicht daß dies uns viel bedeutet hätte, wir erwarteten keine Post. Aber es war interessant, die vielen Reiter zu beobachten, die meilenweit herbeigeritten kamen. Die meisten Siedler stammten von verschiedensten Nationen. Es waren etwa ein Dutzend, vielleicht einige mehr. Trotzdem bedeutete das eine Menge Leute für einen Ort, der wie das Ende der Welt aussah. Fast alle hatten sich rund um die Vulkangegend angesiedelt. Einige waren Amerikaner, die die kühlen Sommer (Trockenzeit) hier oben verbrachten, weg von der heißen und feuchten Kanalzone. Ich hörte von Australiern, Deutschen und einem Tschechen. Diesen letzten konnte man kaum vergessen, wenn man einmal Worte mit ihm gewechselt hatte. Er stellte sich Martin als Louis H. vor. Er war von kleinem Wuchs, aber zäh und drahtig. Mit seinem pechschwarzen Haar, seinem Schnauz und dem ein frechen Büschel unter seiner Lippe glich er eher den frühen spanischen Konquistadoren aus alter Geschichte als einem Siedler auf einer Farm. Außer seiner Muttersprache Tschechisch beherrschte er auch Englisch, Deutsch, Französisch und Spanisch wie ein Einheimischer. Noch nie hatte ich einen solchen Schwall von Flüchen in solch kurzer Zeit und in so vielen Sprachen gehört wie von ihm. Und all dies im Laufe eines ganz freundlichen Gesprächs.

Ganz beiläufig erwähnte ich einmal, ich hätte früher einen Versuch unternommen, Tschechisch zu lernen, erinnere mich aber nur noch an einen einzigen Satz. So begeistert war Louis, daß er mich mit einem Wortschwall von Slawisch überflutete, als ob er einen Landsmann oder in meinem Fall eine Landsmännin getroffen hätte. Er redete mit solcher Erregung und so laut, daß er über hundert Fuß weit gehört werden konnte.

Zu meiner Erleichterung wechselte er zu Deutsch über, als er uns erzählte, wie er an der Jahrhundertwende aus seinem ehemaligen Land via Nordamerika hergekommen sei. Dort verbrachte er einige Zeit als Jockey, Erzgewinner und Rodeo-Reiter. Trotzdem galten sein Hauptinteresse und seine Liebe vor allem der Archäologie und jeder Art von Naturstudium, für welches der obere Teil von Panama ein

Paradies war. Louis H. war einer der ersten, wenn nicht *der* erste Pionier hier oben, etwa zwei Stunden zu Pferd in nördlicher Richtung. Zu Beginn war eine seiner Lieblingsbeschäftigungen, seltene Schmetterlinge zu sammeln, besonders die riesigen blauen, die wir vor kurzem selbst beobachteten. Die schönsten Exemplare schickte er einem Museum in den USA, mit dem er ein Abkommen getroffen hatte.

Mit sichtlichem Stolz erzählt er uns von seiner Familie, den elf Kindern. «Alle selbst entbunden», stellte er trocken fest. Die meisten stammten von seiner ersten Frau, einer Deutschen. Nach ihrem Tod heiratete er eine Einheimische aus Panama, seine jetzige Frau. Auf sein Pferd steigend, schrie er: «Ihr müßt mich alle besuchen kommen, um meine Familie kennenzulernen, hört ihr?»

Etwa ein Jahr darauf - und ein Kind später - hatte ich Gelegenheit, sie kennenzulernen. Die älteren Kinder waren schon halbwüchsig, stramm, freundlich mit guten Manieren. Er lehrte sie alle Englisch, was in einer solch primitiven Umgebung, in der es keine Schule gab, nicht leicht auszuführen war. Ein wildes Schwein (*peccary*) trieb sich mit den gezähmten zusammen um unsere Füße herum. Louis hatte es mit der Flasche aufgezogen. Ich fand es erstaunlich, wie er anhand eines praktischen Beispiels eine Studie betrieb, und seine Bescheidenheit war rührend. Glücklich, jemanden gefunden zu haben, der sich tatsächlich für seine Experimente interessierte, erklärte er: «Weißt du, ich hoffe, dieses wilde Schwein mit meinen Hausschweinen zu kreuzen, um besseres Fleisch und weniger Fett zu erzielen, da diese *peccaries* überhaupt kein Fett an sich haben.» Den Kopf traurig schüttelnd, bekannte er:

«Einmal hielt ich einen jungen *tapier*, aber er war nicht zu zähmen.» Immer wieder hielt Louis verschiedene Affen und sonst noch verschiedene Wildtiere neben den Hühnern und dem Vieh. Ich war so fasziniert von seinen Experimenten und Geschichten, daß ich es bedauerte, mich vor Einbruch der Dunkelheit verabschieden zu müssen. Louis' Haupteinkommen war eine große Kaffeeplantage, die Hunderte oder möglicherweise Tausende von Morgen umfaßte, von El Volcan bis in die Nähe der Grenze von Costa Rica.

Der Posttag war auch ein guter Tag, um Handel zu treiben oder Pferde zu kaufen, was wir auch taten. Wir kauften deren vier. Einen Hengst, den wir wegen seiner gestreiften Markierungen an den Beinen und den Seiten Tiger nannten. Das zweite Pferd, ein *gelding*, höher gewachsen als die andern, war kupferrot, und wir tauften es deshalb Colorado. Es wurde unser schnellstes Pferd für lange Ausritte. Dieser kostete 25 Dollar, Tiger zwanzig. Das dritte Tier war eine lebhafte, braune Stute, die für den Verkauf soeben gezähmt worden war, und nur 15 Dollar kostete. Wir gaben ihr den Namen Stella. Sie wurde eines meiner Lieblingspferde. Sie war lebhaft und hatte beim Reiten einen ganz sanften Gang. Mit dem vierten Pferd, einem weiteren *gelding*, konnte ich mich nicht anfreunden, da es nicht lange genug bei uns blieb. Nach zwei Wochen schon erschien nämlich eine Amerikanerin, um es zurückzuverlangen. Sie erklärte Martin, der alte Charly (ihr Koch, von Trinidad stammend) sei betrunken gewesen, als er uns das Pferd verkauft habe.

Der Kauf der Pferde machte mich sehr glücklich. Mein Wunsch, mit Pferden zusammenzusein und mich um sie kümmern zu dürfen, hatte sich endlich erfüllt.

Pfadfinder

Wir hatten vor, an der Grenze von Costa Rica einen eigenen Pfad bis zu unserem Land zu bauen, was von der Regierung von Panama bewilligt wurde. Ein alter Pfad existierte nur teilweise; er war von drei deutschen Siedlern gemeinsam geschlagen worden. Das Problem war, daß ein Teil dieses Pfades während der vorhergehenden Regenzeiten durch große Erdrutsche weggeschwemmt worden war. Wenn einer einen Pfad schlug, wußte er nur zu gut, daß er ständig mit umstürzenden Baumstämmen und dem schnell wachsenden Unterholz fertig werden mußte und dafür verantwortlich war, den Weg passierbar zu halten. Trotzdem benutzten alle, besonders die Einheimischen, den Pfad und hatten nicht die Absicht, beim Ausbessern desselben mitzuhelfen. Wenn ein umgestürzter Baum den Durchgang versperrte, machten sie einfach einen Bogen darum herum. Falls ein Pfad etwa sieben bis neun Monate lang vernachlässigt wurde, machte ihn das übermäßige Wachstum der Vegetation unpassierbar.

Da ein Pfad viel Arbeit und Aufmerksamkeit benötigte, fanden wir es das beste, unseren eigenen, unabhängigen Pfad zu bauen, der direkt zu unserer zukünftigen *finca* (Farm) führen würde. Zudem war diese Route praktischer. Es war unvermeidlich, vier Bäche und Flüsse zu überqueren, um zu unserem Ort zu gelangen. Die ersten drei waren relativ leicht passierbar während der Trockenzeit. Über den vierten Fluß, den wildesten und breitesten von ganz Panama, genannt Chiriqui Viejo, hatten wir vor, eine große, lange Brücke zu bauen. Vorläufig mußten wir damit zuwarten. Zuerst mußten wir einen guten Pfad durch den Urwald schlagen und damit in der Nähe der offenen Prärie beginnen. Unsere Faulenzerei hatte ein Ende.

Es mag ein wenig seltsam tönen, aber ich war begierig, mit der Arbeit zu beginnen, einer ganz neuen Art Arbeit für uns, die wir alle von Grund auf lernen mußten. Genau das gefiel mir: zu lernen, wie man auf einfachste Art überleben konnte. Jetzt hatten wir Gelegenheit herauszufinden, wie wir uns im Urwald bewährten, nur mit einer Machete ausgerüstet.

Zum Glück konnten wir in den kommenden zwei bis drei Monaten mit der Trockenzeit rechnen, was ein großer Vorteil war. Während der ersten zwei Wochen kehrten wir zum Schlafen jeweils ins Vulcan Camp zurück. Jeden Morgen in der Frühe marschierten wir mit Freude wie die sieben Zwerge hintereinander los, eine Hacke auf der Schulter, die Machete in der Hand. Nach etwa einer halben Meile des bereits bestehenden Pfades wählten wir eine nördlichere Richtung. Von hier aus begannen wir Jüngeren - André, Arthur, Peter, Luise, Doris und ich -, eine breite Bresche durch das Unterholz zu schlagen. Viele Bäume, die umgefallen waren, mußten aus dem Weg geschafft werden. Meist arbeiteten sich Peter und Ruedi meilenweit voraus, um eine *pica* für uns zu fällen, eine Markierung für unsere weitere Arbeit. Schnell hatten wir gelernt, unsere Macheten korrekt zu schärfen, und schlugen flink und mit viel Kraft das dichte Unterholz. Jeden Tag rodeten wir etwa 200 Fuß Pfad, je nach der Anzahl Hindernisse. Bis jetzt kamen wir dank dem ebenen Boden flott voran im Vergleich zur harten Arbeit, die uns noch erwartete.

Jeden Tag arbeiteten wir tiefer in das Dickicht hinein, von etwa sieben Uhr morgens bis zwei Uhr nachmittags. Ab und zu machten wir Pause, um unseren Durst mit Limonade zu löschen. Mit großer Befriedigung kehrten wir jeweils ins Camp zurück. Stolz und glücklich hüpften wir über den neu geschaffenen Pfad, der nun, frei von Baumstümpfen und Wurzeln, sanft und eben war.

Eines Tages während unserer Limonadenpause hörten wir ein fürchterliches Grollen in der Ferne, das sich wie ein Gewitter näherte. Als das Grollen näher und näher kam, waren wir plötzlich in einen erstickenden, fürchterlichen, bisher nie erlebten Geruch eingehüllt. Nach Luft schnappend und unsere Nase zuhaltend, entdeckten wir etwa hundert Fuß vor uns eine große Herde von Wildschweinen. Ich sah ihre gefährlichen Stoßzähne, mit denen sie das schreckliche Rasseln erzeugten. Wir zählten achtzehn bis zwanzig Tiere, die mit ihren Schnauzen den Boden aufwühlten und uns glücklicherweise nicht beachteten. Es kann auch sein, daß sie uns noch nicht wahrgenommen hatten, denn wir waren noch wie erstarrt und wagten kaum zu atmen. Sie waren grau-schwarz mit dicken Körpern, aber winzigen Füßen, wie sie Rehe besitzen. Die Einheimischen nennen sie *sajino*. Als wir unser Erlebnis dem Postverwalter erzählten, war er schockiert. «Das nächstemal, wenn ihr eine so große Herde von Wildschweinen seht», sagte er, «klettert sofort auf den nächstbesten Baum; wenn es so viele sind, greifen sie alles an, was ihnen in die Quere kommt.» Er warnte uns ernsthaft, schon mancher Hund sei innert Minuten in Fetzen gerissen worden. Vielleicht hatten wir in all den Jahren ganz einfach Glück. Wir sahen viele wilde Tiere, wurden aber kein einziges Mal angegriffen. Man konnte zwar erwarten, daß sich ein wildes Tier verteidigen würde, wenn es angeschossen oder verwundet wurde. Doch wir trugen eben niemals Waffen und erschossen kein einziges Tier.

Einige Tage später entdeckten wir auf dem neu planierten Pfad frische Spuren eines großen Berglöwen. Obwohl wir überzeugt waren, daß dieser Puma uns seit langem bei der Arbeit beobachtet haben mußte, hatten wir ihn kein einziges Mal gesehen. Einmal waren die Spuren an einem Morgen so frisch, daß Blätter und Zweige noch in Bewegung waren.

Unser erstes Camp im Urwald

Mit dem Roden kamen wir zügig voran, und die Märsche zur Arbeitsstelle und wieder zurück wurden zu lang. Wir fanden in der Biegung eines klar fließenden Flusses, über den unser Pfad führen sollte, eine ideale Stelle zum Campieren. Wir brauchten einen ganzen Tag, um unsere zusammenlegbaren Betten, das Bettzeug und die Kochutensilien ins neue Camp zu bringen. Die Pferde waren bis ans Halfter hinauf beladen, und den Rest trugen wir auf dem Rücken. Wie früher die Indianer stellten wir unsere Liegestuhl-Betten im Kreis um das Lagerfeuer herum, das wir die ganze Nacht durch am Brennen hielten. Sofort waren alle damit beschäftigt, mit der Machete Äste abzuhauen und daraus mit Lianen, die von den Bäumen herunterhingen, Gestelle zu machen, um unsere spärlichen Lebensmittel gegen alle Arten von Tieren zu schützen. Wir spannten noch ein Seil, um tagsüber unsere Decken aufzuhängen, machten mit drei großen Steinen aus dem Fluß eine Kochstelle, und schon sah unser Camp einladend, ja geradezu heimelig aus. Die Jungen besorgten auf ganz unkonventionelle Art Holz für die Nacht: Sie fällten einfach einige Bäume gegen das Zentrum hin, wo das Feuer brennen sollte. Doris warnte sie: «Wenn ihr mit eurem Baum mein Gestell kaputtmacht, müßt ihr mir ein anderes zimmern!» Mit allzu großem Vertrauen schrien sie zurück: «Überlaß das uns Experten, wir werden sie alle mit größter Präzision landen lassen, krach in die Mitte!» Als der Baum zu fallen begann, drehte er sich plötzlich seitwärts und stürzte auf die Kochstelle. Wie überall im Urwald war die Baumkrone dicht mit Lianen überwachsen - ein neues Lernerlebnis für uns. Luise und ich lachten erbarmungslos. Kurz darauf begannen auch die Jungen zu lachen, nachdem sie sich von ihrer Verlegenheit erholt hatten. Nur Elisabeth, die kochen mußte, gelang es nicht, diesen Streich lustig zu finden. Wütend befahl sie den Jungen, das Durcheinander sofort aufzuräumen und eine neue Kochstelle zu bauen, bevor es dunkel wurde.

Obwohl die arbeitssparende Methode der Jungen nicht genau so herausgekommen war wie geplant, war sie trotzdem kein völliger Mißerfolg. Das Ende des Baumstrunks lag gerade richtig, um darunter ein Feuer zu machen, in das man von Zeit zu Zeit nachschieben konnte. In der Dämmerung stellten wir unseren ersten selbstgemachten Tisch mit zwei Riesenblättern als Tischtuch auf. Elisabeth hatte eine heiße Mehlsuppe zubereitet. Die Nacht wurde kalt, und wir schlüpften erschöpft in unsere bequemen Liegestuhlbetten, die Füße dem Feuer zugewendet. Nur mein Kopf schaute unter den Decken heraus, und ich atmete den wunderbaren Duft der üppigen Vegetation ein, den eine leichte Brise herantrug. Wilde Tauben und Eulen gurrten, und Tausende von Insekten zirpten dazu. Es war ein unbeschreibliches Schlaflied. Ich war eingeschlummert, halb im Traum, als jemand in einem hohen C in Intervallen oh ... ooh ... ooooh ... stöhnte, immer lauter und intensiver. Als ich erwachte, merkte ich, daß ich nicht geträumt hatte, das Stöhnen kam geradewegs aus der tintenschwarzen Nacht in den Bäumen hinter uns. Es steigerte sich zu einem furchterregenden Crescendo, als käme es aus einem Operationssaal. Flüsternd fragten mich Luise und Doris: «Hast du das gehört?» Wie hätte jemand das nicht hören sollen, denn inzwischen hatte das unheimliche Stöhnen uns alle aufgeweckt. Was war das? Ein sterbendes Opfer eines Löwen? Oder irgendein sonderbarer Paarungsruf? Schließlich vermuteten wir, es könnte ein großer *gooney bird*, ein Vogel, sein, und hofften, er werde bald schweigen.

Was uns bei unserer Arbeit des Pfadbauens am meisten zusetzte, war die extrem karge und eintönige Nahrung. Verständlicherweise kamen nur Eintopfgerichte in Frage, meistens Maisbrei, den wir ohne Zutaten wie Butter im Kupferkessel über dem Feuer kochten. Hie und da streuten wir etwas braunen Zucker darüber. Nach acht Wochen hingen uns der ewige Mais und die Mehlsuppe zum Hals heraus.

In einer sehr abgelegenen Siedlung namens Caissan gelang es Luise und mir, etwas Milch zu kaufen. Mit einer schweizerischen «Milchbränte» am Rücken wanderten wir einige Meilen durch dicken Wald und erreichten Caissan, das aus drei winzigen Palmhütten bestand, in einer Lichtung von etwa zehn Morgen voller gefällter Bäume und Strünke. Jede Hütte war nicht größer als acht auf zehn Fuß. Die rissigen Bambuswände reichten nicht bis auf den Boden hinunter, der Boden bestand einfach aus barer Erde. Eine junge, kleine Frau stand vor einer der Hütten. Ich war erstaunt, wie langgestreckt ihre Zehen waren, wie Finger (wie bei den meisten Einheimischen). Sie war sehr schüchtern, als ich sie mit Hilfe von Gesten fragte, ob ich etwas *leche* (Milch) kaufen könne. Sie nickte begeistert und sagte: «*Si, si.*» Sie deutete uns, in ihre *casa* zu kommen und uns zu setzen. Die Sitze bestanden aus Baumstümpfen. Ein schmales, viereckiges Brett, das an der Wand befestigt war, diente als Tisch. Damit hatte es sich mit den Möbeln. In der Ecke gab es eine Kochstelle, wie sie in Panama üblich waren. Vier dünne Pfosten stützten eine Unterlage aus Sand mit drei Steinen. Zwei gußeiserne Töpfe schienen das ganze Kochgeschirr zu sein, einer für den Reis, der zweite für Bohnen, die Hauptnahrung in diesem Land. Deshalb war ich nicht überrascht über den schlechten Zustand der Zähne bei den meisten Einheimischen. Bevor sie zwanzigjährig wurden, fehlten ihnen oft schon die Vorderzähne.

Die junge Frau (ohne Vorderzähne) sagte «*Un momento*» und suchte irgendwo ihre Kuh. Zum Melken gab es keine bestimmten Zeiten, die Einheimischen molken die Kühe nur, wenn sie Milch brauchten. Natürlich produzierte eine Kuh nicht gut bei dieser Methode.

Schließlich kam die junge Frau, jagte die Kuh zur Hütte und band sie dort an einem Baumstumpf an. In der einen Hand eine Schale (*calabaso*) haltend, molk sie die Kuh mit der andern in gebückter Stellung. Es war die langsamste und unbeholfenste Art zu melken, die ich je gesehen hatte. Jedesmal, wenn die Schale voll war, goss sie den Inhalt in einen viereckigen 10-Gallonen-Ölkanister. Daraus maß sie nach dem Melken die Milch in eine leere Coca-Cola-Flasche ab. Zuletzt goß sie jede volle Flasche in unsere Milchbränte, indem sie sie an den Fingern abzählte. Diese Milch hätte nicht mehr gepantscht werden können, selbst wenn sie durch mehrere kommerzielle Prozesse hindurchgeschleust worden wäre.

Der ganze Vorgang dauerte mindestens zwei Stunden,

und während dieser Zeit wurde die Frau ständig von Hühnern und einer Bande Ferkel unterbrochen, die ins Haus eindrangen und die sie erfolglos mit einer Rute herauszujagen versuchte. Wo würde wohl die kleine Familie mit ihren drei Knirpsen einen Platz zum Schlafen finden? fragte ich mich. Wahrscheinlich auf der Strohmatte in der Ecke auf dem Boden, eng aneinandergedrängt unter einer dünnen Baumwolldecke, wie wir es in Panama oft beobachteten.

Obwohl die Milch alles andere als sauber war, waren wir überglücklich, sie zu bekommen. Entweder diese Milch - oder keine.

An einem andern Tag erlebten wir einen lustigen Vorfall. Ein Einheimischer mit seinem vollbepackten Pferd fand den Weg zu unserem Camp. Er wollte uns Maiskolben, *jambi* (eine Kartoffelart) und frische Eier verkaufen, die er auf geniale Art, je drei zusammen, in leere Maishülsen eingebunden hatte. Er öffnete die Faserschnüre rund um die Schale und lobte die Eier als *muy fresco*. Da wir uns schon lange nach einer Abwechslung beim Essen gesehnt hatten, kauften wir ihm alles ab. Ich dachte, meine Italienischkenntnisse würden mir beim Aushandeln des Preises helfen, deshalb übernahm ich das Abrechnen. Das heißt, ich dachte, ich könnte es. Der Mann sagte immer nur *quince centavos*, und ich war gar nicht sicher, ob das fünf oder fünfzehn hieß. Schnell bemerkte er meine Unwissenheit, hob voller Ernst seine linke Hand, mit der rechten langsam jeden Finger abzählend: ... *once* ... *doce* ... *trece* ..., bis er bei den ausgestreckten Zehen ... *trece* ... *catorce* ... *quince* ... ankam.

Ich hatte Mühe, nicht auf der Stelle in Gelächter auszubrechen, es war einfach zu lustig. Doch ich war mir auch bewußt, daß er seine hilfreiche Demonstration vorführte, damit wir uns verständigen konnten. Er machte dies aus echter Freundlichkeit.

Mühsames Sichdurchschlagen

Von nun an gerieten wir bei unserer Arbeit an mehr Hindernisse in bergigem Gelände. Dies war typisch für diesen Teil der *Province of Chiriqui* bis zur Grenze zwischen Panama und Costa Rica. Dort war die Gegend noch rauher.

Unser nächstes Stück Pfad führte im Zickzack über einen Berg. Dort versuchten wir, den Weg so lange wie möglich dem Grat entlang zu führen, um unseren Tragpferden unnötiges Hinauf- und Hinabreiten zu ersparen. Der Pfad ging schließlich abwärts in ein enges Tal mit einem weiteren kristallklaren Bach.

Diese ganze Arbeit mußte mit Hacke, Schaufel und Machete ausgeführt werden. Vom Ufer weg zu graben und ein endloses Netz von Wurzeln wegzuschneiden dauerte viel länger als die Arbeit auf ebenem Boden. Ständig mußten wir mit heruntergefallenen Bäumen fertig werden. Wir waren darauf bedacht, eine möglichst gleichbleibende Steigung beizubehalten und die innere Seite des Pfades immer tiefer zu graben, besonders in den Kurven. Ich erinnerte mich noch gut, wie die Bergstraßen in der Schweiz gebaut werden. Mir gefiel diese Arbeit. Es war eine Herausforderung, eine Teilstrecke des Weges zu beginnen und zu beenden - und dies alles aus eigener Kraft. Ständig konnten wir unsere Ideen in die Praxis umsetzen. Jedes unserer Talente hatte eine Chance, irgendwann und irgendwie zum Zug zu kommen.

Ich war erstaunt, wie selten es Steine hatte, außer natürlich in den Flußbetten.

Wiederum mußten wir ein neues Lager aufschlagen, erneut an einem Fluß. Diesmal kamen auch Martin und Vreni mit uns, was mich sehr freute. Die nächste Wegstrecke war so schwierig, daß wir jede Hilfe brauchten, denn wir standen vor der äußerst harten Aufgabe, etwa eine Meile weit den endlosen, dichten Bambus wegzuhacken. Der Bambus war etwa 20 Fuß hoch und so dicht, daß sogar ein Elefant Mühe gehabt hätte, hindurchzukommen. Nun wußte ich bereits sehr gut mit der Machete umzugehen, aber wenn ich versuchte, sie in den Bambus hineinzuschlagen, prallte sie einfach zurück. Zum Glück kamen Ruedi und Peter von ihrem Wegauskundschaften zurück, um uns zu helfen. Da wir Mädchen nicht einmal einen Schnitt in den Bambus schlagen konnten, folgten wir den Männern, um all die schrecklichen Stümpfe und Wurzeln auszugraben und so späteren Bambuswuchs zu verhindern. Es schien, als ob wir niemals ans Ende dieser Meile gelangen würden. Wir verabscheuten diesen Bambus aus tiefstem Herzen. Und erst recht, als unser Pferd Colorado einen schrecklichen Unfall erlitt, der von den neu geschnittenen Stümpfen verursacht wurde.

Es geschah eines Morgens, nachdem wir wie gewöhnlich an die Arbeit gegangen waren. Elisabeth und Vreni blieben zurück, um das Camp zu beaufsichtigen und um zu kochen. Tiger und Colorado waren in der Nähe des Lagers bei einem Bündel Gras angebunden. Vreni kam außer Atem angerannt, um uns zu sagen, Colorado habe sich losgerissen und sei direkt in den neu geschnittenen Bambus geraten, der scharf wie eine Rasierklinge war. Die Pferde mochten Bambusblätter besonders. «Seine Brust ist von einer Seite zur andern aufgeschlitzt, so tief, daß man einen

Arm hineinlegen könnte!» schrie Vreni. Martin und der Rest von uns ließen das Werkzeug fallen und rannten zu Colorado, da wir realisierten, daß er leicht verbluten konnte. Als ich die offene Wunde erblickte und das Blut bis auf die Hufe hinunter, fiel ich fast in Ohnmacht und mußte mich am nächsten Baum festhalten. Sofortige Hilfe war nötig. Martin gab schnell allen Anweisungen. «Ich brauche euch alle, ich muß die klaffende Wunde sofort zunähen und desinfizieren. Du, André, hilfst mir, Colorado zwischen diesen vier Bäumen anzubinden.» Er legte ein Kummet um Colorados Hals, das als Hebestange dienen sollte, band ein Seil um den hinteren Fuß und führte das Seil durch den Ring am Hals. Mit seinem Taschentuch verband er dem Tier die Augen - eine überraschend einfache Methode, um es zu beruhigen.

«Jetzt, Trudi, hängst du dich ans Seil und ziehst daran oder lässt es locker, wenn ich es dir sage, während ich an ihm arbeite», sagte Martin schnell. Diese dreibeinige Position machte es dem Pferd unmöglich, auszuschlagen, sich aufzubäumen oder sich gar loszureißen, wenn der Schmerz zu stark wurde.

Eiskalte Schauder rannen mir den Rücken hinunter, während ich mit meiner ganzen Kraft am Seil hing. «Ich kann es mir nicht erlauben, jetzt ohnmächtig zu werden», sagte ich mir ständig. Die Operation mußte gemacht werden - und schnell. Die andern holten schweigend viel heißes Wasser und saubere Tücher herbei. André brachte eine Nadel und Faden und einen großen Eimer mit kochendem Wasser, in das er einige Alkali-Körner warf, die sich zu einer violetten Farbe auflösten. Diese Lösung war uns eines der wichtigsten Mittel, um offene Wunden und Infektionen zu heilen. Martin brauchte jetzt eine stärkere Dosis, um Colorados Wunde auszuwaschen. Er arbeitete mit sicherer Hand und rasch, als er nun mit dem Nähen begann, obwohl es mir wie eine Ewigkeit vorkam. Als dieser Teil vorüber war, wurde Colorado bis zu seinen Hufen hinunter gründlich gewaschen. Seine ganze Vorderseite war blutbedeckt. Dann pinselte Martin über und um die Stiche herum *cangaroo*, um Fliegen und andere Insekten davon wegzuhalten. *Cangaroo* war unerläßlich für Vieh in tropischem Klima und wurde täglich gebraucht. Es handelte sich um eine dunkelbraune, stark riechende Flüssigkeit, die im Kontakt mit Wasser milchig-weiß wird. In die kleinste Schramme, Schnittwunde oder wunde Stelle eines Tieres, die nicht mit *cangaroo* bepinselt wurde, legten die Fliegen ihre Eier, aus denen sich in kürzester Zeit dicke Maden entwickelten. Diese Maden waren fähig, ein Hinterbein innert Tagen wegzufressen. Ich sah die schrecklichen Folgen, als draußen in der Prärie eine Stute hinter der Herde mit großer Mühe ihr blutüberströmtes Hinterteil nachschleppte.

Bis Colorado sich einigermaßen erholt hatte, ließ ihn Martin kurz angebunden, damit er sich nicht verletzen konnte. Wir sammelten alle Gras und anderes Grünzeug, um den Futtertrog aufzufüllen, den ihm die Jungen schnell gemacht hatten. Schwach und zittrig, versuchte ich mich zurückzuziehen. Ich mußte eine Weile allein sein, um mich zu erholen und für Colorados Genesung zu beten. Dies war meine erste harte Lektion. Sie lehrte mich, persönliche Gefühle wegzustellen, wenigstens so lange, als das Tier sofortige Hilfe brauchte. Bis jetzt war ich beim Anblick von Blut oder auch nur dessen Erwähnung schon ohnmächtig geworden. Colorados Unfall war meine erste Lektion, damit fertig zu werden. In den kommenden Jahren war mit weiteren solchen Tragödien zu rechnen. Diesmal gab es ein glückliches Ende, denn Colorados Operation war erfolgreich. Keine Infektion folgte. Die Wunde verheilte so gut, daß nicht einmal eine Narbe zurückblieb.

Wir erreichen den Chiriqui Viejo

Ich hatte kaum realisiert, daß es April geworden war. Es schien mir kaum möglich: schon über zwei Monate im Urwald, abseits vom Sonnenlicht und vom offenen Himmel. Wir waren bleich im Vergleich zu denen, die in der Vulkan-Prärie geblieben waren. Die Regenzeit konnte nun jederzeit beginnen ... Zum Glück für uns war die letzte Meile des Pfades verhältnismäßig weniger bergig, was uns ermöglichte, den wilden Chiriqui Fluß noch zu erreichen, bevor der Regen einsetzte.

Als wir die Lichtung des Flußbettes erreichten, blendete uns die helle Sonne. Unsere Augen hatten sich allzusehr an das beruhigende Grün um uns herum gewöhnt. Das ohrenbetäubende Rauschen des Flusses übertönte unsere Stimmen. Das Ufer war so hoch, daß wir das Wasser nicht sahen. Als ich einige Schritte näher an den Rand trat, blickte ich geradewegs in das weiß schäumende Wasser tief unten, und mit einem Schock sprang ich zurück. Vor Abgründen habe ich immer Angst. Martin erklärte uns: «Genau von diesem Punkt aus beginnen wir die Brücke.» Hätte er uns gesagt, von hier aus müßten wir lernen, wie ein Vogel über das Wasser zu fliegen, hätte es nicht unwahrscheinlicher getönt.

Vorsichtig wagte ich einen weiteren Blick. Diesmal hielt

ich mich an einem kleinen Baum fest, bevor ich hinunter in das turbulente Wasser starrte. Der Fluß floß westwärts, vom Fuß des Volcan-Berges durch die Chiriqui-Täler, bis er schließlich im Süden in Pedregal in den Pazifischen Ozean einmündete. Der Fluß war so breit, daß das gegenüberliegende Ufer weit weg zu sein schien. Mitten im Fluß befand sich eine etwa 200 Fuß lange Insel, die nur während der Trockenzeit, mit dichter Vegetation überwachsen, sichtbar war. Die Regenzeit jedoch setzte die Insel ganz unter Wasser.

Wie hier eine Brücke bauen ...? Ich konnte es mir gar nicht vorstellen. Wie? Ich hatte keine Ahnung, wie wir, eine Handvoll Städter und Greenhorns, überhaupt eine Brücke und noch weniger eine von solcher Größe erbauen konnten. Eine Brücke, die Widerstand leisten konnte gegen das unheimliche, starke Hochwasser, das ganze Bäume und alles mögliche mitriß. Nur mit Macheten, Pickel und Äxten und Baumaterial aus der Natur: mit Sand, Steinen und Holz!

Kein einziger von uns hatte auch nur die geringste Erfahrung für diese Art Unternehmung. Alles, was wir besaßen, war Begeisterung, die Fähigkeit, uns selbst zu helfen, und unglaublich viel Durchhaltewillen und Ausdauer!

Schon jetzt hatten wir eine ganze Menge entmutigender Geschichten über Katastrophen gehört. Geschichten über frühere Versuche, über den Fluß eine Brücke zu bauen. Vor einigen Jahren waren zwei Hängebrücken weiter stromaufwärts erstellt worden. Beide Brücken waren am ersten Tag der Regenzeit vom rasch anschwellenden Wasser mitgerissen worden. Dabei waren auch mehrere Leute im starken Strom ertrunken.

Da wir von diesen Mißerfolgen Kenntnis hatten, planten wir, unsere Brücke auf den Uferklippen und auf mehreren dicken Zementstutzen zu verankern. Bevor wir jedoch in Einzelheiten gehen konnten, wie wir anfangen sollten, mußten wir wiederum das Camp wechseln. Für das neue wählten wir ein flaches Gelände, von wo aus wir den Fluß und die zukünftige Brücke überblicken konnten. Wie üblich brauchten wir den ganzen Tag, um umzuziehen. Mit dem Unterschied, daß wir diesmal ein Dach über unserem Kopf erstellen mußten. Wir erinnerten uns an die noch brauchbaren Überreste einer zusammengestürzten Hütte, weit zurück beim Beginn des Pfades: Bretter von etwa zwölf Fuß Länge, einem Fuß Weite und zwei Zoll Dicke. Solche Bretter bedeuteten einen Schatz und waren ideal zum Erstellen eines Obdachs. Wiederum ist dies ein typisches Beispiel, das sehr anschaulich zeigt, was für leichtgläubige Anfänger wir waren! Der große Haken war, daß wir die Bretter auf *unserem* Rücken, pro Gang ein Brett, über den langen Pfad bergauf und bergab schleppen mußten. Wie sonst? Sie waren zu lang, um auf ein Pferd geladen zu werden. Zudem waren Ruedi und Peter mit den Pferden nach La Concepcion hinuntergeritten, um Säcke mit Zement und 12-Penny-Nägel für die Brücke zu kaufen. Luise, Doris und mich, die vielseitigen, kräftigen und gesunden Mädchen, ließen sie zurück, um die Arbeit zu erledigen. Es kam nie jemandem in den Sinn, Besorgnis zu äußern, ob wir Mädchen zu einer solchen Aufgabe auch fähig waren. Jedes von uns überlegte, ob wir es könnten, und so versuchten wir es eben.

Das meilenweite Tragen der langen Bretter bergauf und -ab erwies sich als eine äußerst schwierige Arbeit. Bei jedem Schritt schien die Last doppelt so schwer zu werden.

Es gab bald keine einzige Stelle an unserem Körper, die nicht schmerzte vom Tragen der Bretter. Der Kopf, der Rücken, beide Hüften, überall hatten wir schwarze und blaue Flecken. Die Schultern waren voller Blasen, und es gab keine nicht schmerzende Stelle mehr, um die Bretter aufzuladen. Alle paar Yards mußten wir eine Pause machen, so daß wir den ganzen Tag brauchten, um zum Fluß zu gelangen. Mit leeren Händen brauchten wir für die Strecke etwa zweieinhalb Stunden. Endlich am Ziel, schien uns, Luise, Doris und mir, das Gewicht der Bretter aus Gold zu bestehen. Für jedes Stück gesägtes Bauholz empfanden wir mehr und mehr Respekt. Das ganze Holz mußte an Ort und Stelle, wo der Baum gefällt wurde, in Bretter gesägt werden. Dazu stellten wir ein Gerüst auf. Ich werde versuchen, das faszinierende Vorgehen später zu beschreiben (mit Illustration).

Martin und André plazierten unsere wertvollen Bretter auf den beinahe fertigen Rahmen des Schuppens und legten darüber eine große Plache als Dach. Wenig später überraschte uns der erste Platzregen, der die Luft mit einem heißen, wie staubigen Geruch erfüllte. Auf einmal standen wir wadentief in einem großen, schlammigen Fluß, der durch unsern Schuppen floß. Es war augenfällig, daß unser Unterstand da und dort einige Verbesserungen benötigte. Niemals zuvor sah ich solche Massen Wasser in weniger als einer Stunde vom Himmel fallen.

In dieser ersten Nacht machte das ohrenbetäubende Rauschen des Flusses das Schlafen fast unmöglich, obschon wir erschöpft waren. Am nächsten Morgen suchten wir etwas weiter oben, wo der Fluß breiter und weniger turbulent war, einen guten Platz zum Schwimmen. Jenseits der Insel im Fluß entdeckten wir eine geeignete und ruhige Badestelle. Bevor wir baden konnten, baten wir die Jungen, einen langen Baum am Ufer zu fällen und ihn als provisorische Brücke zur Insel hinüberzulegen. Alle außer mir balancierten ohne zu zögern darüber. Ich haßte mich dafür, solche Angst zu haben. Ich war sehr dankbar, als Martin mit einigen Streben und einem Seil dazwischen ein Geländer machte. Zitternd wagte ich es schließlich, über die Brücke zu gehen. Das Geländer schwankte beinahe so sehr wie ich selbst, aber es gab mir den nötigen moralischen Halt.

Doris, Luise und ich fanden einen Ort, wo der Fluß eine natürliche Wellenbahn bildete. Aber bei meinem ersten Schwimmversuch war die Strömung so stark, daß ich Mühe hatte, wieder das Ufer zu erreichen, ohne an einen versteckten Geröllblock zu schlagen. Das Wasser war viel zu kalt, um lange darin zu bleiben, deshalb kleideten wir uns wieder an. Zudem warteten die Jungen darauf, ihrerseits das lang ersehnte Schwimmen zu genießen.

Die Flußufer waren mit schnell wachsenden Büschen mit riesigen Blättern, so groß wie Schirme, gesäumt. Noch hatten wir keine Ahnung, daß genau diese uns später bei einem unangenehmen Vorfall retten würden, nachdem die ersten Balken auf die Brücke gelegt worden waren.

Etwa einen Monat später, als wir Mädchen glücklich auf den Wellen ritten, entdeckten wir plötzlich einen Einheimischen, der uns von der Brücke aus mit offensichtlichem Vergnügen zuschaute ... Einen Moment dachten wir, einfach eine Zeitlang unterzutauchen. Die Möglichkeit, daß sich der Fremde entschließen würde, näher zu kommen, war groß. Unsere Kleider lagen viel zu weit weg. Die riesigen Blätter am Ufer waren nun unsere Rettung! Schnell rissen wir jede ein Blatt ab, befestigten es um die Taille und stürzten uns auf unsere Kleider. Angekleidet blickten wir voller Unruhe zur Brücke hinüber und sahen mit großer Erleichterung den Mann weggehen.

Wir beginnen mit dem Bau unserer Brücke

Erst brauchten wir Zeit, um die exakte Lage der Brücke sowie die Tiefe und die Neigung für eine Plattform zu bestimmen, wo die Gurten gestützt werden sollten. Es war entscheidend, wie tief hinunter zu dieser Plattform wir graben mußten. Es gab drei Hauptgründe für die Wahl dieser Stelle: erstens war es hier am engsten (aber auch am tiefsten und gefährlichsten); zweitens gab es diesen Inselstreifen, ideal, um darauf zwei große Zement-Strebepfeiler zu bauen; drittens besaß der erste Flußarm einen riesigen Felsblock in der Mitte, der ziemlich weit aus dem Wasser herausschaute, eine natürliche Stelle für den ersten Zementpfeiler. Wie wir zu diesem Felsblock gelangen konnten, war für mich noch nicht klar. Der vierte und letzte Pfeiler würde zum Teil im Fluß stehen, weit am gegenüberliegenden Ufer.

Im Verlauf unserer gemeinsamen Besichtigung und Diskussion erkannten wir, daß vier Zementstützen notwendig waren. Zudem, daß wir bis auf das Flußniveau hinuntergraben mußten, um Zugang zu bekommen. Die Brücke sollte so hoch wie möglich gebaut werden, damit sie auch dem stärksten, Baumstämme mitreißenden Anschwellen in der Regenzeit standhalten konnte. Und stark genug, damit eine Herde Kühe sie überqueren konnte. Es war schwierig, sich vorzustellen, daß der Fluß in weniger als einer Stunde Regen bis zu zehnmal so hoch anschwellen konnte, wie er normalerweise war. Massenhaft konnten dann ganze Bäume und Treibholz gegen die Brückenstützen schlagen. Dies bedeutete, daß die Brücke mindestens 30 Fuß über dem normalen Wasserstand erstellt werden mußte.

Das ganze Baumaterial für dieses Projekt mußte aus der Natur kommen - natürlich! Mit Ausnahme der Zementladungen zu Pferd und der 12-Penny-Nägeln. Der ganze benötigte Sand mußte eimerweise aus dem Fluß herausgeholt und gesiebt werden. Wiederum fiel diese Aufgabe uns Jüngeren zu. Sobald einer vom Hinuntertauchen ins kalte Wasser fast violett aussah, war der nächste an der Reihe. Wir walzten viele, ach, so schwere Felsblöcke herbei für den Beton. Diese Arbeit folgte erst, nachdem wir zuerst einen Zugang gegraben hatten, was sich als keine Kleinigkeit herausstellte. Nie hätte ich vermutet, daß wir beinahe vier Wochen nur daran graben würden. Es war wie das Meißeln auf Zement. Zoll um Zoll in die Tiefe gelangend, hackten wir auf die feste, graue Masse aus hartem Sandstein ein. Ganz gleich, welche Art oder Methode wir dabei auch anwendeten, jeder Brocken mußte mit schweren Spitzhacken aufgehackt und gemeißelt werden. Oft, wenn unsere Hacke jede Stunde schwerer zu werden schien, nahmen wir eine Zeitlang einen Schmiedehammer (den Luise und ich kaum vom Boden aufheben konnten) und einen Meißel zu Hilfe. Nachher schien die Hacke beinahe leicht zu sein, wenn auch nur für eine Weile. Wir trösteten uns damit, daß es nur dank unserer Anstrengung möglich sein würde, ein möglichst solides Fundament zu schaffen, um darin eine breite Brücke zu verankern. Bevor wir uns an diese harte Arbeit machen konnten, mußten wir tonnenweise Felsen und riesige Geröllblöcke etwa zehn Fuß hinunter- und wegschaffen.

Während Martin und die Jungen am Rand des Felsens arbeiteten, gruben wir Mädchen um die Geröllblöcke herum die Erde auf, damit sie leichter gelöst und von den Männern mit langen Stangen weggehoben und in den Fluß hinuntergestoßen werden konnten. Mit Spannung warteten wir, bis das Aufprallen der Felsblöcke tief unten zu hören war, was Sekunden dauerte. Tag für Tag krachten die Felsbrocken hinunter, bis ich befürchtete, der Fluß wäre damit bald aufgefüllt. Doch sie rollten alle weg und verschwanden im reißenden Wasser.

Einmal, als wir einen riesigen Geröllblock wegwälzten, fiel unerwartet ein weiterer nach und hätte mich um ein Haar mitgerissen. Daß ich mich schnell eng an die Wand drückte, rettete mich vor einem plötzlichen Tod. Der Geröllblock rollte knapp an meiner Schulter vorbei - und schrammte den Boden vor meinen Füßen, bevor er über die Felsklippe ins Wasser fiel. Wie durch ein Wunder wurde meine Schulter nicht zerschmettert. Ich glaube, eine höhere Macht beschützte uns all die Jahre in der Wildnis hindurch vor manchem Unfall. Meine Schulter schmerzte noch einige Zeit nachher. Einige Tage später quetschte ich den Zeigfinger samt Nagel meiner rechten Hand an einem dieser riesigen Felsblöcke. Der pochende Schmerz störte manche Nacht lang meinen Schlaf, und es dauerte drei Monate, bis ein neuer Fingernagel nachgewachsen war. Am selben Tag, als der Unfall sich ereignete, fand ich beim Graben einen goldig schimmernden Käfer, der in der Form einem Maikäfer glich. Am meisten überraschte mich, daß sogar sein Brustkorb, seine Beine und Fühler wie in Gold getaucht und poliert schienen. Zu meinem Bedauern war der Käfer jedoch bereits tot.

Philipp und Jörg beteiligten sich nun auch am Brückenbau. Elisabeth, Philipps Frau, war nach Volcan zurückgekehrt, um den andern beim Auspacken und Sortieren der Kleider zu helfen, die in Kisten ankamen. Philipp versuchte, uns zu helfen, aber er behinderte uns nur bei der Arbeit. Das störte uns nicht, meist beschäftigten wir ihn mit kleinen, einfachen Aufgaben wie Fegen, Wasserholen und ähnlichem. Für einen Mann von 61 sah er gepflegt aus, und er war fast sechs Fuß groß. Sein runder, weißer Bart und sein gewelltes Haar gaben ihm ein ziemlich distinguiertes Aussehen, als wäre er ein Professor oder ein Künstler. Man hätte nicht vermutet, daß er vor einigen Jahren mehrere schwere Schlaganfälle erlitten hatte. Nur seine extreme Vergeßlichkeit von einem Moment zum andern war auffallend. Er ging schleppend, mit Hilfe eines Stockes. Doris erzählte uns, daß er zu Hause in Zürich manchmal nicht imstande gewesen sei, sich nachts daran zu erinnern, wo das Badezimmer war. Da Elisabeth genug hatte vom Aufputzen in den Ecken, stellte sie einen Nachttopf in das Nachtschränkchen und hoffte, das Problem auf diese Weise zu lösen. In der nächsten Nacht wurde sie durch ein tropfendes Geräusch geweckt. Philipp hatte die Schublade des Schränkchens statt des Nachthafens benützt ...

Jörg, gleich alt wie Philipp, mit grauem Bart und langem Haar, war ganz anders. Er war stämmig und besaß Hände wie Hämmer. Seine Finger waren so dick und breit an den Enden, als wären sie abgesägt. Sein Gesicht war breit und freundlich, mit rosigen Wangen und Nase. Ein idealer Sankt Nikolaus. Er sagte nicht viel und blieb meist für sich. Besondere Aufträge, die die Präzision eines Zimmermanns erforderten, machten ihn am glücklichsten. Manchmal lockte es ihn zu unserer Belustigung, Philipp wegen seinem ewigen Fegen desselben schon sauberen Lagerplatzes zu necken. «Fegst du schon wieder den Hoteleingang?» fragte dann Jörg, worauf Philipp ganz scharf erwiderte: «Natürlich!»

Besucher

Die Nachricht, daß wir mit dem Bau der Brücke begonnen hatten, war schon vor einiger Zeit bis in die abgelegensten Gegenden gedrungen. Eines Morgens kamen drei junge Reiter auf gutgenährten Pferden von der Costa-Rica-Grenze her über den Chiriqui-Fluß geritten. Als ich den munteren, breitrückigen Pferden gegenüberstand, die sich ungeduldig aufbäumten, bis die Reiter «Halt» befahlen, wurde mir klar, daß unsere armen Pferde sehr viel Gewicht verloren hatten - eine direkte Folge des kärglich wachsenden Grases dem Pfad entlang. Auch die Pferde hatten sich mit einer eintönigen Kost begnügen müssen.

Die Besucher grüßten zuerst Martin, da sie ihn schon vor unserer Ankunft in Panama kennengelernt hatten. Martin stellte sie uns vor. Einer war Carl S., Besitzer von fast allem Land jenseits des Chiriqui-Flusses in einem weiten Tal, genannt Cotito (wie der Fluß, der durch das Gebiet fließt). Carl, Mitte Dreißig, beeindruckte mich durch seine Vitalität. Er sprach wirkungs- und bedeutungsvoll, d.h. er sagte weder ein Wort zuviel, noch machte er Smalltalk. Seine ausgeprägte Stirne und seine Augenbrauen bewegten sich bei jedem Wort. Er gab offen zu, daß das, was wir hier taten, lange einer seiner Träume gewesen sei. Aber es habe ihm an Arbeitskräften gefehlt, um ein solch großes Projekt zu realisieren. Seine große *finca,* die er mit seiner Frau Gretel und den beiden Jungen, sieben- und neunjährig, bestellte, war schon mehr als genug Arbeit. Nur ausnahmsweise stellte er einige einheimische Arbeiter, genannt *mozos*, während der Trockenzeit ein, der einzig möglichen Zeit, um Wald für neue Weiden zu roden. Ein einziger Mann konnte dies unmöglich allein schaffen. Die ganze Arbeit des Schlagens von Unterholz und von Bäumen mußte in weniger als drei Monaten erledigt werden, damit das Holz rechtzeitig trocknen und dann verbrannt werden konnte, bevor der Regen einsetzte.

«Wir werden sofort einen Weg vom andern Ende eurer Brücke bis hinauf nach Cotito bauen», erklärte Carl. Mit «wir» meinte er sich selbst und seine zwei Freunde, die er als seine Nachbarn auf dem angrenzenden Land vorstellte. Der eine, Emil B., war groß und schlank, ein sehr ruhiger Bursche. Sein etwas kleinerer Bruder Ernst war schmächtig, mit abfallenden Schultern. Er war noch stiller als Emil, und anstatt zu grüssen, nickte er nur mit dem Kopf. Ich war sicher, daß dies nicht ein Ausdruck von Unhöflichheit war, er war extrem schüchtern und nervös. Die Worte, die er von sich geben wollte, blieben ihm einfach im Hals stecken. Wie konnten wir wissen, daß wir die ersten weißen Mädchen waren, die die beiden seit ihrer Kindheit sahen! Als ihre Eltern mit ihnen von Süddeutschland nach Panama in die Wildnis auswanderten, waren sie noch Grünschnäbel gewesen. Sie waren nur zu froh, daß Carl das Reden übernahm, und dafür die besten Zuhörer, die man sich denken konnte. Und dasselbe ließ sich über uns sagen, die wir in solcher Abgeschiedenheit lebten. Nichts, was irgend jemand irgendwann sagte, wurde überhört. Wir baten sie, uns von der Zeit zu erzählen, als sie herüberkamen. Vor über 15 Jahren hatten sie den Schwarzwald verlassen. Carl und Gretel waren damals frisch verheiratet gewesen, die andern zwei Familien hatten bereits je einen Jungen.

Carl brachte das Gespräch zurück auf die Baupläne der Brücke und bot an, mit etwa einem Dutzend *mozos* mitzuhelfen. Sie würden die nötigen Bäume fällen, daraus Balken machen und die große Aufgabe übernehmen, diese auf die zukünftigen Zementsockel zu plazieren, sobald wir mit der Arbeit bis zu dem Punkt fortgeschritten wären. Carl schaute in die Sonne und meinte: «Am besten machen wir uns auf den Weg, bevor es zu regnen beginnt und der Fluß steigt, sonst kommen wir nicht mehr hinüber.»

Während des Besuches der Männer waren ihre Pferde in ständiger Unruhe, schnaubten und stampften und versuchten alles, um sich unserer Stute Stella zu nähern. Die langen Mähnen der beiden Hengste von Carl und Emil fielen auf ihr glänzendes Fell hinunter. Ihre Schwänze reichten bis auf den Boden. Mit Bewunderung schaute ich zu, wie sie flußaufwärts das Ufer entlangtrabten. Ich war neugierig zu sehen, wie erfahrene Männer einen Fluß von solcher Größe überqueren würden. Bald verstand ich, weshalb sie weit weg vom Ort, den sie auf der andern Seite erreichen wollten, mit dem Überqueren begannen. Nachher konnten sie es dem Pferd überlassen, seinen Weg durch den Fluß zu finden oder zu schwimmen, während der Reiter wohl oder übel ein «Sitzbad» nehmen mußte. Noch einmal winkten wir ihnen zu, als sie das gegenüberliegende Ufer erreicht hatten, bevor der dichte Urwald sie unseren Blicken ganz entzog.

Beton kann gefährlich sein

Nach fast drei Wochen Graben und Meißeln, um Zugang zum Riff zu bekommen, wo die Brücke verankert werden sollte, begannen wir am ersten und gefährlichsten Beton-Strebepfeiler zu arbeiten. Die größte Schwierigkeit lag darin, *wie* wir den ersten Geröllsockel erreichen konnten, der aus dem reißenden Strom des Flusses herausragte. Eine ganze Menge Ideen waren diskutiert und in Betracht gezogen worden. «Warum nicht einfach ein Lasso über den Felsblock werfen und das andere Ende an einem Baum am Ufer anbinden?» schlug André vor. «Dann könnte einer von uns am Seil hängend zollweise vorwärtskommen und hinübergelangen», setzte er hinzu. Die Männer versuchten es, aber der Felsblock war zu groß und zu glatt, das Seil zu halten. Martin überquerte schließlich den Fluß zu Pferd, an der gleichen Stelle wie unsere Besucher. Er ritt nachher auf dem gegenüberliegenden Flußufer der Insel zurück und näherte sich von dort dem Felsblock. Dort angekommen, fällte er mit dem Beil eine sehr lange Schwarz-Palme und ließ ihre Krone gegen die Oberseite des Geröllblocks fallen. Nachdem er den untern Teil der Palme an einem Baumstrunk verankert hatte, machte er sich bereit, zum Felsen zu gelangen. Er sah aus wie ein Elektriker für Hochspannungsleitungen, ausgerüstet mit einem Gürtel, in dem Hämmer, Meißel, Zementverankerungen und einige Ellen Seil aus Manilahanf steckten.

Mit beiden Armen hing er stromaufwärts an der Palme. Die starke Strömung verunmöglichte es ihm, mit seinen Füßen auf einem herausragenden Felsen Halt zu bekommen. Er konnte nur Zoll um Zoll hinübergleiten, während wir alle den Atem anhielten. Es war ein schreckliches, auf

Hoffnung gebautes Risiko: Würde die Palme so lange halten, bis Martin den Felsblock erreichte? Erstaunlicherweise konnte ihn niemals ein noch so schwieriges Hindernis stoppen. Kein einziges Mal hörte ich ihn sagen: «Das kann nicht gemacht werden» oder «So etwas habe ich noch nie getan». Es war aufregend, zuzusehen, wie er die schwierigsten Probleme mit solchem Eifer löste, daß sich dies auf uns alle übertrug. Natürlich half ihm seine zähe Konstitution.

Wir atmeten erleichtert auf, als Martin den Geröllblock sicher erreicht hatte und sich darauf setzte, um das erste Loch für einen spikeähnlichen Anker aus Stahl hineinzumeißeln. Für diese kleine Arbeit brauchte er beinahe fünf Stunden ohne Pause. Dies war jedoch der wichtigste Schritt, um überhaupt mit dem Brückenbau beginnen zu können. Jetzt konnte er das Seil an diesem Spike befestigen, um zurückzukehren.

Am nächsten Tag fertigten Martin und die Jungen aus Manilahanf mit einigen unserer kostbaren Bretter eine Art Strickleiter. Bald hatten wir eine Hängebrücke und ein Baugerüst rund um den Geröllblock herum, um Sand und Zement transportieren zu können. Unterdessen meißelte Martin ein Dutzend oder mehr Verankerungen für die mit Zement verstärkten Stangen. Wir Mädchen tauchten wie Biber nach Sand. Alle - außer mir natürlich und dem alten Philip - waren schon wie Eichhörnchen auf den schwankenden Brettern und dem Baugerüst hoch über dem schäumenden Strom hin- und hergerannt. Ich schämte mich wegen meiner Angst und fühlte mich wie ein Feigling. Sogar das kleine, erst siebenjährige Anneli lief über die Bretter, als wäre es ein Spaziergang. Begierig, mich auf andere Weise nützlich zu machen, bediente ich den Flaschenzug, wenn ich nicht gerade nach Sand tauchte. Ich wußte nur zu gut, daß ich früher oder später lernen mußte, dieses verdammte schaukelnde Ding zu betreten. Als kleinen Kompromiß gab es später ein Seil als Geländer - eine kleine moralische Unterstützung für mich, damit ich mit zittrigen Knien meine erste Überquerung versuchen konnte. Viele Wochen Übung lagen noch vor mir. Um die vielen Tonnen Beton zu mischen und die drei weiteren benötigten Stützen aufzubauen, glichen wir Bibern, die einen endlosen Damm bauten. Wochenlang machten wir nichts anderes als tauchen und Sand und Felsen hinaufbefördern. Martin glich bald einem Denkmal auf dem Felsblock. Für einen Helfer war kein Platz. Geduld und Durchhaltevermögen sind schwache Ausdrücke für das, was Martin dort auf diesem Felsen vollbrachte, bis der Beton gewachsen war, nur zwei Fuß aufs Mal. Weil wir zu wenig Bretter hatten, war es Martin nicht möglich, eine ganze Form aufzubauen. Der hohe, rechteckige Kegel machte aber schon einen stabilen Eindruck. Er zumindest würde halten!

Als wir mit diesem ersten Sockel fertig wurden, geschah ein Unfall. Anneli, das jüngste Kind von Martin, hatte schon wochenlang Eimer voll Sand über die Hängebrücke getragen, um zu helfen. Diesmal schleppte es den Sand in einem großen 10-Gallonen-Kanister, den es vor sich her trug. Seine Sicht war deshalb beschränkt, und so verfehlte es das Brett mit einem Fuß und stürzte in den Fluß. Innert einer Sekunde war das Mädchen im reißenden, schäumenden Strom verschwunden ... Martin arbeitete zum Glück oben auf dem Felsen. Ohne auch nur zu zögern, sprang er an der Stelle, wo Anneli verschwunden war, in den Fluß. Wie leicht hätte er mit dem Kopf an einem versteckten Felsen aufschlagen und sich bei diesem Sprung tödlich verletzen können! Nach endlos langen Augenblicken hatte Martin Anneli an ihrem blonden Haar packen können und kämpfte sich durch den reißenden Strom, um das Ufer unterhalb unserer Brückenkonstruktion zu erreichen. André und Arthur warfen Martin schnell ein Seil zu, an dem er sich herausziehen lassen konnte. Er trug Annelis schlaffen Körper ins Camp hinauf. Erst dort bemerkten wir, daß das Kind kein Lebenszeichen von sich gab. Sein Gesicht war ganz blau. Martin mußte erst Annelis Gesicht nach unten halten, damit das Wasser aus seiner Lunge herausfloß. Sofort begann er dann mit Mund-zu-Mund-Beatmung. Schließlich, nach einer Ewigkeit, wie uns schien, bemerkten wir mit großer Dankbarkeit, daß Anneli wieder Anzeichen von Leben zeigte.

Seine Mutter packte es warm für einen guten Schlaf ein. Unsere Befürchtung, das Mädchen könnte irgendeinen Schaden von diesem Unfall davontragen, stellte sich als unbegründet heraus, als es am nächsten Tag wie neugeboren zum Frühstück erschien.

Der Vorfall hatte uns allen deutlich gezeigt, daß der Bau der Brücke kein Kinderspiel war. Von diesem Tag an wurden den Jüngsten nur noch die weniger gefährlichen Arbeiten erlaubt.

Carl bietet großzügig Gastfreundschaft an

Wenige Tage später besuchte uns Carl. Sein Besuch war in mancherlei Hinsicht willkommen. Erstens wurde der Rhythmus unserer unerträglich langweiligen Arbeit unterbrochen. Zweitens kam Carl vorbei, um weitere Einzelheiten für die Fertigstellung unserer Brücke zu diskutieren. Es war aufregend, schon so nahe am Ziel zu sein. Wir setzten uns zu Carl und Martin, begierig, nichts von ihrer Diskussion über die benötigte Anzahl Balken und in welche Richtung die Bäume standen, zu verpassen. Der Stock Bananen, den Carl für uns mitgebracht hatte, war schnell vollständig aufgegessen, während wir den beiden zuhörten.

«Ich sehe nicht ein, weshalb wir noch länger zuwarten sollten. Wir könnten schon am nächsten Montag die *mozos* einstellen», erklärte Carl ernst. Uns ringsum direkt in die Augen blickend, bemerkte er, wie überrascht einige von uns waren. Wir schufteten nun schon so lange an der Brücke, daß wir uns gar nicht mehr fragten, wie lange diese Arbeit noch dauern würde.

Carl wechselte das Thema und sagte, beide Arme zu einer einladenden Geste ausgestreckt: «Ich hoffe, daß ihr alle, wenn die Brücke einmal fertig ist, uns auf meiner *finca* besuchen kommt, und zwar so lange, wie ihr wollt!» Und er setzte hinzu: «Meine Bienenstöcke sind voller honiggesättigter Waben, der Honig muß dringend geerntet werden.» Sein Viehbestand von über hundert Kühen und das Dutzend Pferde hielten ihn genug in Trab. Er mußte unsere voller Erwartung offenen Münder bemerkt haben, denn er kicherte und erklärte: «Es hat genug zu essen für doppelt so viele wie ihr, kommt einfach und genießt alles. Ich habe nie genug Zeit, auch nur einen Teil der Bananen, *platanos*, Ananas, Avocados und vieles mehr zu ernten.»

Unsere Münder wurden wässerig bei der Erwähnung dieses für uns unglaublichen Überflusses. Es war, als hörten wir vom sprichwörtlichen Land, in dem Milch und

Honig fließen. Ich konnte kaum erwarten, in diesem Schlaraffenland zu sein.

Carl erklärte abschließend: «Ich bin voller Vertrauen, daß es mir gelingen wird, etwa ein Dutzend *mozos* innert weniger Tage aufzutreiben. Einige leben etwa eine Tagesreise zu Pferd von hier entfernt. Sie werden für 35 Cent pro Tag arbeiten (dem damals üblichen Lohn). Vor einem Monat haben sie für mich gearbeitet.» Er fuhr fort: «Die erste Aufgabe der *mozos* wird es sein, acht gleichgroße *marias* (eine Baumart) zu fällen und zu sägen und einen ebenen Pfad von der Stelle, wo die Bäume stehen, bis zur Brücke zu schlagen, damit wir sie auf Holzrollen zur Brücke transportieren können.» Carl und Martin hatten sich schon nach solchen Bäumen umgesehen. Diese *marias* eigneten sich am besten als Brückenbalken, weil ihre Stämme gleichmäßig gerade sind und vor allem auch wegen ihrer Länge. Sie mußten mindestens 50 Fuß lang sein. Nur vier solcher Bäume befanden sich in der Nähe des Ufers, die anderen waren weit herum zerstreut. Das ganze Projekt begann riesige Ausmaße anzunehmen. Ich verstand nur zu gut, daß wir von diesem Punkt an jede nur mögliche Hilfe benötigten. Von jetzt an handelte es sich strikte um harte Männerarbeit.

In dieser Nacht war mein Kopf so voller Gedanken über diese letzte, aufregendste Phase unseres Brückenbaus, daß ich stundenlang wach lag. Ein Gedanke hauptsächlich hatte mich völlig verblüfft: Wie würden sie es schaffen, den ersten langen Balken zum Zementsockel mitten im Fluß zu bringen? Ohne Hilfe eines Krans und der sonst üblichen Ausrüstung ...?

Bei diesem ungelösten Puzzle war auf einmal Sand in meine Augen geraten ... wohl vom ‹Sandmännli› gestreut.

Ein glückliches. zufriedenes Volk

Carls Popularität bei den Eingeborenen mußte der Grund dafür sein, daß zwölf *mozos* tatsächlich innert zwei Tagen eintrafen. Dies war bemerkenswert, denn in der Regel beachteten die Einheimischen weder die Zeit noch einen Stundenplan. Es wäre überflüssig gewesen, sie von den Vorteilen einer solchen Tugend zu überzeugen. Ich glaube, sie waren nicht fähig, irgendeinen Grund dafür zu sehen.

Es interessierte mich außerordentlich, zu sehen, wie Carl die *mozos* über das, was zu tun war, instruierte. Zu meiner Enttäuschung hemmten die häufigen Blicke der Einheimischen uns Mädchen beim Zusehen. Solche kleine Vorkommnisse hatten wir völlig vergessen.

Wir fanden genug Arbeiten, die uns außer Sicht der *mozos* beschäftigt hielten. Es gelang mir aber trotzdem, sie zu beobachten. Offensichtlich mochten sie Carl sehr, da sie ihn liebevoll Carlito nannten. Alle trugen auf lässige Art weiße Hemden und Hosen. Die Kleider der wenigsten waren wirklich ganz, entweder fehlte ein Ärmel oder ein Teil des Hosenbeines. Offensichtlich benützten sie die Machete, um ihre Kleidung zu regulieren. Ein Ärmel mit einem Riss oder einem großen Loch wurde am nächstbesten Holzblock mit der Machete abgehauen. Anstelle der seit langem verlorenen Knöpfe wurden die Hemdenzipfel einfach verknotet. Keiner besaß Schuhe, dafür aber trugen alle die gleiche Art zerfetzten Strohhut und natürlich eine Machete. Die meisten besaßen nichts anderes. Einigen gehörte ein Stücklein Land, vielleicht ein Schwein und einige Hühner, wenn sie Frau und Kinder hatten. Meist kamen sie zu solchem Besitztum als Entgelt für ihre Arbeit. Trotzdem waren sie die zufriedensten Menschen, denen wir je begegnet waren. Ich glaube nicht, daß je einer von ihnen sich als «arm» vorkam. Den Wunsch, «vorwärtszukommen», ein typisches Merkmal der Nordamerikaner und besonders der Europäer, war diesen Einheimischen fremd - wahrscheinlich hatten sie noch nie von einer solchen Einstellung gehört.

Carls fließende Spanischkenntnisse halfen zu einem großen Teil mit, daß sie ihn mochten. Zudem gab er seine Anweisungen in einem suggestiven, aber positiv klingenden Ton. Zum Beispiel sagte er: «Du, Santiago, nimmst diese Männer mit, um den Baum dort oben zu fällen, du weißt am besten, wie du damit zurechtkommst.» Kurz, er gab jedem einzelnen das Gefühl, ein Spezialist zu sein. Alsbald zerstreuten sich die Männer in verschiedenen Gruppen, während Carl ihnen zurief: *«Vamos no ... y cantamos un poquito.»* (Lasst uns gehen ... und singt ein wenig.) Er setzte noch etwas hinzu, das sie offenbar lustig fanden, denn sie brachen alle in fröhliches Gelächter aus.

Sofort begannen sie auf eine komische Art zu singen - es war eher eine Art Jodeln -, wie ich es vorher und seither nie mehr gehört habe, obwohl wir aus dem Land der Jodler kamen. Der Singsang begann mit einem tiefen Unterton, der zu einem seltsamen, aber ganz melodiösen, einstimmigen Jodel anschwoll mit dem rhythmischen Klingen der Macheten als Background, als sie das Unterholz rund um die *maria*-Bäume schlugen. Fasziniert sog ich diese unübliche Kombination von Tönen in mich ein. Das Hacken der Äxte, der klingende Stahl der Macheten und dieser Jodel wühlten mich derart auf, daß ich Hühnerhaut bekam und mir ein Schauder über den Rücken fuhr.

Etwa um die Mittagszeit vermischte sich lautes Schreien mit dem Jodeln. Gerade noch rechtzeitig sahen wir den ersten riesigen *maria* zu Boden krachen. Jetzt sangen sie einen speziellen Holz-Jodel. Es dauerte Minuten, bis sich der ganze Staub legte. Geruch von frisch geschlagenem Holz erfüllte die Luft. Zwei weitere Bäume wurden gefällt, bevor der Regen einsetzte. Schnell rannten alle unter unser winziges Schutzdach. Wie gewöhnlich benützten wir Mädchen diese Zeit, um unsere Kleider zu flicken, während Vreni Reis und Bohnen für die Arbeiter und für uns alle zubereitete. Ungefähr um halb fünf nachmittags hörte der Regen so plötzlich auf, wie er begonnen hatte. Der Boden sog das Wasser schnell wie ein Schwamm auf, so daß die *mozos* noch eine Weile weiterarbeiten konnten.

Von den Einheimischen lernen

Die Zeit, die wir mit dem Bau der Brücke verbrachten, werde ich immer als eine der anregendsten und aufregendsten überhaupt in Erinnerung behalten. Jedes von uns trug als ein wichtiges Glied bei jedem Schritt zur Vollendung des Werks bei. Ich hätte mir nichts Schöneres wünschen können.

Am zweiten Tag hatten die *mozos* bereits einige der Bäume in rechteckige Balken zugeschnitten. Die Art, wie sie dies taten, ließ mein Herz stocken. Der Mann stand oben auf dem Balken und schwang die Axt seitwärts. Bei jedem Axtschlag fürchtete ich, einige seiner Zehen könnten samt den Holzspänen weggespickt werden, so nahe schlug er mit der Axt in das Holz neben seinen nackten Füßen.

Der tägliche Tropenregenguß unterbrach jegliche Arbeit. Während dieser zwei oder drei Stunden gab unser nur gut hundert Quadratfuß großes Dach den jetzt zwei Dutzend Leuten kaum Schutz vor dem Regen. Wir konnten uns noch so eng darunter zusammenpferchen, jeder Versuch, nicht durchnäßt zu werden, war vergeblich. Nur die Nahrungsmittel in Büchsen und einige Kleider in großen Blechbehältern blieben trocken.

An einem Nachmittag, als der Regen aufgehört hatte, versuchten Luise und ich eine Schnur aus Baumfasern zu machen, welche die Einheimischen *majagua* nennen. Wir taten dies, wie wir es in der Schule gelernt hatten, indem wir zwei gleich große Fäden zusammendrehten, dann das Ganze in der Hälfte falteten und es mit einem daran befestigten schweren Gegenstand spinnen ließen.

Die Einheimischen schauten uns mit offensichtlicher Belustigung zu und baten uns um einige Fäden, was wir gerne taten. Einer der Burschen, Santiago, begann einige ungleiche Fäden auf seinem nackten Oberschenkel (ein Hosenbein fehlte) zu einer schön gleichmäßigen Schnur zu rollen. Die ganze Zeit fügte er weitere Fäden bei, bis das fertige Stück einer in der Fabrik hergestellten Schnur ebenbürtig war. Ich bat Santiago, uns dies noch einmal, ganz langsam vorzuführen. Das wollten wir lernen. Schüchtern und etwas verlegen, aber offensichtlich erfreut, antwortete er kichernd: «*Si, si!*»

Von da an benutzten wir jeden freien Moment, um das Drehen von Bast und Seilen aller Größen und Längen zu üben.

(Bast-Fiber-Faser entsteht unter der Rinde eines Baumes, genannt *majagua*, der im geschlagenen Urwald als zweite Vegetation sehr schnell wächst. Die Rinde wird abgeschält. Die inneren Lagen bestehen aus papierdünnen Schichten; nach einer Woche Einweichen in Wasser löst sich die geleeartige Masse darum herum, und man gewinnt unzählige Schichten von weißen, fast seidigen Fasern.)

Das einheimische System war unserem hoch überlegen. Jede kurze oder unregelmäßige Faser ließ sich leicht in jede Größe Seil oder Schnur drehen, von einem Yard bis zu einer Meile lang, unbegrenzt.

Santiago war ein begabter Bursche, er zeigte uns auch, wie wir mit vier, sechs oder acht verschlungenen Bändern aus weichen, fast weißen Baumfasern, die außerordentlich stark und seidig sind, Zöpfe flechten konnten. Um dies zu üben, machte ich für alle, die es wünschten, Kopfbänder. Die Jungen benutzten sie, um ihr langes Haar auf indianische Art zurückzubinden. Die Vielseitigkeit der Kunst des Seilemachens war mir ganz neu. Santiago zeigte uns, wie wir ein gebrochenes Seil wieder wie neu herstellen und fertige Enden und Schlingen für ein Lasso drehen konnten. Ein Glück für uns, eine einzigartige Gelegenheit, vieles aus Indianerzeiten zu lernen, was wir in unserem Alltag brauchen konnten! Was ich auf diese Weise lernte, leistete mir all die Jahre weit weg von jeglichem Laden unschätzbare Dienste. Für unsere Arbeit benötigten wir ständig neue Seile, Lassos, Stricke für die Pferde und mußten diese oft flicken.

Inzwischen waren acht *marias* gefällt und gesägt worden, bereit, um zum Flußufer gerollt und geschleppt zu werden. Vier befanden sich auf der Seite des Camps, die andern auf dem gegenüberliegenden Ufer, eine Meile pfadaufwärts. Die Einheimischen schafften diese riesigen Balken gemeinsam mit unseren Männern und Jungen zum Brückenufer. Dem lauten Jodeln und *caramba*-Rufen nach zu schließen, schien dieses Herrollen eher ein Seilzieh-Wettbewerb zu sein als die äußerst schwierige und gefährliche Aufgabe, die es in Wirklichkeit war... Am folgenden Morgen wollten die Männer den ersten Balken setzen - dies wollte ich nicht verpassen!

Die Arbeit begann früher als sonst, da sehr viel Zeit dafür benötigt wurde. Luise und ich suchten uns einen guten Platz, um den ganzen Brückenbauplatz überblicken zu können, ohne jemandem im Weg zu stehen. Wir konnten auch nicht gesehen werden.

Völlig unvorbereitet auf das, was sich dort unten auf den ersten Blick bot, wurde das Ganze dann für uns zu einer großen Enttäuschung. Die Einheimischen arbeiteten alle nackt und bedeckten sie sich nur mit einer Hand, während sie mit der andern arbeiteten. «Was für eine unpraktische Arbeitsweise!» rief ich laut. Obwohl wir der Arbeit gerne zugeschaut hätten, zogen wir uns zurück. Weshalb? Selbst heute ist es schwierig für mich, dies zu erklären. Es ist erstaunlich, wie man sich, wenn man jung ist, das Leben manchmal mit unnötigen Einschränkungen kompliziert macht. Damals glaubten wir, es sei weder richtig noch anständig, den Männern weiter zuzuschauen, obwohl ihre Nacktheit in der Wildnis völlig normal war. So gaben wir uns damit zufrieden, die Arbeiten am Ufer zu beobachten. Ich bereute es besonders, das überaus wichtige Plazieren des ersten Balkens zu verpassen, konnte mir jedoch das Vorgehen der *mozos* anhand der Arbeiten in der Nähe und aus späteren Informationen zusammenreimen.

Unsere Männer hatten hoch über der Stelle, wo die Brücke beginnen sollte, einen Flaschenzug befestigt, von wo aus der Balken gegen das erste Betonwiderlager manövriert werden sollte. Das vordere Ende des Balkens war am darüberliegenden Flaschenzug befestigt. Martin stand mit drei Helfern (in Hosen) auf dem Beton bereit, um den Balken einzuführen, sobald dieser nah genug war. Dies war der letzte Blick, den ich mir erlaubte. (Eine wirklich dumme und sinnlose Einschränkung, die ich mir damals selbst auferlegte.)

Als die Verbindung erstellt war, kamen die Einheimischen von ihren Posten geklettert und brüllten und jodelten wie Indianer an einem Kriegsfest. Erst am Abend konnten wir das Resultat unserer Bemühungen richtig sehen. Drei Balken überspannten nun den ersten Teil des Flusses und gaben dem Ganzen schon das Aussehen einer Brücke. Die Jungen wagten gleich, über den hohen Balken zu balancieren, was ich geradezu als leichtsinnig empfand. Ich war nicht bereit, auf dieses Ding einen Fuß zu setzen, bevor nicht jede Planke angenagelt und auf den Seiten ein Geländer angebracht worden war.

Von nun an war jeder Schritt bei der Arbeit sofort ersichtlich. Wir fanden diese Phase aufregend, fast wie wenn man die letzten Stücke eines Puzzles zusammensetzt. Diese Tage waren ziemlich erholsam für Luise, Doris und mich, und wir fühlten uns ein wenig wie Zuschauerinnen, was ungewohnt, aber eigentlich ganz angenehm war. Für die Spannweite der Brücke vom einen Ende zum andern benötigten wir Hunderte von Brettern, welche die *mozos* nun sägten. Wegen der Größe und Länge der Brücke war fast alles Hartholz für Stützen und Streben aufgebraucht. *Bambito* mußte jetzt für diese 3 Zoll mal 12 Fuß messenden Bretter verwendet werden; die waren leichter zu ersetzen, wenn sie zu faulen begannen. *Bambito* darf, was den Wuchs und die Oualität betrifft, ohne weiteres verglichen werden mit *tulip poplar* aus Nordamerika.

Wie einfallsreich die Einheimischen im Nu ein ganz einfaches Bretter-Säge-Gerüst herstellten, könnten Ingenieure am besten beurteilen. Neben dem gefällten Baum bauten sie aus vier Pfosten im Quadrat von 10 auf 10 Fuß ein viereckiges Gerüst. Mit Lianenranken befestigten sie die. Weitere vier horizontale Balken hielten das Ganze fest, und zwei Seitenpfosten stützten vom Boden aus das Gerüst ab, damit der Baumstamm daraufgerollt und gesägt werden konnte. Die Größe der Bretter wurde der Länge nach mit einer Schnur abgemessen und mit Kohlenstaub markiert. Die Säge war etwa sechs auf sieben Fuß lang mit einem kreuzweisen Handgriff an jedem Ende. Die obere Seite war etwa zweimal so breit und wurde vom Mann oben auf dem Gerüst gehalten. Der Mann zog die Säge nach unten, wobei es das ganze Sägemehl in seine Augen schneite, wenn er einen Blick nach oben wagte. Zugegeben, dieses System war sehr primitiv, nicht aber das Resultat. Die Männer produzierten gleichmäßige, gerade Bretter. Trotz allem schien uns, als ob dieses Volk jede noch so schwere Arbeit wie ein Spiel ausführte, mit Lachen und Jodeln.

Unser Respekt für jedes gesägte Stück Holz wuchs täglich. Wir wußten, daß diese primitiven Mittel auch die unsrigen sein würden, wenn wir später unser eigenes Obdach, unsere Hütten bauten. Eine erfreuliche Tatsache war eindeutig: Hier war kein Mangel an Holz, es gab genug für alle Bedürfnisse: Eiche, Zeder, Mahagoni und unzählige weitere Bäume, die wir noch entdecken konnten. Alle standen dort in ihrem «Rohzustand», bereit zum Fällen. Mit Sarkasmus wurde uns angeboten: Jederzeit, wenn ihr etwas bauen wollt, ergreift eine Axt, wählt euer eigenes Holz und geht voll Lust drauflos! Uns Mädchen gelang es ohne Zögern, das großzügige Angebot der neuen Freiheit auszuschlagen.

Ich hatte gemischte Gefühle am Tag, als unsere Arbeit an der Brücke endlich ein Ende nahm. Am Anfang schien

Bretter werden auf der Stelle, wo man die Bäume gefällt hat, gesägt. Ein mit Kohle eingefärbtes Stück Schnur wird dazu verwendet, um die zu sägenden Linien zu markieren.

Das Plazieren der ersten riesigen, von Hand gehauenen Balken auf die fertigen Zementfundamente ist ein schwieriges Stück Arbeit für die paar Männer, die mit einer Axt umgehen können.

Die in wochenlanger harter Arbeit unter extremen Bedingungen, persönlichen Opfern und großer Gefahr gebaute **Chiriqui Viejo-Brücke** (über 400 Fuß lang).

es, als würden wir hier eine Ewigkeit verbringen, ohne einen wirklichen Fortschritt zu sehen. Dann, ganz plötzlich, stand da unsere Brücke in ihrer ganzen Pracht - den allmächtigen Chiriqui Viejo ungefähr 400 Yards weit überspannend.

Das untere Ende der Brücke verschwand im dichten Urwald, in den wir bisher noch keinen Fuß gesetzt hatten. Um wirklich ein Gefühl für die Größe der Brücke zu bekommen, schritt ich nun zum ersten Mal darüber, durch und durch beeindruckt und sehr glücklich.

***

In der gleichen Nacht packten wir unsere paar Sachen, um am nächsten Morgen früh zu Carls *finca* aufzubrechen. Diesmal hatten wir zwei Vorteile: Der Weg war schon von Carl und seinen zwei jungen Freunden, Emil und Ernst, bis nach Cotito hinauf gepfadet. Zweitens mußten wir gar nichts auf unserem Rücken tragen, nur die Machete in der Hand. Carl lieh uns einige seiner Pferde aus, damit wir diesen unser Gepäck aufladen konnten. Was für ein Luxus!

Voll ruhiger, glücklicher Erwartung zickzackte unsere Karawane mit fünf schwer beladenen Pferden den sich windenden, gut gebauten Weg zu einer Hochebene hinauf.

«Carl, wie weit ist es noch bis zu eurer *finca*?» fragte ich. «Nicht mehr weit, wir kommen bald zu unserem ersten Gatter, dort vorne bei der Lichtung», antwortete er mit einem Grinsen. Sobald wir außer Hörweite vom Rauschen des Flusses waren, erreichten wir das erste Gatter. Der ungewohnten Stille wegen waren meine Ohren wie verstopft. Carl schob drei lange, dicke Bambusstangen auf die Seite und öffnete das Gatter für uns. Eine große, breite Ebene mit grünen Weiden lag auf einmal vor uns. Die Helle blendete unsere Augen. So weit wir sehen konnten, breiteten sich die Weiden in jede Richtung aus. Das ganze Gebiet schmiegte sich in ein weites Tal zwischen zwei Bergketten, die sanft in Weideland ausliefen. Carl erzählte uns, er habe seine *finca* nach dem Namen des Flusses, der durch die rechte Seite des Tales floß, Cotito genannt, obwohl dieser vom Pfad aus nicht zu sehen war. Von dort floß der Cotito bergab und mündete in den Chiriqui Viejo. Dem ganzen Weg entlang führte ein Stacheldrahtzaun; alle paar Schritte standen natürliche Heckenpfosten. Carl erklärte mir, diese Pfostenbäume nenne man *maccanos*, sie glichen den Akazien. Das Tal weitete sich immer mehr, und wir kamen an weiteren Gattern vorbei. Die Berge auf beiden Seiten schienen sich in der Ferne zu vereinen, das Tal wie in einer weiten Umarmung schützend.

Auf den *potreros*, wie Carl die Weiden nannte, standen schattenspendende Bäume, unter denen Kühe Rast machten. Die Zäune endeten bei einem großen, zweiteiligen Gehege, dem *corral*, im breitesten Teil der Siedlung. Es war wirklich eine Art Siedlung; eine Gruppe verschiedener, mit Schindeln gedeckter Gebäude stand nah beieinander, mit einem Zaun darum herum. An einem hübsch mit Rosen bedeckten Tor stand Carls Frau Gretel mit zwei blonden Knaben. Sie winkten und hießen uns willkommen. Mit ausgestreckten Armen kam Gretel auf uns Mädchen zu und rief: «Wie froh bin ich, zur Abwechslung einmal mit Mädchen plaudern zu können!» Die Freude war sicher gegenseitig, denn nach den fast fünf Monaten, die wir allein im Urwald und mit harter Arbeit verbracht hatten, war dies das reinste Paradies.

Do it yourself

Mit dem Leben auf dem Bauernhof begann für uns alle ein ganz neues Kapitel. Ich selbst wußte sehr wenig über Landwirtschaft. Aber auch ohne Erfahrung merkte ich sofort, daß Landwirtschaft in diesem Land völlig anders war als in der Schweiz. So verschieden, daß ein Vergleich mit der konventionellen Art von Landwirtschaft nahezu unmöglich war. Ich zweifelte nicht daran, daß wir viel und rasch lernen würden. In der Tat so viel, daß ich nicht wußte, wo ich mit Erzählen beginnen soll. Schnell wurde uns klar, daß - was auch der Tag bringen mochte - es nur eines gab: do it yourself! Wörtlich alles - vom Gerben von Fellen, Schnitzen der eigenen Knöpfe bis zum Anfertigen der eigenen Schuhe, um nur einige Beispiele zu nennen. Produkte wie Nägel für Schindeln und Stacheldraht für unsere Zäune tauschten wir gegen Landwirtschaftsprodukte, die es in Hülle und Fülle gab, wie Butter, Eier, Mais oder Bananen.

Nachdem Gretel uns in ihrer Wohnküche Tee angeboten hatte, zeigte sie uns die andern Hütten. Im Küchen-Wohnzimmer stand ein großer, ausziehbarer Tisch mit eingebauten, langen Bänken der Wand entlang und im vordern Teil des Raumes. Die zwei großen Fenster hatten kein Glas, dafür Fliegengitter. Trotz der großen Einfachheit war es hier gemütlich, und mehr brauchte es nicht. Die eigentliche Kochecke befand sich direkt vor der Tür unter einem schrägen Dach. An der Außenwand war aus einer 50-Gallonen-Öl-Trommel geschickt der Länge nach ein großer Backofen angebaut. An die Vorderseite war eine Tür mit Scharnier befestigt. Sand und Steine bildeten um die Trommel eine gute Isolation. Unter dem Ofen war genügend Platz zum Darunterschieben von großen, langen Baumstämmen, was unnötiges Holzhacken ersparte. Ein Dutzend Brotlaibe aufs Mal konnte gebacken werden. Neben dem Ofen stand ein Herd mit zwei Kochstellen, der von einem ausgedienten Kochherd stammte. Eine «währschafte» Bank neben der Kochnische war ein besonders beliebter Sitzplatz an den kalten Morgen. Daneben hatte es auch eine praktische Anrichte mit einer Öffnung in die Wohnküche.

Das größte und wichtigste Gebäude befand sich hinter der Küche, ungefähr zwanzig Fuß entfernt: die Werkstatt, ausgerüstet mit allem, was man für Reparaturen benötigte. Ein Maiskolbenentferner war am Eingang an einem Trog befestigt. Innen nahmen eingebaute Werkbänke drei Wände ein. In der Mitte stand ein weiterer großer Werktisch. Auf zwei Seiten hatte es Fensteröffnungen. Werkzeug jeder Art hing ordentlich an den Wänden. Unter dem Dach wurden alle möglichen Ersatzteile, Werkzeug und gesägte Holzreste auf langen Latten aufbewahrt - einfach alles, was an einem Ort wie diesem, wo der nächste Laden gut zwei Tagesreisen zu Pferd entfernt war, nützlich sein konnte. Der glatte Naturboden war besonders praktisch und angenehm, wenn man lange stehen mußte. Und sollte einmal ein fast unersetzliches Werkzeug oder ein Bohrer hinunterfallen, war der weiche Boden ein weiterer Vorteil.

Ein bedeckter Durchgang verband die Werkstatt mit der Sattelkammer, damit die Pferde bei jedem Wetter auf- und abgesattelt werden konnten. Zur Küche eine Ecke bildend, stand ein zweistöckiges Gebäude, das als Schlafhaus diente. Unter den großen Dachrinnen hingen jederzeit etwa ein Dutzend Bananenstöcke zum Reifen. Eine lange Bank darunter lud zu einer gemütlichen Pause am Abend ein. Wie im Schlaraffenland konnten wir dort sitzen und uns mit Bananen vollstopfen. Sofort nannten wir dieses Gebäude das «Bananenhaus», und es wurde unser Lieblingsort. Wir konnten einfach nie genug Bananen bekommen ... Es war lustig, wie die Jungen ihre Backen und sämtliche Hosensäcke dauernd mit Bananen vollstopften. Extra Bananen steckten in ihrem Gürtel wie Messer und Pistole bei Piraten.

Oh, das Wasser! Ich war erstaunt über die ständige Zufuhr von kaltem Quellwasser direkt in die Küche draußen. Das Wasser wurde von etwa 400 Fuß oberhalb der Gebäude durch handgeschnitzte Leitungen aus schwarzem Palmenholz in ein Kühlhaus geleitet. In aus solidem Zedernholz geschnitzten Behältern wurden dort mehrere Gallonen Milch, dazu Rahm, Butter und Käse gekühlt. Das kalte Wasser floß an einem Ende hinein und am andern wieder hinaus, und man hatte davon jede Menge. Neben der Wasserleitung stand ein großer Tisch, auf dem die Wäsche saubergeschrubbt werden konnte.

Ich werde nie vergessen, wie ich meine erste Dusche nahm! Eine solche Duscheinrichtung, direkt unter dem Brunnen, muß man selbst erlebt haben, um sie wirklich zu schätzen. Um das Wasser in die Dusche zu leiten, schob man die Wasserleitung einfach in das ausreichend große Duschbecken, bis es gefüllt war. Darunter befand sich die Duschkabine. Davor zog man sich aus und stellte sich dann schnell in die Kabine. Ein rundes Blech voller Löcher an der Decke diente als Duschbrause, daneben war ein Stab. Man mußte genau unter das Blech stehen und dann den Stab hinaufstoßen ... Ein großes Gekreisch folgte, wenn das eiskalte Wasser erbarmungslos auf den warmen Körper prasselte. Das war nur lustig, wenn nicht ich, sondern jemand anderes zum allerersten Mal eine Dusche nahm und sein oder ihr Geschrei noch weit weg gehört werden konnte.

Dies lehrte mich, meine Dusche am Mittag zu nehmen, wenn die Sonne das eiskalte Wasser etwas erwärmt hatte. Doch sonst bot die *finca* jeden denkbaren Komfort. Der Zaun um die Gebäude herum war gebaut worden, um die Pferde, Kälber und Hühner außer Reichweite von Gretels schönen Blumen und natürlich den Bananen zu halten. Auf dem weiten, eingezäunten Rasen konnten die neugeborenen Kälber und trächtigen Stuten beobachtet werden, und die Reitpferde standen in der Nähe. Wir nannten diesen Rasen *savana*, da wir gern die im Land gebräuchlichen Ausdrücke verwendeten.

Es war nicht allzu überraschend, daß wir uns auf dieser Farm sofort wohl fühlten wie Enten im Wasser. Überall war immer etwas los. Pläne wurden gemacht und gemeinsam beschlossen. Wir hatten die Gewohnheit angenommen, uns jeden Abend um Gretels großen Küchentisch herum zu versammeln. Obschon es Öllampen hatte, zogen wir vor, zwei oder drei Kerzen aufzustellen. Wir machten nicht nur Pläne und diskutierten, auch Beschwerden wurden vorgebracht. Auch die Meinung und Ideen der Kinder wurden respektiert. Manchmal beklagte sich jemand, irgendein Werkzeug sei draußen vergessen worden und verrostet. Gewöhnlich genügte es, eine solche Nachlässigkeit vor den andern nur zu äußern, damit der Schuldige in Zukunft besser aufpaßte. Ein sorgfältiger Umgang mit Besitz war unter den gegebenen Umständen besonders wichtig und schulte zudem den Charakter. Einige unserer Leute befanden sich unterdessen immer noch in Volcan und machten die Gepäckkisten für die Packpferde bereit. Um die

Dinge zu beschleunigen, bot uns Carl zusätzliche Pferde an. André und Arthur wurden mit der Aufgabe betraut, alle verfügbaren Pferde hinzubringen.

Das Gewinnen von Fasern aus Bäumen

Lukas und Benni, Gretels zwei Knaben, neun- und siebenjährig, zeigten uns, wie wir Fasern aus Bäumen gewinnen konnten. Sie nahmen uns Mädchen und Jungen mit den Macheten zum Unterholz mit, das nach dem Abbrennen des Holzes nachgewachsen war. Benni und Lukas rannten voraus und kletterten jeden Baum am Pfad mit einem nie gesehenen Überschwang und der Behendigkeit von Eichhörnchen hinauf und hinunter. Ihre wilden Mätzchen waren offenbar ein Ausdruck der Freude, da sie zum ersten Mal in ihrem Leben mit andern Jugendlichen zusammen waren.

Auf einmal stoppten sie in einem Dickicht, in dem nichts als Faserbäume, die wir suchten, wuchsen. Lukas sagte: «Dieser *majagua* ist gerade richtig», und mit schnellen Schlägen fällte er den etwa 36 Zoll dicken Baum. Benni fällte einen andern, der genauso ansehnlich war. Das Holz war schneeweiß und weich. Wir jedoch fanden, das Holz sei nicht so weich, denn wir hatten viel länger, um einen der Bäume zu fällen. Lukas fällte unterdessen einen weiteren mit etwa 60 Zoll Durchmesser. Schnell schlitzte er die Rinde auf, trennte dann die Rinde von der inneren, schlüpfrigen Schicht, die die eigentliche Faser enthielt. Mit Hilfe von Benni zogen sie sie durch einen kleinen Stumpf, den sie einige Zoll weit gespalten hatten. Lukas hielt die Rinde fest, und Benni zog den Faserteil in die entgegengesetzte Richtung. Der abgetrennte Faserteil wurde dann fünf bis sieben Tage lang in einen Bach gelegt und mit einem schweren Stein beschwert. Nachher konnte die gallertähnliche Substanz leicht ausgewaschen und an der Sonne getrocknet werden. Mehrfache Schichten der weichen, weißen Faser ließen sich leicht voneinander trennen, und jetzt konnten daraus Seile und vieles andere gemacht werden. Zwei oder drei dieser Bäume ergaben genug Fasern, um unseren Bedarf an Seilen für die nächsten paar Monate zu decken. Ich fand es bemerkenswert, daß diese *majagua*-Faserbäume im unberührten Urwald nicht wachsen. Nur wenn der Urwald gefällt und verbrannt wird, wächst daraus dick und schnell der faserhaltige Baum. Die Einheimischen nennen dieses zweite Wachstum *restrojo*. Dies fand ich eine sehr interessante Erkenntnis: daß die Erde ein ganz neues Pflanzenleben enthält, das nicht sprießt, bevor es nicht zum Wachsen freigegeben wird, indem man einen ersten Wuchs wegschneidet. Mit dieser ganz neuen, anderen Pflanzenart kam ein ganzes Aufgebot an lästigem Unkraut auf, gegen das wir von nun an kämpfen mußten.

Hüte dich vor der Boa constrictor

Ständig Zutritt zu einem ganzen Berg von Früchten zu haben war etwas, woran wir uns nur zu gern gewöhnten. Doch wäre es dumm, zu glauben, wir hätten die ganze Zeit damit verbracht, herumzusitzen und Früchte zu essen. Für untätige Hände, sogar diejenigen der Kinder, war kein Platz. Obwohl wir eine Gruppe ganz verschiedener Leute waren, wurde an jedem Tag erstaunlich viel gearbeitet. Ohne Schwierigkeit fand jede oder jeder seine ihm besonders liegende Tätigkeit. Gretel war überglücklich, daß Vreni und Elisabeth ihr bei der Küchenarbeit zur Hand gingen, und sie stellten jeden Tag Dutzende von kleinen Schweizer Käsen her und - nicht zu vergessen - natürlich das benötigte Brot und ganze Butterberge.

Das ganze Jahr hindurch gab es für die Männer viel harte Arbeit. Doris, Luise und ich wurden das «Kleeblatt» genannt, weil wir die Arbeit zu dritt gemeinsam erledigten. Meist schnitten wir das hohe Unkraut in den *potreros* und der Bananenplantage, genannt *bananal*, weg. Dort wuchs das Unkraut bis zu fünfzehn Fuß hoch. Mir gefiel Abwechslung, und ich fand sie eher beim Jäten als bei der Küchenarbeit, die ich in diesen Jahren als langweilig empfand. Natürlich war das Jäten von ganzen Ananasäckern alles andere als aufregend. Es bedeutete, der heißen Sonne ausgesetzt zu sein und ständig Massen von beißenden, feuerroten Ameisen zu bekämpfen. Dies war eine fürchterliche Plage und sehr oft schmerzhaft.

Wenn man so lebt wie wir, verliert man schnell das Gefühl für Zeit und zählt weder Stunden, Monate noch Jahre. Wir lernten deshalb, die Zeit ganz genau am Stand der Sonne abzulesen. Um zu kontrollieren, ob wir die Zeit auch richtig einschätzten, konnten wir immer noch mit dem alten Schweizer Wecker auf dem Regal in der Ecke der Küche vergleichen.

Jeden Morgen um sechs halfen die Jungen Carl beim Melken und abends um sechs ebenso. Dies bedeutete, daß die Jungen vor 5.30 Uhr aufstehen mußten, um das gute Dutzend Milchkühe in die Umzäunung, den *corral*, zu bringen, sie in einer Reihe dem Zaun entlang festzubinden und auch ihre Hinterbeine zusammenzubinden. Eine Kuh produzierte nur so lange Milch, als sie ihr Kalb bei sich behielt, manchmal bis zu zwei Jahre. Dann wurden die Kälber in den Pferch getrieben. Sie unter Kontrolle zu halten, war nicht so einfach, da sie wie kleine Munis hereinstürmten. Sie waren die ganze Nacht von ihrer Mutter getrennt gewesen. Sobald der erste Stab des Gatters geöffnet wurde, stürzte das Kalb geradewegs zu seinem Frühstück. Während es hungrig zu nuckeln begann, warf der verantwortliche Junge eine Schlinge um seinen Hals und band es mit dem Seil neben seiner Mutter an. Jetzt konnte diese gemolken werden und gab im Durchschnitt eine bis zwei Gallonen Milch ab, wobei noch genug für das Kalb übrigblieb. Die Kühe wurden wieder auf die Weide getrieben, und nur die jüngsten Kälber blieben bei ihrer Mutter zurück.

Um sieben hatten die Jungen schon einen Großteil ihrer Arbeit für diesen Tag hinter sich und waren vom Ringen mit den Kälbern bis über die Ohren mit Dreck verschmiert. Deshalb nahmen sie regelmäßig eine Dusche schon vor dem Frühstück, was in meinen Augen eine heroische Tat darstellte! Um diese Zeit vor Sonnenaufgang drängten wir andern uns in Pullovern um das Feuer herum.

Pünktlich erschienen die Jungen zum Frühstück, blitzsauber, ihre gekämmten langen, blonden Haare waren mit geflochtenen Bändern gebändigt. Ihre Stirnen, Nasen und Wangen glänzten wie frische Äpfel, die Lippen waren noch blau von der Kälte, als sie sich schnell an ihre Plätze am Tisch setzten.

Meist sagte einer der Älteren das Dankgebet und verteilte das Brot. Jedes füllte sich eine große Schale mit Milch und aß dazu dunkles, krustiges Brot und ein Stück Käse. Etwa zwei Laibe Käse wurden bei jeder Mahlzeit vertilgt, und selten blieb etwas übrig. Neben dem Tisch standen große Model süße Butter und Honig. Einige süßten die Milch mit Honig. Aus der übriggebliebenen Milch wurde Butter gemacht und Käse. In der Regel war das Frühstück lange vor acht Uhr beendet. Alle holten dann automatisch das benötigte Werkzeug für die Arbeit, die am Abend vorher besprochen und an die sich dafür freiwillig Meldenden verteilt worden war.

Oft machten sich die Männer auf, um Wegstrecken, die durch Erdrutsche oder häufig durch heruntergefallene Bäume unpassierbar geworden waren, freizulegen. Oder einen neuen Zaun anzufangen oder einen zu flicken.

Wir, das Kleeblatt, und die jüngeren Knaben nahmen die nie endende Arbeit auf uns, das Unkraut wegzuschneiden, das zäh wie Leder und groß wie junge Bäume auf den Weiden wuchs. Diesmal mußten wir zum Glück das Unkraut im *bananal* abhauen, was wir fabelhaft fanden, obwohl das Unkraut dort am schlimmsten wucherte, so hoch wie die Bananenpalmen selbst und so dick, daß es unmöglich war, in die Plantage hineinzugelangen, bevor es weggeschnitten war. Dafür waren wir ganz im Schatten, es war kühl, und zu unserer Überraschung war das Unkraut weich. «Wie Butter», riefen wir erleichtert aus. In Wahrheit war das ein wenig übertrieben. Wir stellten uns etwa zehn Fuß voneinander entfernt auf, und jedes schnitt eine Schneise durch die Bananenreihen. Gegen die Mitte mußten wir auf eine Reihe Kaffeebäume aufpassen, die plötzlich sichtbar wurden. Zu unserem Erstaunen war dies nicht alles, was im Unkraut zum Vorschein kam. Doris köpfte beinahe eine von zwei der größten Schlangen, die wir je in der Natur oder in einem Zoo gesehen hatten! Es waren zwei Boa constrictor, die um einen umgestürzten Bananenstrunk gewickelt am Sichpaaren waren - so ineinander verschlungen, daß wir sie nicht voneinander unterscheiden konnten. Nach dem ersten Schock beobachteten wir das Paar eine Weile aus einer diskreteren Distanz. Wir wollten die Boas nicht stören und führten etwas weiter oben unsere Arbeit fort. Wir schätzten die beiden auf etwa 18 Fuß Länge, und entsprechend dick waren sie.

Um uns von der Arbeit in der Hitze zu erholen, machten wir häufig Pausen, um Limonade zu trinken. Als die Sonne gegen halb zwei Uhr auf uns niederbrannte, kehrten wir nach Hause zurück, um eine Dusche zu nehmen und dann mit großem Appetit an den Mittagstisch zu sitzen. Es gab entweder Reis, Mais oder Kartoffeln mit Gemüse, Bohnen und Tomaten oder fritierte oder gebackene *platanos* und wie immer Käse und Milch. Ich glaube, wir tranken etwa fünfzehn oder sogar noch mehr Gallonen Milch jeden Tag und ebenso viele Gallonen Limonade und Ananastee. Wir waren im ganzen 22 Personen.

Mit unfehlbarer Regelmäßigkeit begann es um zwei Uhr nachmittags wie aus Kübeln zu gießen. Nun hatten wir bis zum nächsten Morgen frei. Entweder ruhten wir uns aus oder waren mit irgend etwas anderem beschäftigt, machten Seile, Holzarbeiten, zogen Kerzen oder flickten unsere Kleider.

Aus der unteren Sattelkammer bauten die Männer eine offene Schlafstelle für uns fünf Mädchen. Wir baten um eine halb offene Bude; die Vorderwand wurde entfernt, so daß wir unsere Liegebetten in einer Reihe aufstellen und die Aussicht auf die Weiden genießen konnten. Auf einem Tablar den übrigen Wänden entlang konnten wir unsere Koffer mit den paar persönlichen Dingen verstauen. Unsere dicken Steppdecken gaben uns warm genug, und das Dach schützte vor Regen und Tau. Von diesem Schlafraum aus sahen wir weit herum auf die *savana*, die Weiden und den Rand des Urwaldes, der uns mit all den faszinierenden Dschungelgeräuschen eindeckte, die uns so liebgeworden waren. Bei Einbruch der Dämmerung ertönte der wiederholte Ruf der *callina del monte*, des Berghuhns. Es tönte wie *mucho frio, mucho frio ...* sehr kalt, sehr kalt. Der gräßliche Schrei des *snake-killer* (ein Vogel wie ein großer Falken) brachte das inbrünstige Rufen der *callinas del monte* zum Schweigen.

Bananen in Hülle und Fülle

Jeden Samstag ernteten wir Bananen, wozu wir unsere ältesten Kleider anzogen. In weiser Voraussicht, denn beim Fällen der Bananenpalme mit der Machete spritzt der Saft in alle Richtungen. (Das Innere gleicht einem groben Netz.) Komischerweise bleibt dieser milchtrübe, klebrige Saft farblos, bis das Kleidungsstück gewaschen und getrocknet ist. Erst dann erscheinen die Flecken, die aussehen wie getrocknetes Blut, das braun geworden ist, und die nicht mehr entfernt werden können. Eine dauerhafte, aber nicht unbedingt begehrte Farbe!

Um die äußerst schweren Bananenstöck (je etwa 190 bis 200 Pfund) zu tragen, konstruierten Ruedi und Jörg verschiedene Rückentragen (Räfe), wie sie Schweizer Kuh- und Geißhirten tragen, um ihre Siebensachen auf die Alp zu transportieren: eine Art Holzgestell, das auf dem Rücken getragen wird, mit Schulterriemen aus Leder. Dieses komische, aber praktische Traggestell erlaubte uns,

Eine Bananenpalme trägt nur einmal einen Stock Bananen. Wenn der Stock abgeschnitten wird, wird auch die Palme gefällt. Aus ihrem Strunk sprießen bereits neue Triebe.

einen Stock Bananen aufs Mal zu schleppen und gleichzeitig die Hände für die Machete frei zu haben.

Gleich nach dem Frühstück machten wir uns, jedes mit einer solchen Rückentrage, auf den Weg über die Weiden und weit in den kühlen Urwald hinein. Wir überquerten drei kleine Bäche und gelangten in das riesige *bananal*. Es ist schwierig, dessen Größe abzuschätzen. In einem Land von unbegrenzter Weite sind Distanzen und Dimensionen nur schwer zu schätzen. Ich glaube, es waren mindestens 30 Morgen *bananal* dem Weg zum Chiriqui Viejo entlang. Der Teil mit den *platanos* war lichter und sonniger. Tiefer in der Plantage war der Himmel nicht mehr sichtbar, und wir standen ganz im Grün, denn die riesigen Palmblätter bildeten ein Dach. Es war eine wunderbar romantische Kulisse. In der Stille hörten wir das schwirrende Geräusch der leuchtend farbigen Kolibris, die wie Bienen von einer Bananenblüte zur andern flogen. Jedesmal tauchten sie ihre langen, gebogenen Schnäbel in die trompetenförmigen Blüten.

Am liebsten hätte ich mich unter die Palmen gelegt, um all diese Schönheit in mich aufzunehmen. Mehrere gute Gründe hielten mich jedoch davon ab. Der Boden war zu sumpfig und schlammig und voller verfaulender, zu einem früheren Zeitpunkt gefällter Bananenstämme. Diese waren nicht nur naß wie Schwämme, sondern auch gefährlich. Ihr breiiger Inhalt enthielt gefährliche Bakterien, die unsichtbar waren und sich unter den Fußnägeln oder an sonst einer weichen Stelle einnisteten. Unbemerkt entwickelten sie sich zu sehr schmerzhaften, offenen Wunden, die kaum mehr heilen wollten. Zur Vorbeugung nahmen wir jedesmal bei der Rückkehr vom *bananal* ein gründliches Fußbad. Ein weiterer Grund, der uns davon abhielt, auf den

Boden zu sitzen, waren Millionen von *coloradios* (in den USA *chiggers* genannt: winzige rote Zecken, von bloßem Auge kaum sichtbar), die unsern Beinen entlang hinaufkrochen und sich an unserer Haut festsaugten.

Carl zeigte uns das Ernten der Bananen: wie man das richtige Stadium ihrer Reife feststellt und wie man sie abschneiden muß. Er benutzte Ausdrücke wie «zu mager» oder «gerade richtig ausgefüllt». Zuerst hatte ich den Eindruck, die Stöcke hingen verkehrt. Ein rauher, langer Stiel mit einer großen, dunkelroten Knospe hing vom Stock herunter. Die eigentlichen Blüten befanden sich an den Stellen, wo jetzt Früchte wuchsen. Der richtige Zeitpunkt, sie abzuschneiden, sei, wenn zwei oder mehrere der obern Bananen eine leicht gelbliche Farbe aufwiesen. Mit einer langen, am dünnen Ende schräg geschnittenen Bambusstange machte man bis etwa in die Mitte der Palme hinauf einen Schnitt. Dadurch wurde der Stamm gerade auf unsere Höhe heruntergeknickt. Wir brauchten nur noch unter den Bananenstock zu stehen, während jemand diesen abschnitt, so daß er geradewegs auf unserer Trage landete. So mußten wir den schweren Stock - die meisten wiegen gut 80 bis 100 Pfund, manchmal sogar mehr - nicht vom Boden aufheben.

Wenn ein Bund abgeschnitten ist, wachsen keine Bananen mehr nach, die Bananenpalme trägt nur einmal Früchte. Die gefällte Palme läßt kaum eine Lücke. Dutzende von neuen, verschieden großen sprossen in einem Kreis von etwa fünf Fuß Durchmesser. An der Größe der Palmen läßt sich das Alter der Plantage abschätzen. Je älter sie sind, desto größer werden die Kreise mit den sumpfigen Zentren, und desto höher wachsen die Palmen. Die neuen Palmen sprießen vom Boden der alten aus wie ein Auge auf einer Kartoffel.

Am meisten überraschte mich damals, daß es 17 verschiedene Arten von Bananen gab, die meisten mit ganz unterschiedlichem Aroma. Der *Dominico* war von starkem Wuchs mit rosarotem Obstfleisch, das, samt der Schale gebacken, wunderbar schmeckte. Eine andere großgewachsene Art mit roter Schale und Frucht waren die *Vinegar*, wegen ihres essigähnlichen Geschmacks so genannt. Unsere Lieblingssorte waren die winzigen, fingerdicken *Indian*-Bananen mit papierdünner Schale. Wir ließen diese in der Vorratskammer reifen, bis sie mit kleinen, braunen Flecken bedeckt waren. Für uns gab es kaum bessere, süßere Bananen als diese.

Um die Mittagszeit waren wir meist so weit, daß wir die neuen Bananenstöcke aufhängen konnten, etwa 15 unter die Dachrinnen des Bananenhauses und den Rest im Schatten des Bougainvillea-Eingangs. Der direkten Sonne ausgesetzt, bekommen die Bananen einen «Sonnenbrand».

Alte, überreife Bananenstöcke und Reste wurden in Wasserzuber, Eimer und Körbe abgefüllt und als Futter für die Milchkühe, Pferde, Hühner und Hunde verwertet. Die Kühe verschlangen die Bananen so gierig, daß eine lebensgefährliche Kolik die Folge sein konnte, wenn wir die Früchte nicht rationierten. Wir erlebten dies einmal. Es war wichtig, daß der Zuber mit Bananen hinter einem Zaun stand, wenn die Kühe zum Fressen kamen. Nur so konnten wir die Situation unter Kontrolle halten. Die Kuh streckte nun ihre lange Zunge zwischen den Stäben des Zaunes hindurch und schlang sie blitzschnell um im selben Banane. Niemand war je schnell genug, um im selben Tempo, mit dem die Kühe die Bananen verschlangen, zu reagieren.

Eines Tages machte ein einheimischer Reiter bei uns

Rast, wie das Brauch war. Selbst ein völlig Fremder konnte überall auf Gastfreundschaft zählen und war selbstverständlich auf jeder *finca* willkommen. Der kleingewachsene Mann hatte einen Hund von unbestimmbarer Rasse bei sich. Dieser war so mager, daß er vor Schwäche von einer Seite auf die andere schwankte. Wie hypnotisiert richtete der Hund seine Augen auf die Bananenstöcke unter dem Dach, während der Gast mit Carl plauderte. So begann ich, ihm einige zu verfüttern. Er schnappte sie sich ganz schnell und schluckte die ersten vier Bananen samt der Schale. Bei den nächsten legte er seine Pfote auf ein Ende der Banane und schälte sie mit den Zähnen. Als er die neunte schälte, setzte er sich endlich. Bei der zwölften nahm er die Sphinx-Stellung ein, die dreizehnte in den Pfoten vor sich haltend. In der nächsten halben Stunde brachte er es auf fünfzehn Bananen. Dann streckte er sich aus - in einem todähnlichen Schlaf.

Rio Candela

Die Zeit war nun gekommen, um für unser eigenes Land am Rio Candela Vorbereitungen zu treffen. Es war wichtig, eine provisorische Unterkunft für uns aufzustellen, damit wir das Land zum Anpflanzen von Gemüse, Mais und Ananas vorbereiten konnten. Wir bepackten so viele Pferde, wie wir handhaben konnten. Da wir so viele Setzlinge und Werkzeug mitnehmen mußten, war auf dem Rücken der Pferde kein Platz mehr für unsere Sachen. Wiederum mußten wir unsere Betten selbst tragen, was uns kaum überraschte. Zu siebt, je mit einem vollbepackten Pferd, waren wir eine eindrückliche Karawane, die aus dem

«Kleeblatt» sowie Ruedi, Peter, André und Arthur bestand. Jedes ging hinter seinem Pferd her, um ein Auge auf die Last zu haben, die auf den steilen Wegen bergauf und bergab oft von einer Seite auf die andere zu fallen drohte. Wir mußten durch verschiedene Flüsse waten und stoppten kaum während der sechs Stunden, die der Marsch dauerte. Aus Erfahrung wußten wir, daß jeder Halt, den wir vermeiden konnten, uns und die Tiere weniger ermüdete. Häufiges Anhalten brachte den ganzen Zug aus seinem Schritt und Rhythmus. Es war noch dunkel, als wir an diesem Morgen nach Candela aufbrachen. Als wir den Santa-Clara-Fluß überquert hatten und den Gipfel des Cebo (Berg der Hirsche) erreichten, begann die Sonne durch die Blätter zu scheinen. Der Weg schlängelte sich den dritten Berg hinunter, und wir erreichten schließlich den Rio Candela, einen einladenden, etwa fünfzig Fuß breiten Fluß mit kristallklarem Wasser, das kälter war als in allen Flüssen zuvor. Wir überraschten einige Ottern, die im Fluß spielten. Nachdem wir Wasser getrunken hatten, ging es die letzte Meile wieder hügelauf. Dieser Hügel war etwas niedriger als die vorhergehenden. Es überraschte mich, daß alle Bäume an diesem Hang offenbar bereits vor einiger Zeit gefällt worden waren. Den wie zerstört wild durcheinander liegenden Baumstämmen und -strünken nach zu schließen, war alles bei einem Brand verkohlt. Dicht wucherte bereits die zweite Vegetation über das ganze beklagenswerte Durcheinander schwarzer Baumreste hin.

Ruedi, der schon einmal hier gewesen war, erzählte uns, diese Lichtung sei der Schauplatz einer verrückten Goldgräbergeschichte, die sich auf unserem Land abgespielt habe. Ein einziger Mann namens Gaston habe vor drei Jahren hier den größten Skandal Panamas verursacht. Im

Westernsattel, den wir in La Concepcion gekauft hätten, habe Gaston seine letzten Stunden verbracht ...

Wir waren gespannt darauf, die ganze Geschichte über diesen Gaston zu vernehmen, aber wichtigere Dinge wie das Abladen der Pferde und das Vorbereiten einer Unterkunft für die Nacht kamen zuerst an die Reihe. Einige Stücke Wellblech, die eines der Pferde hierher transportiert hatte, ergaben schnell ein Dach. Nach einem einfachen Imbiß und einer Erfrischung im Fluß war Ruedi zu müde, um weiterzuerzählen.

La Estrella - Gaston van Stocks Goldmine

Am nächsten Morgen machten wir uns nach dem Frühstück auf den Weg hinunter zum Rio Candela, um die Stelle zu finden, wo Gaston angeblich zwei Minen gefunden hatte. Er hatte behauptet, sie enthielten einen phantastischen Schatz - die angeblich seit Jahrhunderten verloren geglaubte *La Estrella*-Mine, die nun ein Teil unseres Landes war.

Wenn Ruedi und Peter uns nicht zu diesem denkwürdigen Platz geführt hätten, hätten wir diesen nie gefunden. Carl hatte ihnen die Stelle schon früher einmal gezeigt und die ganze Geschichte erzählt. Carl und Gretel waren persönlich als Gastgeber in die Geschichte verwickelt, da ihre *finca* der letzte und einzige Außenposten war, wo eine große Gruppe von Männern beherbergt und verköstigt werden konnte. Nicht ganz freiwillig jedoch, denn sie hatten schon an normalen Tagen Arbeit bis über die Ohren, und nun sollten sie noch die Verpflegung und Unterkunft für eine halbe Armee stellen. Trotzdem wollten sie Hilfe nicht verweigern.

Die Stelle, wo sich die Mine befand, war etwa 500 Fuß vom Candela-Fluß entfernt, zwischen drei Berge eingeschmiegt. Es war beschwerlich, die Mine zu betreten, die völlig mit dornigem Gestrüppp überwachsen war. Niemand hätte je erraten, daß dies ein solch bemerkenswertes Stück Land sein könnte. Der erste Fingerzeig jedoch war ein großer Stein von etwa zwei Fuß Breite mit einer gut sichtbar eingravierten Zeichnung. Steine gab es dort abseits des Flusses sehr selten. Es wurde gesagt oder spekuliert, die Zeichnung stelle den Plan dar, wo sich die *Estrella*-Mine befinde. Dieser Stein diente als alleinige Markierung von Gastons Grab. Das Fehlen sogar eines einfachen Kreuzes machte aus diesem Begräbnisplatz einen schrecklich einsamen Ort.

Weniger als drei Jahre zuvor, Ende 1936/37, war der Abenteurer Gaston van Stock aus Belgien in die Republik Panama gekommen und hatte das ganze Land in größten Aufruhr gebracht; die Geschichte endete mit einem Skandal.

Gaston war ein großer, schlanker Bursche mit schwarzem Haar und dichtem Schnauz, Veteran des Ersten Weltkrieges und ehemaliges Mitglied der Fremdenlegion. Er stellte sich als Gaston Ludovicius Vano Irbeck vor und war nicht Franzose, wie er behauptete.

Er sei vorher Chef einer afrikanischen Goldmine gewesen, gab Gaston vor. Mit seinem guten Benehmen und seinen Kenntnissen gewann er mühelos das Vertrauen und die Freundschaft verschiedener hoch respektierter Personen und Beamter in Panama. Wie er ihnen erzählte, sei er auf der Suche nach Mineralien und alten Schätzen und wisse von der Existenz eines großen Schatzes. Es handle sich um einen Schatz spanischer Herkunft oben in der Chiriqui-Region, genannt Rio Candela - wo wir uns jetzt befanden.

Gaston machte mit seiner offenen Art und seinem gewinnenden Wesen einen solch überzeugenden Eindruck, daß er in La Concepcion (dort hatten wir den Sattel gekauft) das volle Vertrauen des Kaufmanns W.T. gewann. Dieser war bereit, die Ausbeutung der legendären Mine zu finanzieren. Senor W.T. setzte die an diesem Ort und zu der Zeit noch nie gehörte Summe von etwa 2500 Balboa-Dollar ein, um die Arbeit in Gang zu bringen. Mit dem größten Teil davon wurde eine kleine Armee von Männern finanziert, die einen Weg von Cotito nach Candela bauen mußten. Ein weiterer Teil des Geldes wurde für Baumaterial, für die Bretterhütten der teilnehmenden Beamten, gebraucht. Mit dem Rest sollte eine Landepiste finanziert werden, und zwar an der Stelle, wo wir die Nacht zuvor geschlafen hatten. «Das, ein Flugplatz?» lachten wir, auf unsere Schenkel klopfend. Es war einfach zu lächerlich, um es zu glauben. Wie und womit hätten sie das Durcheinander von Baumstümpfen und gefallenen Bäumen entfernen können? Zudem gab es weit und breit keinen ebenen Boden von mehr als 20 auf 20 Fuß.

Gastons Hinweise auf einen phantastischen Schatz erwiesen sich als sehr widersprüchlich. Kein einziges Mal konnte er einen sichtbaren Beweis dafür vorzeigen. Seine ansteckende Begeisterung, genährt vom Alkohol, machte dies jedoch wett. Nur seinen engsten Freunden gegenüber begann er anzudeuten, wo sich die Mine befinde. Er erzählte ihnen, er habe einen alten Steintisch gefunden, und weiter in der Tiefe habe er 35 Barren reinen Goldes entdeckt, je 50 Pfund schwer, mit dem klar erkennbaren Siegel eines Löwen: wahrscheinlich stammten sie aus Navarra. Diese verheißungsvollen Nachrichten breiteten sich trotz der Abgeschiedenheit der Gegend mit unglaublicher Geschwindigheit aus. (Erstaunlicherweise glaubten auch die Beamten und die Bevölkerung, dies sei nichts als die Wahrheit.) Anscheinend ermutigt durch diese Reaktion, gab Gaston den Fund eines zweiten Stollens bekannt, der 45 weitere Goldbarren enthalte. Zudem Gegenstände von großem historischem Interesse: zwei Mineralienmörser, zwei Säulen aus Bronze, zwei Hellebarden, jede zwei Meter lang, und vier Dolche, alles in gutem Zustand.

All diese Neuigkeiten begannen sich im kleinen Panama lauffeuerartig auszubreiten und bewirkten ein unkontrollierbares Goldfieber. Die Regierung machte mit, nahm einen Unternehmer unter Vertrag, der die Grabungsarbeiten organisieren sollte, und hielt an einer Garantie von 50% der Funde fest.

Warum sich die Regierung ohne jeglichen handfesten Beweis an der Schatzsuche beteiligte, kann nur vermutet werden. Vielleicht glaubten sie, dies sei nun nach all den vielen Jahren chronischer wirtschaftlicher Depression der lang erwartete Aufschwung? An diesem Punkt genügte schon die Erwähnung des Schatzes, daß jedermann die Geschichte glaubte. Der Gouverneur Teran von Chiriqui stellte eine Expedition von 70 Mann der *National Police Force* auf die Beine, schloß einen eindrücklichen Vertrag ab und stellte einen öffentlichen Notar ein. Ein Schwarm von zusätzlichen Beamten und unzählige Neugierige folgten einfach nach. Als wär's ein Exodus, bewegte sich die ganze verrückte Expedition auf jedem nur möglichen Fahrzeug dem Ende der Straße von El Volcan zu. Von dort aus konnten bis nach Cotito nur Pferde eingesetzt werden. Gretels *finca* wurde zu einer der größten Kost-und-Logis-Stationen Panamas, für Mensch und Tier. Die *mozos* begannen einen

Weg von Cotito nach Rio Candela zu bauen. (Die *Panama Tribune* beschrieb die Gegend als einen «undurchdringlichen Urwald mit gefährlichen, steilen Berghängen».) Gaston sandte zu diesem Zeitpunkt von Cotito aus einen speziellen Boten zu Pferd mit einem Telegramm an den Gouverneur Teran, an Hauptmann Sagel und Hauptmann Mejia, was das ohnehin schon mitfiebernde Volk vollends in Begeisterung versetzte.

Gastons Telegramm warf viele Fragen auf und löste bei den Beamten Diskussionen aus, nicht etwa, weil sie Zweifel hegten, sondern wegen der Art und Weise, wie der Schatz aus dem Rio Candela transportiert werden könnte. Zu Pferd kam das nicht in Frage, es wurde als zu riskant betrachtet. Man zog bei weitem das Flugzeug vor. Es wurde beschlossen, unverzüglich eine Landebahn erstellen zu lassen.

Die ‹Befehlshaber› sandten sofort eine Antwort per Telegramm durch den gleichen Boten zurück. Sie hieß, grob übersetzt: «Habe unverzüglich bestellt sechs Lastwagen und einen Spezialtrupp entsprechender Männer. Der Gouverneur.» (Er beabsichtigte, sie nach El Volcan zu schicken.)

Überstürzt brach die Expedition von Cotito aus frühmorgens im August 1937 auf. Gaston van Stock zuvorderst mit einem Führer, einem Schweizer Jäger, der schon lange in der Gegend lebte, gefolgt von Gouverneur Teran und Hauptmann Sagel. Gegen Mittag erreichten sie Candela. Denjenigen, die in der Nähe von Gaston mitritten, entging es nicht, daß dieser, je näher sie ihrem Ziel kamen, desto nervöser wurde. Aber kaum jemand achtete darauf, alle waren ebenso gespannt und mehr oder weniger nervös.

Sobald die erste Gruppe den Candela-Fluß überquert hatte, befahl Gaston einen Halt, stieg von seinem Pferd und bat den Gouverneur und den Hauptmann, mit dem Rest der Männer unten am Hang der Mine zu warten. Er erklärte, er müsse diese zuerst allein betreten und noch etwas auf die Seite ... Die letzten Worte waren nicht mehr zu verstehen. Er hatte sich bereits umgedreht, um die Mine zu betreten.

Mit einer Laterne kroch Gaston in die dunkle Öffnung hinein. Zwei Polizisten stellten sich am Eingang auf, um Wache zu halten. Nachdem die drei längsten Minuten des Tages vergangen waren, machten die Wachen den Kapitän auf einen gedämpften Lärm aufmerksam, der aus der Tiefe der Höhle drang. Sie beschrieben einen Schlag und etwas wie ein Stöhnen. Beunruhigt begaben sich Teran und Sagel sofort in die Höhle ... und stolperten dort über den am Boden in einer Blutlache liegenden Körper Gastons. Mit der rechten Hand hielt er eine Pistole Kaliber 22 umklammert.

Die Nachricht von diesem schockierenden Ereignis breitete sich rasch im ganzen Haufen der Schatzsucher aus. Ihr Erschrecken verwandelte sich in Verdächtigung und Enttäuschung und steigerte sich zu Zorn. Sofort befahl der Kapitän den Männern, Gaston mit einer improvisierten Tragbahre aus der Höhle zu holen, aber jede Hilfe war bereits zu spät. Er starb, als sie ihn heraustrugen.

Der Gouverneur überzeugte sich davon, daß es sinnlos und beinahe unmöglich war, Gaston zu transportieren. Deshalb befahl er, den Toten auf der Stelle zu begraben. Jemand machte ihn darauf aufmerksam. daß ein Totenschein ausgestellt werden müsse. Senor R.E.H. mußte dies anstelle eines Leichenbeschauers oder Arztes tun. Er war als Spitalgehilfe der einzige mit Erfahrung auf diesem Gebiet. Als er Gastons rechte Schläfe untersuchte, stellte er fest, daß die Kugel dort eingedrungen und in der Gehirnhöhle steckengeblieben war. Der Magistrat V. de L. machte sich über die ganze Tragödie, die er als Augenzeuge miterlebte, Notizen für die *Panama Tribune* und ebenso für eine mögliche spätere Untersuchung des Geschehens.

Gaston wurde ziemlich unzeremoniell begraben. Um das Grab zu kennzeichnen, wurde ein von Indianern gravierter Stein, der bei der Goldmine gefunden worden war, auf die hastig zugeschüttete Grube gelegt.

Eine gefährliche Unrast begann sich der Zuschauer zu bemächtigen, sie murrten, schrien: «Was ist mit dem Schatz?» und nahmen ungeduldig ihre Schaufeln auf. Für einige Momente geriet die Situation außer Kontrolle, und laut wurde gerufen: «Nach Gold zu graben, dafür kamen wir her!»

Der Kapitan und der Gouverneur spürten die Gefahr, befahlen absoluten Gehorsam und verdoppelten die Wachen beim Eingang der Mine. Nervös versicherten sie der aufsässigen Menge: «Wir werden unverzüglich persönlich die Mine untersuchen, unterstützt von einigen Männern, die beim Graben helfen sollen.»

Die Zeit schien stillzustehen für die draußen Wartenden, während die Untersuchenden im Innern wie verrückt arbeiteten. In äußerster Erbitterung und Erschöpfung kam einer nach dem andern mit leeren Händen aus der Höhle. Nicht der winzigste Teil irgendeines Schatzes wurde gefunden! Diese Nachricht wurde von den Beamten und den angestellten *mozos* mit recht kräftigen Flüchen aufgenommen.

Inzwischen war es schon spät geworden. Die Beamten machten dem Wutausbruch ein Ende, indem sie die ganze Schatzsucher-Truppe auflösten und nach Hause schickten. Überraschenderweise brachen alle hastig auf. Aberglauben mochte sie anspornen, nicht die Nacht an einem Ort zu verbringen, wo der Tod so nahe war ...

Es war nur natürlich, daß von der *Tribune* und anderen Zeitungen alle Beschuldigungen, vermischt mit Mystifizierung und Betrügerei, auf Gaston van Stock alias Irvano alias ... zielten. Um es milde auszudrücken: alle waren wütend. Doch irgendwie wollte niemand an den Ort des Geschehens zurückkehren, schon nur die Erwähnung der *La Estrella*-Goldmine genügte, um die Einheimischen schaudern zu lassen. Sie waren überzeugt, eine Art Fluch liege auf der Mine.

Einige Tage nach dieser Tragödie bestand der Präsident von Panama, Dr. Demostenes Arosemena, auf einer gründlichen Untersuchung von Gastons Tod und dem ganzen Vorfall. Diesmal waren natürlich Freiwillige schwer aufzutreiben, um einige Beamten und einen Arzt zu begleiten. Der gleiche Schweizer Jäger wie das erstemal wurde als Führer angestellt. Seltsamerweise blieb das Geheimnis ungelöst. Die Untersuchenden waren nicht fähig, die Möglichkeit eines Betruges der Leute nachzuweisen, die mit der Expedition zu tun hatten. Keinerlei Beweis dafür oder dagegen wurde gefunden.

War es die schreckliche Aufgabe der Wiederausgrabung, die jede weitere Nachforschung oder Spekulation über den Schatz beenden half? Keiner konnte beantworten, wie *ein einziger* Mann eine ganze Regierung hatte an der Nase herumführen können. Wie hatte er ein ganzes Land ohne jeden Beweis in ein solches Goldfieber stürzen können? War es Gastons Absicht, alle zu prellen? Wie konnte jemand wissen, ob ein Schatz wirklich existierte?

Tatsächlich war fast jede Bergspitze in dieser Region ein ehemaliger Indianer-Friedhof, wo die persönlichen Gegenstände des Verstorbenen mit ihm zusammen vergraben worden waren. Als wir auf dem sogenannten Flugplatz Ananas und Mais pflanzten, fanden wir den Boden durchsetzt mit Scherben von indianischen Töpfereien. Einer der Siedler wußte, daß in einem der Gräber eine goldene Servierplatte gefunden worden war.

Wir selbst waren mehr als erleichtert, daß diese Episode vorbei und vergessen war und auf den Gipfeln der Berge Panamas wieder Ruhe und Frieden eingekehrt waren.

Wildtiere - unsere Zuschauer

Am wichtigsten war es, zuerst Material zu sammeln, damit wir uns ein Dach als Schutz vor dem Regen bauen konnten. Erst dann war es uns möglich, die zwei Pferdelasten mit Schößlingen und einigen hundert Ananaspflanzen (Schößlinge von reifen Pflanzen) und auch Süßkartoffeln und Bohnen zu setzen. Alles auf dem ... hm ... sogenannten Flugplatz. Tagelang mußten wir das endlose Wurzelnetz aufhauen und hacken, bis unsere Rücken schmerzten. Zur Ablenkung hatten wir faszinierende Zuschauer am Rand des Urwalds. Die nahen Baumwipfel am Rande der Lichtung schwankten hin und her. Es schien, als sammelten sich dort sämtliche kletternden und fliegenden Bewohner des Urwaldes, um uns bei der Arbeit zuzuschauen. Ganze Sippen von roten Affen näherten sich auf den untern Zweigen, schwangen sich herum und bellten, während sie ihre Augen keinen Moment von uns wandten. Ihr lautes Gebell wurde nur vom krachenden Geräusch übertönt, das beim Abbrechen der Äste entstand, die sie auf uns herunterwarfen. Mehrere Generationen Affenmütter trugen ihre Babys auf sich, während sie sich von einem Baum zum andern schwangen. Eine der letzten war gerade im Begriff, den weiten Sprung zu tun, als ihr halb erwachsenes Junges sich fest an sie klammerte, um mitzureiten. Da schwang sich die Mutter herum, schrie das Junge an, packte es und verhaute ihm den Hintern. Während es wie betäubt dasaß, machte sie ihren Sprung, ohne zurückzuschauen. Das Baby sprang wie rasend auf und ab - was aussah wie ein Tobsuchtsanfall. Aber das war nur Energieverschwendung, denn seine Mutter war bereits außer Sichtweite und schwang sich irgendwo durch die Bäume. Schließlich kletterte das Kleine verzweifelt auf den Baumwipfel, um seinen Sprung, bei dem es um Leben oder Tod ging, zu wagen. Alle viere ausgestreckt, fiel es beim nächsten Baum beinahe die ganze Länge des Stammes hinunter, bevor es ihm gelang, sich am letzten Ast des Nachbarbaumes festzuhalten.

Kurz darauf folgte eine Schar sehr großer, kreischender Papageien. Die meisten waren silbergrau, einige stark blau und rot. Der immer präsente Tukan gesellte sich zu ihnen; ein lauteres Gespann war wohl kaum zu finden. Was war mit der Stille geschehen, die man in der Einsamkeit des Urwaldes erwartete? fragte ich mich.

Manchmal vergingen Tage, bis wieder eine Horde roter Affen auftauchte. Dann waren wir sofort umringt von ihnen, und sie bewarfen uns zu unserem großen Spaß mit verfaulten Ästen. Wenn jedoch Wasser auf unsere Köpfe heruntertröpfelte (bei heiterem Himmel), ergriffen wir die Flucht.

Große Papageien erschienen nur selten. Scharen von wilden Truthähnen waren dagegen häufig, manchmal hingen sie tagelang herum. Einer der schönsten großen Vögel war der plumpe und bunte *Curacao*, eine Art wilder Pfau, der in Zentralamerika vorkommt, größer und schwerer als der Truthahn. Der Kopf des Männchens, seine Flügel und sein Rücken waren schwarz, seine Brust rostrot mit flaumigen Federn, und der Schwanz schwarz-weiß gestreift. Ein schöner Federbusch, eine Reihe schwarz und weiß gestreifter, an den Enden nach vorn gebogener Federn, krönte das Tier. Hellgelbe Kehllappen unter dem Schnabel ergaben einen zusätzlichen Farbklecks. Das Weibchen unterschied sich vom Männchen nur durch die hübsche Rostfarbe anstelle von Schwarz.

Faszinierende Ablenkungen wie diese machten es uns nur zu leicht, zu vergessen, wie viel wir noch anpflanzen mußten ... Die am meisten frustrierende Aufgabe war es, zu versuchen, durch die netzähnlichen Wurzeln für den Anbau der Süßkartoffeln die Erde aufzuhacken. Die zahlreichen Überreste alter indianischer Töpferwaren, auf die wir bei dieser Arbeit stießen, fielen bei der leichtesten Berührung auseinander. Ich hatte gehört, daß man, um dies zu verhindern, die Töpferwaren sehr sorgfältig von Hand ausgraben und die feuchte Erde daran einige Tage ganz trocknen lassen müsse. Erst dann konnte das Stück angefaßt werden, ohne daß es zerbrach. Damals aber kümmerten wir uns nicht um materielle Schätze und Besitz - im Gegenteil, wir versuchten, uns davon zu befreien.

Überraschender Besuch

Am nächsten Tag wurden wir von einem Gast überrascht, dessen Besuch uns große Freude machte und für uns eine Ehre war. Erstaunlich war vor allem, daß dieser trotz seines fortgeschrittenen Alters eine solch strapaziöse

Reise zu Pferd unternommen hatte - tagelang bergauf und bergab ans äußerste Ende von Panama.

Für uns war er eigentlich nicht ein völlig Fremder. Gretel hatte oft von diesem bemerkenswerten Mann und seiner schönen Viehfarm in Cameron gesprochen. Diese lag westlich von La Concepcion; bei forschem Tempo dauerte es gut drei Tagesritte von seiner *finca* zum Rio Candela.

Trotzdem, als er den Hügel heraufgeritten kam, hatte er nur eine Satteltasche bei sich, die eine Decke zum Übernachten und die allernotwendigsten Kleider zum Wechseln enthielt. Er stieg ganz beweglich vom Pferd und kam mit ausgestreckten Händen auf uns zu, um jedes von uns zu umarmen, wie es Sitte in Panama war. Seine klaren, blauen Augen funkelten unter den buschigen, grauen Augenbrauen. Er konnte noch Deutsch, sprach aber ziemlich stockend. Spanisch war seine Alltagssprache geworden. Ich schätzte ihn auf etwa hundert Pfund, so schlank war er, und fast so klein wie ich. Alejandro Troetsch, so hieß er, war bereits 74 Jahre alt. Lange vor der Jahrhundertwende war er von Deutschland aus via Nordamerika in die Republik Panama ausgewandert. Die vielen tausend Morgen Land, die er erworben hatte, waren ein absolut wilder, extrem dichter Dschungel gewesen. In der Gegend, wo er sich niederließ, war's wärmer und tropischer als hier in Rio Candela, dem «Dach von Panama», wie wir es nannten.

Alejandros Land wies ein weniger feuchtes Klima auf als die noch tiefer liegenden Gegenden der Küste und der Kanalzone entlang. In jenen pionierhaften Tagen begannen Alejandro und seine junge deutsche Braut, den Dschungel zu einer der schönsten *fincas* von ganz Panama zu machen.

Wir entschuldigten uns dafür, daß wir Alejandro hier draußen nicht mehr Komfort bieten konnten. Abwehrend sagte er: «Genau das ist einer der Gründe für meinen Besuch bei euch. Ich habe so viel darüber gehört, wie ihr eine Existenz aufbaut mit dem, was die Natur zu bieten hat ... Auch ich möchte dieses Gefühl noch einmal erleben ... Deshalb möchte ich euch kennenlernen.» Und er setzte hinzu: «Sagt mir, ist es nachts wirklich so kalt hier oben, wie sie behaupten?»

«Es wird sehr kalt», antworteten Luise und ich übereinstimmend. «Hoffentlich haben Sie eine warme Decke bei sich?» erkundigten wir uns voller Sorge. «Oder dürfen wir Ihnen eine Decke, die wir noch übrig haben, anbieten?» Einen Moment lang glaubte ich, er würde ablehnen, aber dann nahm er das Angebot an. Luise und ich konnten zusammen gut mit einer Decke auskommen.

Alejandros Besuch war ein einziges Vergnügen, seine unkomplizierte, bescheidene Art eine Wohltat. Er paßte einfach zu uns. Mir war, als hätte ich ihn mein ganzes Leben lang gekannt. Er schien sich zudem für alles zu interessieren, was Stoff für unerschöpfliche Gespräche bot.

Alejandro war eine Ouelle an praktischer Erfahrung. Genau das war für unsere Lebensweise hilfreich. Er erzählte uns nicht nur, wie geschickt die Einheimischen in handwerklichen Dingen waren, er zeigte uns auch, wie dies vor sich ging! Im Moment war unsere Aufgabe, eine Hütte zu bauen, und deshalb warfen wir ihm buchstäblich unzählige Fragen an den Kopf, welches die einfachste und beste Methode sei, dies zu tun.

«Wenn ihr wollt, zeige ich euch, wie ihr die Hütte bauen könnt, ohne einen einzigen Nagel» sagte er einfach. «Wollen Sie das wirklich tun?» fragten wir glücklich. «Natürlich, mit Vergnügen», nickte er überrascht. Er mochte es wohl unüblich finden, daß dies auf solche Begeisterung stieß.

Es sollte eine Holzhütte mit einem Dach aus Palmblättern sein, aus Material, das um uns herum wuchs. Alejandro bot an, die nötigen Schlingpflanzen in der Nähe des Lagers zu schneiden. Wir andern suchten den Berg ab, um einige schwarze Palmen zu finden. Sie waren in dieser Gegend eher selten. Erst nach einer Stunde Herumwandern fanden wir eine kleine Gruppe dieser Art Palmen. Schnell fällten die Jungen einige davon. Jedes von uns wollte mehrere Blätter aufs Mal tragen. Als wir sie am Boden sahen, überraschte uns die enorme Größe eines einzigen Blattes. Ich nahm drei zusammen am abgeschnittenen Ende, um sie auf meine Schultern zu laden. Ein lautes Stöhnen war alles, was ich herausbrachte, ich konnte sie nicht von der Stelle bewegen. Ich bemerkte, daß auch die andern mit den gleichen Schwierigkeiten kämpften. Wir hatten keine Ahnung gehabt, daß ein einziges Blatt so schwer sein konnte. Schließlich reduzierten wir Mädchen unsere Last je auf zwei Blätter und schleppten sie bis dorthin, wo der Pfad steiler wurde. Von dort an trugen wir jedes nur noch ein Stück und mußten deshalb mehrmals hin- und hergehen. Wenigstens die Jungen konnten schwerere Lasten tragen, samt den Palmherzen. Alejandro ermahnte sie speziell, diese mitzubringen, es sei sehr wichtig. Die Palmherzen waren drei bis vier Fuß lang und auch sehr schwer. Sie mußten aus den äußern Schichten herausgeschält werden, bis man zum bleichen Innern gelangte. Eine Horde roter Affen folgte uns in den Baumwipfeln, bis wir die Lichtung unseres Camps erreichten.

Dort waren wir überrascht, zu sehen, daß Alejandro bereits die Hälfte des Rahmens für das Dach geschnitten und verankert hatte und die Palmblätter nur noch festgemacht werden mußten. Alle standen um ihn herum, um zuzusehen, wie er jedes Blatt eng ans andere legte, immer darauf achtend, den Rand auf eine Seite zu drehen. Die kahlen, inneren Seiten der langen Palmstiele wurden so eng wie Finger nebeneinander gelegt. Erst jetzt realisierten wir, daß wir noch eine ganze Menge weiterer Blätter brauchten, um das Dach fertig zu machen. Nachdem Alejàndro die Blätter auf dem Boden aufgereiht hatte, plazierte er den Rahmen darüber. Mit einer Schlingpflanze begann er der Länge nach jedes Blatt an den Stangen festzubinden. Jedes von uns versuchte dies nun der Reihe nach ebenfalls, damit wir Übung bekamen. Als der erste Haufen befestigt war, drehten wir den Rahmen, um zu sehen, wie die obere Seite des Dachs aussehen würde. Es sah aus wie ein riesiges Stück Fell; die haarähnlichen Palmfransen waren mindestens einen Fuß lang. Wir mußten noch eine ganze Anzahl Blätter anschleppen, bis das Dach fertiggebunden war.

Als Alejandro sah, daß wir einen Topf Reis aufs offene Feuer stellten, bemerkte er: «Jetzt kann ich euch zeigen, weshalb ich euch bat, die Palmherzen ins Lager mitzubringen - sie sind eine große Delikatesse, die gut zu Reis paßt.» Wir waren überrascht. Wie konnte dieses schwere, zähe Zeug gegessen werden? «Laßt mich das für euch zubereiten», bat Alejandro mit einem freudigen Lächeln, und schon begann er, Schicht um Schicht von dem langen, dünnen Palmherzen (der eigentlichen Spitze der Palme, in der alle Blätter eingeschlossen sind, bevor sie sich öffnen) zu entfernen, bis das Innere nicht mehr grün, sondern weiß und sehr weich war. Dieses Stück schnitt er klein, legte alles auf die heiße Butter in der Pfanne und rührte. Nach kurzer Zeit stieg ein zarter Duft in unsere Nasen. «Es ist so weit», lächelte er. «Auch der Reis ist fertig», sagten wir eifrig, und die *platanos* waren in der heißen Asche ebenfalls gar geworden. Wir waren immer hungrig, aber diese Mahlzeit war neu und anders. Beim ersten Bissen dieser unbekannten Delikatesse rollten wir nur unsere Augen: mmmmhh und aahhh ... Die Palmherzen schmolzen auf der Zunge; ich kenne keine andere vergleichbar zarte Delikatesse. Alejandro freute sich offensichtlich auch. «Ich glaube, ich habe seit langem nichts mehr so Köstliches gegessen ... und erst noch in der Stille des Waldes hier draußen», sagte er nachdenklich.

Am Abend saßen wir in der kleinen, provisorischen Hütte mit dem Dach aus Wellblech und drei Wänden aus jungen Bäumen, vor uns ein Feuer. Alejandro bearbeitete mit seiner Machete ein etwa zwanzig Zoll langes Stück eines *majagua*-Baumstammes. Ich war sehr neugierig, was am Ende herauskommen würde. Ich glaubte, außer der Rinde für Fasern seien balsamische Hölzer hier für nichts anderes zu gebrauchen. Zuerst machte er die beiden gegenüberliegenden Seiten flach, dann schnitzte er unten die Mitte weg und ließ die Seiten als Füße stehen, und fertig war das Werk: ein schöner Hocker, um am Feuer zu sitzen, aus einem Stück, ohne Nägel. Gelagert und getrocknet, wurde der Sitz federleicht.

Alejandros Aufenthalt bei uns wurde für mich zu einem unvergeßlichen Erlebnis. Es war, als hätte er schon seit langem zu uns gehört, obschon er nur zwei Tage bei uns verbrachte. Er war ein außergewöhnlicher Mann; wir lernten viel von ihm.

Trudi Worrell

FIRESIDE STOOL
From one piece of wood

Cut log 14 inch long
about 10-12 inch high

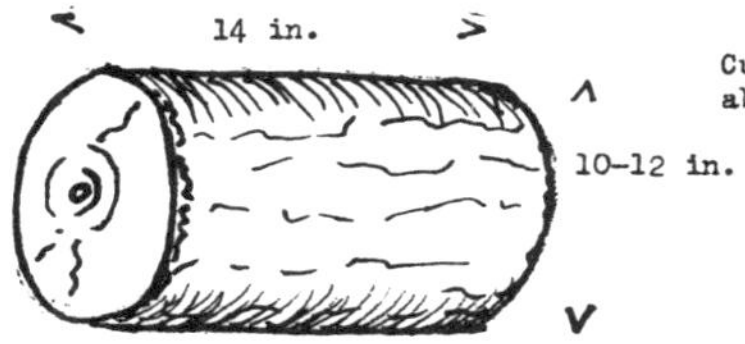

Step I

chop off along marking

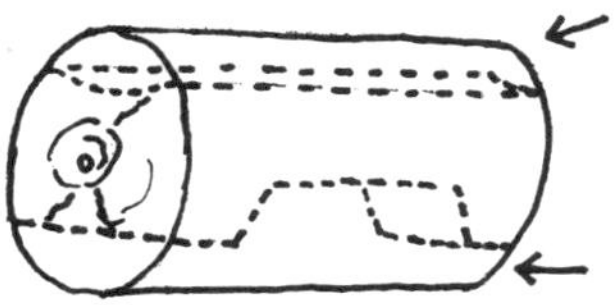

chop off

Step 2

Round off all edges
sand until smooth

rub in linseed oil
if desired.

Step 3

P.S. I used balsa-wood
and chopped off all wood
with a sharp machete.
This Balsa-Stool is feather-
lite - when dried.

(Any wood should be suitable.)

Hocker, aus einem einzigen Stück Holz gemacht:
Säge einen Klotz von 14 Zoll Länge und 10 – 12 Zoll Breite.
Hacke das Holz den markierten Linien entlang weg.
Runde alle Ecken ab. Reibe sie mit Sand, bis sie glatt sind.
Falls gewünscht, kann das Holz mit Leinsamenöl behandelt werden.
P.S. Ich nahm Balsaholz und benutzte eine scharfe Machete.
Ein solcher Balsaholz-Hocker wird federleicht, wenn das Holz ausgetrocknet ist.

Unliebsame Begrüßung ...

Mit tiefem Bedauern sahen wir dem Ende von Alejandros Besuch entgegen. Er plante, uns am nächsten Morgen früh zu verlassen, um einige Tage in Cotito bei Carl und Gretel zu verbringen, mit denen er schon jahrelang befreundet war.

Am liebsten hätten wir alles zusammengepackt und wären mit ihm gegangen, aber wir mußten noch die neue Hütte fertigbauen und das Anpflanzen abschließen. Ein Dachgeschoß in der Hütte sollte uns als trockener Schlafraum dienen. Dazu verwendeten wir ein paar gesägte Bretter der zusammengefallenen Hütte in der Nähe von Gastons Grabstätte. Einige der Bretter waren noch gut zu gebrauchen. Wiederum mußten wir mehrmals hin- und hergehen, um sie von der Mine ins Camp zu schleppen. Manchmal mußten wir über uns selbst lachen, es schien, als wären wir ewig nur damit beschäftigt, Dinge zu schleppen ... wie die Ameisen in der Fabel vom Grashüpfer.

Nach dieser Arbeit gaben wir bereitwillig zu, daß wir uns danach sehnten, nach Cotito zurückzukehren. Unser Nahrungsvorrat war fast aufgebraucht. Käse und Butter hatten wir schon lange nicht mehr, und die Bananen waren schon in den ersten Tagen verschwunden. Diese Ebbe in unseren Vorräten hatte wenigstens den Vorteil, daß wir diesmal unser ganzes Bettzeug mit dem Rest der Geräte auf die Pferde laden konnten.

Auf diesem Candela-Pfad erreichte man Cotito von Norden her, hinter den Gebäuden. Als wir von der letzten Biegung des Bergpfades hinunterkamen, war in der Lichtung die Siedlung im Tal zu erblicken.

Die Pferde hatten die ganze Zeit gewußt, daß es heimwärts ging. Kein einziges Mal hatten wir schreien oder ihnen unnötig zureden müssen, um sie anzutreiben. Eines der Pferde, ein stämmiger, kupferroter Hengst, wurde wegen eines weißen Streifens am Nasenrücken, der einem Pfeil glich, und dem Tempo, das er nicht hatte, Arrow genannt. Bei ihm brauchte man die Zügel häufig, denn er war störrisch wie ein Maulesel und faul wie ein Landstreicher. Ein harter Schlag auf seine Hinterhand brachte ihn höchstens in einen Dreischritte-Trott.

Nun, sobald Arrow die Lichtung erreicht und einige Stuten in der Umzäunung erblickt hatte, begann er zu wiehern. Übermütig, als wollte er rufen «He, Mädchen, ich bin zurück», fiel er in einen eiligen Trab, und wir ließen ihn gehen und dachten, das Gatter vor der Werkstatt würde ihn ohnehin stoppen.

Etwas ging daneben. Als er den letzten Hügel hinter der Werkstatt erreichte, hörte sein ständiges Wiehern abrupt auf. In einem wilden Aufschrei streckte er seinen Hintern in die Luft, als wäre ihm unter dem Bauch etwas explodiert. Beunruhigt eilten wir ihm nach ... und fanden sofort den Grund für seinen Ausbruch. Er war von einer Wolke von wütenden Bienen umgeben, die ihn zu Hunderten, ja Tausenden umsummten und unbarmherzig stachen. Niemals zuvor hatten wir Arrow mit einer solchen Geschwindigkeit davongaloppieren sehen!

Er sprang mit Leichtigkeit über das Gatter, rannte mitsamt seinen breiten Ledersäcken durch die Tür in die Werkstatt hinein, unterwegs alles, was ihm im Weg stand, mitreißend. Die Bienen hingen die ganze Zeit an ihm. Wie eine Kugel schoß er in die Werkstatt hinein und auf der andern Seite wieder heraus. Inzwischen waren seine Last und sein Sattel verrutscht und hingen verkehrt unter seinem

Bauch. Eine Axt und einige Macheten, die zu seiner Traglast gehörten, baumelten gefährlich um seine Beine herum. Die Bienen waren noch wütender geworden und bildeten eine dichte, große Wolke. Wir dachten, es sei seltsam, daß niemand da war, um uns wie gewöhnlich zu begrüßen. Erst dann realisierten wir, daß es «Honigernte-Tag» war. Alle hatten sich in die Küche geflüchtet, den einzigen Raum mit Fenstergittern für solche Fälle.

Normalerweise hätten wir einen solchen Vorfall lustig gefunden, wären wir nicht besorgt gewesen, Arrow könnte durch das schwingende Werkzeug verletzt werden. Wie konnte eines von uns ihn einholen und sich dem Angriff einer solchen Armee von verrückten Bienen mutig entgegenstellen? Arrow tat sein Möglichstes, um die Bienen im Vorbeigehen an den Zäunen und Türrahmen abzustreifen. Inzwischen hatten uns die Bienen ebenfalls entdeckt und griffen uns im Haar und sonst überall an. Wir flüchteten in die Küche, um dort Schutz zu finden. André, der einzige, der in diesem kritischen Moment Mut zeigte, holte Arrow ein und wurde prompt bös attackiert. Die Bienen bedeckten sein Gesicht und sein blondes Haar. Tapfer (?) hielten wir für ihn hinter dem schützenden Fenstergitter den Atem an, während wir einander die stechenden Insekten aus den Haaren wedelten. André gelang es schließlich, die Zügel zu packen und schnell den Sattel zu lösen, so daß dieser auf den Boden fiel. Dann führte er den immer noch sich wild gebärenden Hengst auf eine Weide, möglichst weit weg von den Bienenstöcken. Nach dieser Heldentat rannte André direkt in den Cotito Fluß, um die schmerzenden Einstiche zu kühlen und die zahlreichen Bienenstacheln herauszuziehen.

Abends sprachen wir mit unsern grotesk geschwollenen

Gesichtern und andern Körperteilen noch lange von diesem atemberaubenden Vorfall. Unsere Gesichter waren so entstellt, daß wir, wenn wir uns anschauten, derart lachen mußten, daß uns die Tränen kamen. Als André auftauchte, erkannten wir ihn kaum. Sein schmales, feines Gesicht war fürchterlich zugerichtet, die Augen kaum mehr sichtbar, er sah aus wie ein Ballon. Wir andern hatten entweder ein Auge, das wir nicht mehr öffnen konnten, oder eine geschwollene Lippe. Meine Oberlippe war so dick, daß sie wie eine Grapefruit-Hälfte über mein Kinn hinunterhing. Mein Lachen tönte kaum mehr menschlich, und ich war so behindert, daß ich kaum mehr sprechen konnte. Meistens fanden wir uns mit Bienenstichen einfach ab, mindestens etwa ein halbes Dutzend pro Woche war normal. Diesmal hatten wir in den Ernte-Jackpot gegriffen.

Noch mehr Bienen

So faszinierend unser Aufenthalt am Rio Candela auch gewesen war, wir waren glücklich, in Cotito zurück zu sein. Für uns war es, als lebten wir dort im «Land, wo Milch und Honig fließt». Es war Sonntag, und wir freuten uns auf einen Ruhetag. Überraschende Neuigkeiten für uns hatte man bis nach dem Frühstück aufgespart. Ich hatte nicht die geringste Ahnung, worum es ging.

Nach dem Essen machten wir es uns auf dem Rasen im Schatten eines *maccano*-Baumes bequem. Carl hatte Neuigkeiten für uns. Seine Stirne und seine Augenbrauen begannen sich wie immer, wenn er etwas ganz Wichtiges zu berichten hatte, lebhaft zu bewegen. Der Hauptpunkt seiner Ankündigung lautete ungefähr so: «Nach reiflichem

Nachdenken und Abwägen haben Gretel und ich beschlossen, unsere ganze *finca* und alles, was dazu gehört, uns allen gemeinsam zu übergeben», und er breitete seine Arme weit aus, um zu zeigen, daß wir hier alle gemeint waren.

Schweigen folgte, denn wir waren zu überrascht, um Worte zu finden - einfach so. Carls Angebot war mehr als großzügig. Es schien uns, nur *wir* würden davon profitieren.

Wie gewöhnlich kam Carl mit seiner eigenen, aus großer Lebenserfahrung entstandenen Logik. «Denkt doch nur daran», sagte er mit Begeisterung, «mit vereinten Köpfen und Händen wären unsere Erfolgsmöglichkeiten grenzenlos!»

Eine laute und begeisterte Diskussion über sofortige Pläne und Ideen folgte. Unser dringendster Bedarf war der Bau eines großen Bienenhauses. Die gerade abgeschlossene Ernte in dem guten halben Dutzend Bienenstöcke hatte diesen Entschluß beschleunigt, eine Erweiterung war dringend notwendig. Neue und verbesserte Bienenkästen mußten entworfen und angefertigt werden. Es war nur natürlich, daß Jörg, unser bester Schreiner, sich dieses Projekts annahm. Zwölf Bienenkästen für den Anfang. In letzter Zeit waren zu viele Schwärme entflohen, nur weil nicht genug Bienenstöcke verfügbar waren. Und auch weil unsere Bienenschwarmfänger André und Arthur uns nach Candela begleitet hatten.

Das Bienenhaus sollte größer als alle andern Gebäude werden. Es sollte in der Savanne beim Bach stehen, paar hundert Fuß von den andern Hütten entfernt. Die Bienen brauchen absoluten Frieden und Ruhe. Sie ertragen nicht einmal das Gackern eines Huhns und noch weniger das Krähen eines Hahns. Sofort schicken sie ihre kleinen Krieger aus, um diese in Kamm und Kehllappen zu stechen.

Das Auffälligste am geplanten Bienenhaus war, daß es eine ganze Seite Öffnungen für die Bienen enthalten sollte. Die Kästen mußten nebeneinander stehen, in drei Reihen, mit Platz für dreißig oder mehr Bienenstöcke. Im Innern mußten die Kästen von hinten für die regelmäßige Pflege und die Ernte erreichbar sein und einen gewissen Schutz gegen Bienenstiche bieten. Im Plan eingeschlossen waren auch zwei große Schlafzimmer im Dachgeschoß mit zwei Dachfenstern. Das Haus sollte auf großen Eichenpfosten stehen, mit einem handgeschnitzten Kännel ringsum, der stets mit Wasser gefüllt sein mußte. Eine Vorsichtsmaßnahme gegen Ameisen und anderes Ungeziefer, die in die Bienenstöcke eindringen könnten. Um dieses Haus zu bauen, brauchte es eine Unmenge an Brettern, Dachlatten und Tausende von Zedernschindeln für das Dach. Wenn an einem regnerischen Nachmittag gerade nichts Gescheiteres zu tun war, konnten wir mithelfen, einige Schindeln zu schneiden.

Es schien, als ob fast täglich neue Arbeiten auszuführen wären, die wir nie zuvor getan hatten. Das Schneiden von Schindeln gehörte sicher dazu. Wir waren besorgt wegen unserer Unerfahrenheit in solchen Arbeiten, aber Carl lachte nur und meinte schlagfertig: «Nach eurem ersten Tausend werdet ihr es mit geschlossenen Augen tun können.» Jede Schindel mußte etwa zwei Fuß lang und einen Fuß breit sein. Das Formen und Glätten erfolgte mit der Machete. Die ersten Tage mußten wir die gleichen Schindeln immer und immer wieder bearbeiten, bis sie brauchbar waren. Der Bau des Bienenhauses nahm viele Wochen in Anspruch, da die übrige tägliche Arbeit daneben auch erledigt werden mußte. Als das Bienenhaus fertig war, bewunderten wir es von allen Seiten. Die Dachfenster gaben ihm einen besondern Anstrich von Gemütlichkeit, fand ich. Dies war ein typisches Beispiel dafür, wie ein Siedler, falls er genügend Zeit hat, seine eigene Siedlung erstellen kann.

Zuerst kommt immer die Pflege des Viehs und der Pferde! Erst nachher, wenn genügend Weiden und Zäune vorhanden sind, kann ein Farmer daran denken, für sich selbst ein Dach über dem Kopf zu bauen.

Unterschiedliche Persönlichkeiten

Wenn ich über diese Jahre nachdenke, kommt mir in den Sinn, wie gut wir alle eigentlich miteinander auskamen. In Anbetracht der Verschiedenheit unserer Herkunft, unseres Alters und unseres Temperaments war dies nicht selbstverständlich. Sicher sind eine gewisse Reibungsfläche, einige Eifersüchteleien und was weiß ich in solcher Abgeschiedenheit nur normal. Natürlich hatten wir unsere Vorlieben und Abneigungen - ganz normale Gründe, zufrieden oder unglücklich zu sein. Aber was war es denn, was uns davon abhielt, ein kleinliches und egoistisches Dasein zu führen? Die Einstellung? Es ist nicht meine Absicht, den Eindruck zu erwecken, als hätte ich dafür die Lösung gefunden. Alles, was ich tun kann, ist, kurz zu beschreiben, was für ein Ziel wir anstrebten, und dadurch hoffentlich den Leserinnen und Lesern Gelegenheit zu geben, ihre eigenen Schlüsse zu ziehen.

Unser einziges gemeinsames Ziel war es, bessere Menschen zu werden! Dies mag vielen nur als eine lobenswerte Tugend erscheinen; ich war da keine Ausnahme. Bis ich lernte, wie weit dieses An-sich-selbst-Arbeiten gehen kann! Hier folgt das, was den Unterschied ausmachte, denke ich: Als wir diesen Weg einschlugen, änderte sich unsere Einstellung. Und zwar so sehr, daß wir uns erbarmungslos selbst einschätzten, während wir jedem Motiv einer Tat auf den Grund gingen, *bevor* wir sie ausführten. Dies führte meist zur Erkenntnis, daß eine vollständige Neuorientierung des Denkens und Sichausdrückens notwendig war. So blieben weder Raum noch Zeit, anderswo Fehler zu suchen ...

Gewöhnlich versammelten wir uns am Abend am langen Tisch in der Küche, im Licht von zwei bis drei duftenden Bienenwachskerzen. Dann lasen wir Auszüge aus dem Neuen Testament, über die wir anschließend diskutierten. Unser größtes Interesse war, wie wir die gewonnenen Erkenntnisse im Alltag anwenden konnten. Dies fanden wir meist außerordentlich schwierig. Eine Zeitlang beschäftigten wir uns ausschließlich mit dem großen «Aber» und «Wie?». Wie unterscheidet sich ein menschliches Leben *wirklich* von dem eines Tieres? Eine der Antworten, die wir fanden, ist, daß ein Mensch das höchste Geschenk des *freien Willens* besitzt. In andern Worten: wir haben die *Wahl* zwischen *richtig* und *falsch*.

Dies wäre für uns leicht verständlich gewesen, hätte es nicht in Lukas 22, 42 scheinbar widersprechend geheißen: «Nicht mein Wille, sondern deiner geschehe.» Diese Worte gaben uns für den ganzen nächsten Tag, während wir die Machete schwangen, genug zu denken, und wir fragten uns, was denn mit dem *freien Willen* geschehen sei? Viele neue Fragen bedrängten uns, so daß wir den Abend kaum erwarten konnten, um der Sache noch tiefer auf den Grund zu kommen.

Es wäre ganz falsch, nun daraus zu schließen, unser tägliches Leben und vor allem diese Sitzungen zum besseren Verständnis der Bibel seien eine ernste oder sogar langweilige Angelegenheit gewesen - ganz im Gegenteil! Ich hätte es sonst nicht ertragen.

Durch diese realistische, alltägliche Annäherung bekamen jedes Bibelwort, jede Parabel Bedeutung, und die Jünger wurden für uns sehr lebendig. Wir fanden, daß wir unsere eigenen Johannes und Paulus und zweifelnden Thomasse hatten und sogar einen Peter Simon, der unserem Carl irgendwie ähnlich war.

Manchmal lachten wir Tränen über irgendeine individuelle Auslegung der Bibel. Besonders dann, wenn versucht wurde, diese in die Tat umzusetzen. Bereitwillig gaben wir zu, daß dieses «Nicht mein Wille geschehe, sondern der Deine» am schwierigsten in die Praxis umzusetzen war. *Du sollst nicht töten* hingegen war ein Gebot, das wir befolgen konnten: wir töteten kein Lebewesen.

Eines Morgens wurde der schwierige Lukas-Spruch in die Tat umgesetzt. Es war Bennis Aufgabe, jeden Morgen auf den Ananasfeldern die Opossumfallen zu kontrollieren. Diese Biester waren fähig, jede beinahe reife Frucht zu fressen, bevor wir Gelegenheit hatten, sie zu ernten. Benni hatte ein Tier in einer der Fallen gefunden. Nur war das Tier diesmal größer und fetter. Wir erkannten es sofort, weil es auf einem Auge blind war. Ich packte das bösartig zischelnde, kratzende und seine scharfen Zähne zeigende Opossum am Genick und legte es in eine andere Kiste. Es mußte weggebracht werden, je weiter weg, desto besser. Wir wollten ihm noch eine sportliche Chance geben, sich von etwas anderem als unseren Ananas zu ernähren.

«Meldet sich jemand freiwillig, das Opossum wegzutragen?» fragte eines von uns. Mathilda, die sonst nie eine

Arbeit übernahm, bot sich an, es zu tun. Kaum jemand traute ihr zu, eine solche Aufgabe richtig ausführen zu können. Von früheren Erfahrungen her war logisches Denken keine ihrer Stärken.

Natürlich war am nächsten Morgen das fette, blinde Opossum wiederum in der Falle - zum drittenmal, was niemand erstaunte.

Wir waren alle neugierig, an diesem Abend Mathildas Erklärung zu hören. Sie begann von ihrer kleinen Heldentat zu berichten. Unerträglich langsam, wie gewöhnlich (als hätte sie den ganzen Tag Zeit), erzählte sie, wie sie das Tier den ganzen Weg zur Chiriqui-Brücke hinuntergetragen habe. Dort habe sie die Kiste genau auf die Mitte der Brücke gestellt und beim Öffnen der Kiste mit zum Himmel erhobenen Augen gesagt: «Nicht mein Wille geschehe, sondern Deiner!» Das Opossum sei dann wie von einem Magnet angezogen geradewegs gegen Cotito zurückgekehrt, erklärte sie verdutzt, mit den Achseln zuckend. Ihre weitere Erklärung ging in unserem Gelächter unter. Entsprechende Kommentare folgten. «Sie war verdammt nochmal einfach zu faul, um weiter weg zu gehen», bemerkte Ruedi sauer. Weitere nicht sehr schmeichelhafte Bemerkungen folgten, so daß keines von uns an diesem Abend fähig war, sich auf etwas Ernsthaftes zu konzentrieren.

Sumpf, der «Schuhvernichter»

Unser Schuhvorrat ging bald einmal zu Ende, obwohl wir geglaubt hatten, das gute Schuhwerk aus der Schweiz würde jahrelang halten.

Bald einmal fanden wir heraus, daß, egal wie gut ein

kommerziell hergestellter Schuh auch war, er den Elementen in den Tropen nicht standhalten konnte. Das Waten durch knietiefen Schlamm und Sumpf auf den Pfaden während der Regenzeit war nicht zu vermeiden. Und wo es Vieh hatte, gab es ganze Seen von Schlamm.

Nur während der Trockenzeit verwandelte sich der Schlamm in Staub. In welche Richtung auch immer ein Pfad führte, in jedem Fall mußten einige Flüsse durchwatet werden. Nach einem oder nicht mehr als zwei solchen Ausflügen begann jedes Paar Schuhe oder Stiefel an den Nähten auseinanderzufallen und buchstäblich aus dem Leim zu gehen. Die besten Nähte platzten, entweder weil sie verfaulten, oder weil sie zu steif waren, wenn die Schuhe wieder trocken wurden. Nicht genug damit, wenn der Schlamm einmal in die Spitze des Schuhs oder Stiefels gelangte, wurde das Gehen zu einer wahren Tortur, und die Füße bekamen Blasen. Meist zog der Sog des Schlamms die Schuhe erbarmungslos von den Füßen.

Wir zerbrachen uns die Köpfe, wie besseres Schuhwerk hergestellt werden könnte. Wir hatten uns bereits bemüht, leichte Ledersandalen anzufertigen. Aber das Leder wurde einfach zu steif, auch wenn man es gut einfettete.

Ich glaube, Martin war es, der auf die beste Idee kam. Er schlug vor, einige alte Autoreifen aufzutreiben und uns daraus die dauerhaftesten Schuhsohlen zu schneiden. Jemand mußte ohnehin nach La Concepcion reiten, um Nägel für die Schindeln zu kaufen und zwei 10-Gallonen-Kanister Sojabohnenöl, das wir zum Kochen brauchten.

Alle diese Geschäfte wurden ohne Geld gemacht. Wir handelten mit unseren begehrten Produkten wie Honig, Käse, Eier, rohen Fellen von Vieh, das durch Schlangenbisse umkam.

Zwei unserer Männer machten sich am nächsten Morgen auf den Weg, da das Schuhwerkprojekt dringend war. Nach vier Tagen kamen sie mit genug Autoreifen zurück, um daraus für uns alle je ein Paar Sandalen und noch einige zusätzlich als Vorrat zu schneiden. Am nächsten Regennachmittag waren wir praktisch alle damit beschäftigt, Teile für diese Sandalen, Lederriemen, Schnallen und Nieten, anzufertigen. Die Herstellung dieser beinahe unzerstörbaren Schuhe begann, indem wir die Umrisse des Fußes auf einem Stück Papier einzeichneten und ausschnitten. Diese Fußform wurden dann mit einer Kreide auf das Gewinde des Reifens übertragen. Die Sohlen wurden mit einer alten Rasierklinge ausgeschnitten. Sobald die Stellen für den Knöchel und die Vorderriemen markiert waren, wurde die Sohle in einen Schraubstock geklemmt. Mit einem messerscharfen, zweischneidigen Schweizer Bajonett wurde zwischen dem Gummi und der inneren Schicht des Geflechts durchgestochen. Besondere Vorsicht war geboten, um nicht mit dem Bajonett auszugleiten. Jede Sandale wurde zweimal durchschnitten, einmal für den Knöchel-, das zweitemal für den vordern Riemen, die beide zuerst in Leinsamenöl eingelegt wurden. Nachdem die richtige Größe der Riemen angepaßt war, wurden sie oben festgemacht. Zwei Nieten für die Knöchelriemen und je eine Schnalle, und *voilà*, die Sandalen waren fertig.

Sie übertrafen bei weitem unsere Erwartungen und waren wunderbar federnd beim Gehen. Schlamm konnte ihnen nichts anhaben, ein rasches Eintauchen in Wasser genügte, um den Schlamm von den Füßen und den Sandalen abzuspülen. Die Gummiränder schützten die Zehen, besonders gegen aus dem Boden ragende Wurzeln. Wenn

Trudi Worrell

INDESTRUCTABLE SANDAL

from used tires

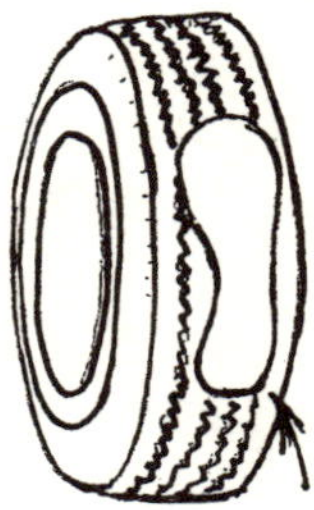

Step 2 Trace foot onto tire with chalk. Cut out with razor.

Step I Trace foot on paper cut out.

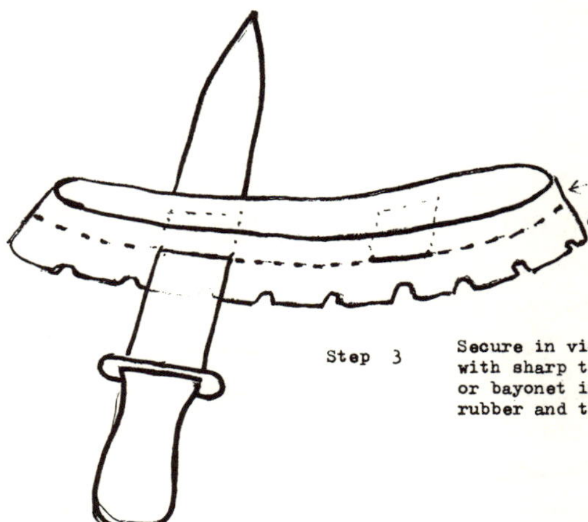

Step 3 Secure in vice, cut through with sharp two-edged knife or bayonet in between the rubber and thread of sole.

Unzerstörbare Sandalen aus abgenutzten Reifen

I Zeichne die Umrisse deines Fußes auf Papier ein. Schneide die Fußform aus.

II Zeichne diese Fußsohlenform mit Kreide auf den Reifen ein. Schneide das entsprechende Stück Gummi mit einer Rasierklinge aus.

III Befestige das Stück Gummireifen in einem Schraubstock. Schneide mit einem scharfen Messer oder Bajonett durch die Mitte zwei Schlitze.

Trudi Worrell

SANDAL

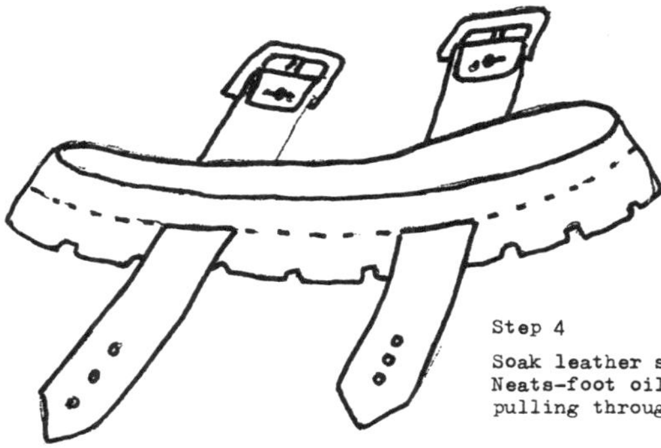

Step 4

Soak leather straps in Neats-foot oil, before pulling through slots.

Step 5

Atach buckles with rivets. Rivet heel-strap to ankle-strap.

If straps wear out replace with new ones

IV Schmiere die beiden Riemen (aus Rindsleder) ein, bevor du sie durch die Schlitze ziehst.

V Befestige die Schnallen mit Nieten. Niete am hintern Fußknöchelriemen einen Fersenriemen an.

VI Abgenutzte Riemen können jederzeit ersetzt werden.

ein Riemen abgetragen war, wurde er einfach innnert Minuten durch einen neuen ersetzt. Von da an war unser Schuhproblem gelöst. Zudem brauchten wir auch keine Socken mehr zu tragen.

Señor Lopez' Zuckerpresse

Einige von uns übernahmen die Aufgabe, rohe Felle gegen Zucker einzutauschen. Wir hatten zwar begonnen, ein paar Zuckerrohrfelder anzulegen, aber es würde noch einige Zeit dauern, bis wir unseren eigenen Zucker machen konnten. Dasselbe traf auf die Orangenbäume zu, die wir pflanzten; sie waren noch zu jung, um Früchte zu tragen.

Gewöhnlich bezogen wir unseren Zucker von Señor Lopez in Machio Monte, etwa auf halbem Weg zwischen El Volcan und La Concepcion. Dies bedeutete mindestens einen Acht-Stunden-Ritt hin und zurück. André, Arthur und ich meldeten uns gerne dafür. Lange vor dem Frühstück sattelten wir fünf Pferde, zwei als Lastenträger, drei zum Reiten. Zu Fuß oder zu Pferd unterwegs wurden wir immer durch und durch naß vom reichlichen Tau im hohen Gras und im Unterholz entlang des Pfades. Natürlich froren wir bis auf die Knochen und hofften, die Sonne würde bald aufgehen, damit wir auf dem Pferd dampfend trocken würden.

Zum Glück war Arthur immer zum Singen oder Jodeln auf einheimische Art aufgelegt, und es gelang ihm, uns vom Frieren abzulenken. André, sein älterer Bruder, sprach wenig, verfolgte aber aufmerksam alles, was um uns herum geschah. Er lernte so schnell, daß er, wenn er jemandem beim Schnitzen oder bei einem andern Handwerk ein einziges Mal zugesehen hatte, eine exakte Kopie des hergestellten Gegenstandes anfertigen konnte. Auf dieser Reise hoffte André, Señor Lopez beim Gerben von Fellen zusehen zu können. Eines unserer Pferde transportierte rohe Felle, die gegerbt werden mußten. Lopez würde die Hälfte davon als Bezahlung behalten. Für den Zucker bezahlten wir mit Honig und *majagua*-Fasern.

Wie war es nun aber möglich, daß wir Häute besaßen, wenn wir keine Tiere töteten? Diese Frage ist leicht zu beantworten. Bei einer Herde von über hundert Tieren starben immer wieder welche - aus vielerlei Gründen: durch Schlangenbisse die einen, andere durch eine schreckliche Krankheit, genannt *pati-negra.* Einmal kalbte eine dumme Kuh an einem steilen Ufer, und ihr Kälbchen stürzte etwa fünfzig oder mehr Fuß in den Abgrund und war sofort tot. Der vielseitige André entfernte das Fell des Kalbes, bevor die Bussarde sich darauf stürzen konnten.

Gegen Mittag erreichten wir die *finca* von Lopez, die nahe an der Straße lag. Riesige Orangen- und Grapefruit-Bäume zogen meinen Blick an, sobald wir auf der Plantage ankamen. Viele Äste brachen durch die Last der Früchte beinahe ab. Die Grapefruits hingen da büschelweise wie übergroße Trauben. Sie erinnerten mich an ein Bild eines Malers, der die Früchte allzu übertrieben darstellte. Orangen lagen haufenweise unter den Bäumen am Boden, umschwärmt von Bienen und Wespen.

Ein Mann kam uns, über das ganze Gesicht lachend, auf dem Weg durch den Obstgarten mit zwei Eskimohunden entgegen. Er wechselte seine Machete auf die linke Schulter und streckte uns zum Gruß die rechte Hand entgegen. *«Mui buenas dias»*, sagte er und stellte sich als Francisco Lopez vor. Die Hunde begannen so stark zu bellen, daß wir nicht hörten, was Lopez noch sagte. Mit den Fingern auf sie deutend, rief er: *«Silencio!»*, was denn auch nützte. Sich entschuldigend, erzählte er uns, der Grund, weshalb er seine Hunde Hitler und Mussolini getauft habe, sei der, daß diese nicht wüßten, wann und wie sie schweigen sollten.

Inzwischen waren wir bei seiner Zuckerpresse unter einem großen Dach aus Palmblättern angelangt. Es war, als würden wir hundert oder mehr Jahre zurückversetzt. Die Presse war aus zwei aufrecht stehenden Holzwalzen geschnitzt, mit Zahnrädern oben und unten. Ein Ochse ging qualvoll, am Joch festgemacht, langsam und endlos im Kreis herum, um die Presse zu drehen und in Gang zu bringen. Nur eine Handvoll Zuckerrohr konnte aufs Mal durch die Walzen gegeben werden. Der Saft rann frei aus dem Ausguß in ein großes, längliches Faß, das auf drei Seiten in getrockneten Lehm eingebettet war. Unter dem Faß prasselte ein Feuer aus getrockneten Zuckerrohren. Die süße Brühe wurde viele Stunden lang gekocht, währenddem Schwärme von dummen *sweat-bees* (eine schwarze wilde Bienenart) darüber kreisten und oft hineinfielen. Dies beunruhigte uns etwas, weil wir Bienen in unserem Zucker nicht besonders mochten. Señor Lopez mußte dies bemerkt haben, denn mit einem kurzen Lachen und einem Schulterzucken begann er uns die Einrichtung zu erklären. Er nahm einen Besen, den er aus einem Unkraut, genannt *escoba* (Besenkraut) selbst gemacht hatte, und rührte in der kochenden Zuckerbrühe. Als er den Besen herauszog, war er voller Bienen, die sich daran festklammerten. Triumphierend grinsend versicherte er uns: «Seht ihr, keine Bienen! Ich tue dies viele Male, bis der Sirup eingedickt und bereit ist, um in Zuckerformen gegossen zu werden.»

Abgesehen davon, daß wir eine Lektion im Zuckerherstellen erhalten hatten, war es erfrischend, direkt von der Presse zu trinken. Später nahm Lopez André mit zu seinen Fässern, wo er Felle gerbte. Ich war froh, dies zu verpassen, denn ich dachte, ich hätte den schrecklichen Gestank, den man lange, bevor man den Ort erreichte, schon riechen konnte, aus nächster Nähe nicht ausgehalten.

Als es Zeit wurde, unsere Lastpferde mit Zucker und Orangen zu beladen, kamen wir uns nach dem allzu reichlichen Genuß von Grapefruits, Mandarinen, Zuckerbrühe und Probe-Zuckerstücken wie mit Wasser gefüllte Ballone vor. Unterwegs war jedoch genügend Zeit, um all dies zu verdauen, bevor wir wieder in Cotito ankamen.

Dschungelpolizei

Die gründlichste Säuberungstruppe im panamaischen Dschungel und Urwald war zweifellos die «Dschungelpolizei», wie wir sie nannten. Diese bestand aus großen, dunkelbraunen Ameisen, bewaffnet mit starken Greifzangen, die wie eine Militärparade marschierten. Egal, wie viele Blätter, Abfälle und Zweige im Dschungel auf dem Boden lagen, die Ameisenarmee hinterließ auf ihrem Durchmarsch einen sauberen, wie mit einem feinen Besen gewischten Pfad (etwa einen halben Schritt breit). Manchmal sah ich die Ameisen in einer Kolonne von fast zwei Fuß Breite vorbeigehen, wobei kein einziges kriechendes Wesen ihrem Beutezug entwischen konnte.

Der Gedanke beschäftigte mich sehr, ob diese Ameisen dank ihrem Instinkt einer bestimmten Richtung folgten oder einfach aufs Geratewohl drauflosgingen. Wenn sie zu einem Gebäude kamen, marschierten sie einfach mittendurch. Es gab Leute, die glaubten, diese Art Ameisen würden auch Menschen angreifen, wenn sie ihnen im Weg stünden. Aber wir fanden das Gegenteil heraus.

In einer ruhigen Nacht hörten wir den alten Philipp oben in seinem Zimmer außer Fassung laut schimpfen. In der Tat fluchte er und schwang wild seine Arme. Doris, Luise und ich gingen hinüber und riefen zu Philipp hinauf: «Was ist passiert?» Er stand nackt da und schüttelte wie wild sein Bettzeug zum Fenster hinaus, während er sich immer wieder mit der andern Hand schlug und etwas abzureiben schien. Auf einmal war es uns nur zu klar, was geschehen war, wir brauchten gar nicht zu fragen. Die Dschungelpolizei war in dieser Nacht mitten durch sein Zimmer und sein Bett marschiert, ohne seine Anwesenheit im mindesten zu beachten.

Es war ein Albtraum, nachts zu erwachen und eine Armee von Ameisen auf der Jagd nach Ungeziefer jeder Größe im eigenen Bett vorzufinden. Wäre Philipp rechtzeitig aus dem Bett geflüchtet, bevor sie hindurchkamen, hätten sie ihn überhaupt nicht gestört. Statt dessen brachte sein wildes Umsichschlagen die Biester dazu, ihn gnadenlos zu zwicken. Wahrscheinlich hätten auch wir reagiert wie Philipp. Spaß beiseite: Wer könnte still und unbeteiligt liegen bleiben, während eine Armee über ihn hinwegstampft?

Die meisten Leute würden es kaum glauben, aber wir waren tatsächlich froh, wenn diese Ameisen durch unsere Hütten fegten. Sie waren unsere Hausreiniger und erst noch gratis. Ein Haus kann noch so sauber sein, in den Tropen dringen immer wieder ganze Horden von *cucarachas,* Kakerlaken mit oder ohne Flügel, manche so groß wie Mäuse, aus dem Urwald ein. Nachts versammeln sie sich in den Dielen zwischen den Dachlatten und den Schindeln. Wenn die Regenzeit den höchsten Stand erreicht hat, tauchen sie in solch großer Zahl auf, daß die Dielen vor lauter *cucarachas* schwarz glänzen.

Wie ein Ritual putzten wir jeden Samstag jedes Gebäude von oben bis unten. Der ganze Inhalt wurde auf den Rasen hinausgestellt und mit heißem Seifenwasser und einer Bürste abgeschrubbt. Die Hühner kamen uns zu Hilfe, indem sie die fliehenden Kakerlaken aufpickten.

Deshalb schätzten wir den Besuch der Dschungelpolizisten-Ameisen sehr, sie nahmen uns das Putzen für zwei oder drei Wochen ab. Oft beobachtete ich, wie rasch und wirksam die Ameisen sogar die größten Kakerlaken angriffen, indem sie ihnen zwei bis drei Beine abdrehten und sie unter ihrer Kontrolle zum Weitermarschieren zwangen. Beide Seiten ihrer sich vorwärtsbewegenden Parade wurden von Wächtern flankiert, die alle Insekten oder Raupen, die ausbrechen wollten, unbarmherzig zwickten und zum Mitgehen zwangen.

Normalerweise dauerte eine solche Invasion weniger als eine Stunde, je nach der Größe des Hauses. Zu unserem Bedauern kam dies nur etwa einmal pro Saison vor. Wir schätzten diese Ameisen nicht nur, sie waren uns sogar willkommen!

Meine Lieblinge - die Pferde

Die unbegrenzte Vielfalt an Arbeiten, die unser Leben bot, sagte mir sehr zu. Von Anfang an meldete ich mich freiwillig für die Pflege der Pferde, weil ich mich um sie herum wohl fühlte. Bei der Arbeit und bei der Dressur zeigten sie eine höhere Intelligenz als zum Beispiel Vieh, fand ich. Trotzdem muß ich zugeben, daß ich keinerlei Erfahrung mit Pferden hatte. Bevor ich nach Panama kam, hatte ich noch nie einem Pferd gegenübergestanden. Diesen Mangel hatte ich jedoch durch die Lektüre jedes Pferdebuches, das mir in die Hände fiel, wettgemacht; Bücher wie jene von Zane Gray und Max Brand verschlang ich in meiner Jugend mit großer Begeisterung.

Hier war ich nun endlich von etwa dreißig Pferden umgeben, mehr als ich je gehofft hatte. Darunter waren Fohlen, Stuten, Wallache und einige Hengste. Der größte Teil meiner Freizeit verbrachte ich mit ihnen oder für sie arbeitend.

Ich konnte die brutale Zähmung der Pferde innert drei Tagen, wie ich sie auf der Prärie um El Volcano Prärie beobachtet hatte, nicht vergessen. Ich hoffte, eine Verbesserung, ein humaneres System für das Zähmen eines Pferdes zu erreichen. Ich war erschüttert über die Art, wie die Einheimischen die Pferde bis zur Erschöpfung antrieben, schlugen und herumzerrten. Ich konnte das nicht länger mitansehen, ich nahm mir vor, herauszufinden, ob diese ganze Schinderei wirklich nötig war. Ich fürchtete, daß nicht nur das Pferd dabei kaputtging, sondern auch sein Geist.

Ich war deshalb sehr glücklich, freie Hand zu bekommen und herausfinden zu dürfen, ob meine Art der Zähmung sich bewähren würde. Almas Fohlen war meine erste Aufgabe. Mein Training mußte am Tag seiner Geburt einsetzen. Ich hatte schon beobachtet, daß, wenn ein Fohlen oder ein Kalb nach der Geburt auch nur zwei Tage allein gelassen wurde, das Junge und seine Mutter so wild wurden, daß es schwierig war, sie einzufangen.

Vom Tag an, da wir zusahen, wie Alma auf einem Hügel fohlte, waren wir voller Bewunderung dafür, wie die Natur sich um alles kümmert. Ich war überrascht, daß die Mutter dabei stehen blieb und die Vorderbeine des Fohlens langsam zum Vorschein kamen. Sein Kopf war eng an die Beine gepreßt, als das ganze Ding langsam in einem durchsichtigen Sack wie eine große Träne zu Boden fiel. Alma drehte sich sofort um und leckte die Haut von der Nase des Jungen ab, damit es atmen konnte. Der zärtliche Laut und die sanften Rippenstöße der Mutter und das auf wackligen Beinen stehende Fohlen sind mir unvergeßlich. Am gleichen Abend und jeden Nachmittag danach verbrachte ich mit Alma und ihrem Fohlen, ausgerüstet mit einer Striegelbürste und einem Seil. Während Alma begierig meine Taschen nach Bananen durchsuchte, schlang ich schnell ein Seil um ihren Hals und band sie an einen Pfosten. Ich striegelte sie eine Weile und gab dann dem Fohlen, solange es sich stillhalten konnte, ein, zwei Bürstenstriche. Für das Fohlen, das noch immer nervös und schüchtern war, schälte ich eine Banane. Zum Glück war es auch sehr neugierig, gerade genug, um seinen Hals zu strecken und den Leckerbissen in meiner Hand zu beschnuppern. Schnell schnappte es sich ein Stücklein davon und war so beeindruckt vom Geschmack, daß es sofort mehr davon wollte. Kurz darauf konnte ich schon seinen Kopf und seinen Hals streicheln und es sogar ein wenig striegeln. Nach ein paar solchen Besuchen hatte Alma nichts mehr dagegen, daß ich ihr Fohlen anfaßte. Der kleine Kerl begann es zu genießen, wenn ich ihn striegelte und ihn mit geschälten Bananen fütterte. In Tat und Wahrheit wurde er dadurch so verwöhnt, daß er sein Leben lang Bananen nur auf diese Weise fressen wollte.

Einige Wochen später ließ er mich ein Seil um seinen Hals legen und sich herumführen. Ich fühlte, daß er nun bereit war für sein eigenes *hacima* (Halfter). An zwei Regennachmittagen stellte ich ein hübsches kleines Halfter aus *majagua*-Fasern her, das ihm genau paßte. Inzwischen waren wir übereingekommen, daß er nach seinem Vater Fox genannt werden sollte. Einem zufälligen Betrachter mußten meine Zähmungsbestrebungen als bloßes Spiel vorgekommen sein. Doch konnte Fox jetzt an einem Pfosten oder einem Zaun angebunden werden. Ein untrainiertes Fohlen seines Alters hätte sich möglicherweise ernstlich verletzt, um sich loszureißen. Er jedoch konnte gestriegelt und gebürstet werden, er ließ mich seine Hufe pflegen und feilen und mochte dies sehr. Auch mußte ich nur seinen Namen rufen, und er kam prompt auf mich zu. Als nächstes wollte ich, daß er sich an das Gefühl eines Riemens und eines kleinen Sattels gewöhnte. Ich nähte Nachmittage lang an einem solchen aus Resten von alten Wolldecken mit Stroh als Füllung. Dazu kamen ein Schweifriemen und ein Gurt. Dieser kleine Sattel war ein Haupttest, um zu sehen, wie zahm Fox schon geworden war. Gewöhnlich widersetzt sich ein wildes Pferd heftig jedem Gegenstand auf seinem Rücken. Deshalb würde der kleinste Fortschritt, den Fox gemacht hatte, sich in Kürze zeigen.

Der nächste Schritt war außerordentlich wichtig. Bevor ich ihn den Sattel sehen ließ, band ich ihn kurz mit einer Schlinge über der Nase an einem Pfosten an. Wenn er nun auszuschlagen und zu ziehen begann, wurde die Schlinge enger, und er lernte dadurch zu gehorchen. Als nächstes verband ich ihm die Augen, was ihm nichts ausmachte. Es ist erstaunlich, was für eine beruhigende Wirkung das Verbinden der Augen für jedes Tier hat! Ich kratzte und streichelte ihn sanft, während ich den Sattel locker auf seinen Rücken setzte. Er legte die Ohren zurück und drohte, auszubrechen, aber ich hielt ihn fest und sprach ihm zu, bis er sich beruhigte. Ein weiteres Stück Banane besänftigte ihn für den Moment. Das größte Kunststück war es nun, den Gurt festzumachen und anzuziehen, wogegen er sich vehement wehrte (wie die meisten Pferde). Aber ich konnte mir nicht erlauben, ihn die Oberhand gewinnen zu lassen, nicht für eine Sekunde, da ich fürchtete, er würde genau dies tun. Mit einem Seufzer der Erleichterung gelang es mir, den Gurt so festzumachen, daß er ihn nicht abschütteln konnte. Ohne Sorge ließ ich ihn nun stampfen und sich wehren, bis er sich daran gewöhnt hatte. Als er sich wieder beruhigt hatte, band ich den Gurt fester und nahm seine Augenbinde weg. Er warf einen Blick auf seinen Rücken, erstaunt, fast versteinert. Plötzlich bekam er den bisher größten Koller - wie ein Kind, das Blut auf seiner Wunde entdeckt und mörderisch schreit. Ich ließ ihn einige Minuten austoben, dann packte ich ihn am Halfter und führte ihm hin und her, bis er völlig ruhig wurde. Ich lobte ihn dafür und rieb seinen Hals, was er so sehr mochte. Während ich Fox absattelte, suchte er in meiner Tasche seine Belohnung, ein Stück Zucker.

Ich wiederholte diese Prozedur jeden Tag für kurze Zeit. Unterdessen machte ich ständig Änderungen und Verbesserungen an seinem Sattel. Der kleine Fox war schon ganz groß und munter für seine 18 Monate. Ich beschloß, es sei Zeit für ihn, sich an etwas Gewicht auf seinem Sattel zu gewöhnen, und füllte zwei gleich große Satteltaschen mit je fünf Pfund Mais. Wiederum verband ich ihm die Augen, bevor ich die Last auf seinen Rücken lud. Er duckte seine

Hinterbeine und stand stockstill, bereit, wie ein Schuß loszugehen. Sobald ich ihm die Augenbinde wegzog, flogen Maiskörner wie Hagelkörner, während ich fest an seinem Zügel hing und versuchte, ihn zu beruhigen. Man konnte dies kaum einen Spaziergang nennen. Er machte jede nur mögliche Verrenkung. Mit Vergnügen und Befriedigung stellte ich fest, wie gut der Sattel saß, fast wie angeklebt. Für mich war dies ein erfolgreicher Tag.

Als Fox zweijährig wurde, war er so groß wie seine Mutter und fähig, einen normal großen Sattel zu tragen. Die ersten Male ließ ich ihn einfach mit dem Sattel auf dem Rücken herumstehen. Später, während ich ihn fest am Halfter hielt, hob André seine siebenjährige Schwester Anneli auf den Sattel. Ich war überrascht, daß Fox sich keineswegs dagegen wehrte, nicht einmal, als ich die Augenbinde entfernte. Er verhielt sich so, als hätte er dies seit Jahren getan. André machte dann auf ihm einen kurzen Ausritt - und danach öfters.

Fox war der lebende Beweis dafür, daß er gezähmt worden war - aber nie mißbraucht.

Problemlose sanitäre Anlagen

Ich glaube, ich darf ruhig behaupten, daß unsere Selbstversorgung und der hohe physische und psychische Lebensstandard, den wir beibehielten, kaum zu übertreffen waren.

Eine der wichtigsten Voraussetzungen für dieses Leben war, glaube ich, daß niemand von uns zusätzliche Arbeit scheute. Uneingeschränkte sanitäre Lebensbedingungen und Gewohnheiten waren für uns selbstverständlich.

Zum Beispiel gruben wir für unsere Küchen- und Gartenabfälle auf einem abgelegenen Stück Boden hinter dem Gemüsegarten eine große, viereckige Grube. Wenn sie fast voll war, wurde nebendran eine neue ausgehoben. Mit der neuen Erde wurde die volle Grube bedeckt. Die hundert Yard entfernte Latrine war vor allem für die Älteren wie zum Beispiel Philipp bestimmt. Dieser schlurfte mit seinem Stock so langsam zum Abort, daß die Entfernung von hundert Yard eher wie zweihundert schien. Einmal in einer mondhellen Nacht traute ich meinen Augen kaum. Eine große Gestalt in einem kurzen Hemd, die bleichen Beine und der Hintern entblößt, ging in großer Eile ohne Stock über den Rasen. Zur Latrine. Laufen und Philipp waren zwei Wörter, die nicht zusammenpaßten. Trotzdem - er war es. Am Abend zuvor hatte er wahrscheinlich irgend etwas gegessen, was...

Ich konnte nicht umhin, ihn am nächsten Morgen zu fragen: «Philipp, wie kommt es, daß du gestern nacht so schnell hast laufen können?» Worauf er wie gewöhnlich antwortete: «Ich kann mich nicht daran erinnern.» Das war seine typische Antwort, wenn er etwas nicht erklären mochte.

Es ging nicht lange, bis wir merkten, daß dieser kleine Abort für eine solche Schar Leute zu klein war ... außer er wurde alle paar Wochen verlegt, indem wir das Grubeschaufeln-System anwandten. Allzu schnell fanden wir heraus, daß für diese Arbeit Freiwillige ein zweitesmal nicht zu finden waren. Einmal war genug, ein zweitesmal wurde eine solche Aufgabe ohne Zögern abgelehnt. Die Jüngeren weigerten sich, die Latrine weiterhin zu benutzen, weil sie wußten, die Benützer würden beim Zuschaufeln als nächste an die Reihe kommen.

Nach und nach, fast unbemerkt, zogen es alle vor, das eigene private Örtchen zu benutzen, auf den Weiden oder im nahen Wald. Dabei ergab sich ein individuelles Miniatur-Sanitärsystem des Grabens und Zudeckens. Da niemand auch nur einen kurzen Spaziergang ohne Machete machte, war es leicht, ein Loch in die lose Erde zu stochern und es wieder zuzudecken. Aus natürlicher Scham gab sich jeder Mühe, nicht die kleinste Spur zu hinterlassen. Anstatt Toilettenpapier wurden Blätter verwendet.

Einmal jedoch gab es einen leicht peinlichen Vorfall. Benni und Kurt, unsere zwei jüngsten Knaben, kamen mit einem Arm voller frischer, reifer Tomaten daher. Wir freuten uns darüber, waren aber auch überrascht. Wir wußten, daß es im Garten gerade keine reifen gab.

«Wo habt ihr die gefunden?» fragten wir. «Oh, unten am Fluß, beim alten Gerüst zum Brettersägen», antworteten sie stolz. Sofort dämmerte es uns, daß dort Ruedi und Peter während der letzten Tomatensaison Bretter für das Bienenhaus gesägt hatten. «Ohhhh!» seufzten wir nur und legten die Tomate, in die wir gerade gebissen hatten, schnell weg. Die Knaben konnten nicht verstehen, weshalb wir plötzlich nicht mehr an ihrem Fund interessiert waren, und liefen zu Gretel, die ihnen hoffentlich mehr Anerkennung zollen würde.

Zwei Tagesritte zum nächsten Zahnarzt

Früher oder später mußte es geschehen - daß einer oder eine von uns einen Zahnarzt brauchte. Der nächste und einzige Zahnarzt befand sich in der winzigen Stadt La Concepcion - falls er grade dort war. Er kam nur ein paar

Monate pro Jahr aus Costa Rica und brachte seine ganze tragbare Dentalausrüstung mit.

Die Nachricht, Dr. Ortega sei in der Stadt, erreichte uns als Gerücht am Posttag, einem guten Tag für die Siedler, zu vernehmen, was in der Welt geschah, wenn sie ihre Post abholten. Ob man nun Post bekam oder nicht, war das doch die Verbindung zur Außenwelt und zudem eine Gelegenheit, Handel zu treiben. Auf dem Höhepunkt der Regensaison waren die Siedler wochen- oder monatelang von der Außenwelt abgeschnitten, wenn das Überqueren der Flüsse zu gefährlich wurde.

Gretel, Carl und ich mußten dringend in zahnärztliche Behandlung. Diesmal hatten wir kein Vieh zu tauschen und auch sonst keine Lasten zu transportieren, was sonst jede solche Reise mühsam machte. Es war ein seltenes Vergnügen, nur mit Pferden auszureiten. Carl ritt natürlich auf seinem Hengst Gopple - ich hatte ihn nie auf einem anderen Pferd gesehen -, Gretel und ich auf *geldings*. Für mich war es leider undenkbar, auf meiner Lieblingsstute Stella zu reiten. Eine Stute und ein Hengst zusammen in der gleichen Gruppe Pferde beim Ausreiten war eine viel zu riskante, ja gar unmögliche Kombination. Der bloße Anblick einer Stute machte Gopple (oder jeden andern Hengst) widerspenstig. Ein zweiter Hengst machte die Sache noch gefährlicher, und der Ausritt wäre ohne Zweifel zu einem Kampf auf Leben oder Tod zwischen den beiden Hengsten ausgeartet. Tatsächlich war die richtige Wahl der Pferde entscheidend für eine solche Reise. Für besonders lange Ausritte waren Kenntnisse der Pferde-Psychologie und eine sorgfältige Strategie unerläßlich. Um auf einem Pferd zum Beispiel rasch voranzukommen, wählten wir für die Spitze ein schnelles Pferd, gefolgt von einem langsameren und noch einem munteren, um das langsame in Bewegung zu halten. Für unsern faulen Hengst Arrow brauchten wir einen besondern Trick, um ihn anzufeuern. Eine Stute wurde an den Kopf des Zuges gestellt, dahinter zwei *geldings,* und Arrow bildete den Schluß. Die engen Pfade den Berghängen entlang machten ein Überholen unmöglich. Arrow war denn auch ständig bestrebt, zur Stute vorne zu gelangen, was zu einem flott vorankommenden Zug führte.

Es war ein Vergnügen, mit Gretel und Carl auszureiten. Unumgängliche Schwierigkeiten wurden mit Humor gemeistert. Mit beiden war leicht auszukommen. Ich war froh, daß sie sich nicht um überflüssige, unflexible Regeln, wer nun an der Reihe sei zum Beispiel, kümmerten. Oder aus jeder kleinsten Tat eine große Show machten. Es war einfach gut zu wissen, daß wir alle unser Bestes gaben.

In rassigem Tempo erreichten wir die offene Ebene des Volcan. Der Wind blies Sand in meine Augen, und die Sonne brannte auf meinen Kopf. Wir ritten an einigen kleinen Hütten vorbei; die meisten waren *cantinas*, genannt *El Hato*. In der Nähe, wo die Straße begann, stand die *Silver Cabin*, die Fritz Marti gehörte; wir durften dort jederzeit übernachten. Gerne nahmen wir das Angebot an, denn es war zu weit für die Pferde, in einem Tag bis nach La Conception. Dafür hätten wir frische Pferde zur Verfügung haben müssen, à la Pony-Express.

Wir schlossen das Gatter, sattelten die Pferde ab und ließen sie grasen und sich ausruhen. Wir setzten uns auf die Veranda. «Wie kommt es, daß Fritz Marti nicht da ist?» fragte ich Carl. «Ich bin selbst überrascht, daß er nicht hier ist, gewöhnlich kann er es nicht erwarten, von der feuchtheißen Kanalzone hier herauf in die Kühle zu flüchten.»

«Was für ein Mann ist er?» erkundigte ich mich weiter.

«Oh, er ist jemand mit einem interessanten Lebenslauf. Er wurde in der Schweiz, in Bern, geboren. In seiner Jugend um die Jahrhundertwende ergriff ihn das Abenteuerfieber, und er landete in Zentralamerika. Im Jahr 1902, am 8. Mai, war er einer der wenigen Überlebenden beim zerstörerischen Ausbruch des Vulkans Mount Pelee. Die Stadt St. Pierre auf der Insel Martinique wurde von den Massen heißer, roter Lava völlig zerstört, und dreißigtausend Bewohner fanden sofort den Tod.

Eine Einladung zum Tiefseefischen auf einem Schoner rettete Fritz Marti und seinem Gastgeber das Leben. Als der Vulkanausbruch stattfand, war das Schiff nur einige Meilen vom Ufer von St. Pierre entfernt. Ein Gefangener, der in einem kellerähnlichen Gefängnis eingesperrt war, überlebte auch. Fritz verlor bei dieser Naturkatastrophe alles, was er besaß, und bewarb sich um Arbeit am Panama-Kanal, der um jene Zeit gebaut wurde. Nun steht er kurz vor seiner Pensionierung und hofft, das ganze Jahr in seiner *Silver Cabin* zu leben.»

Das gemütliche Mampfen unserer im hohen Gras nebenan grasenden Pferde, das Quaken der Frösche und das Zirpen der Grillen waren die letzten Geräusche, die ich vor dem Einschlafen vernahm ...

Ein heftiges Schütteln und die hellwache Stimme Gretels weckten mich auf: «Hoppla, Trudi, es ist Zeit, aufzustehen, es ist zwei Uhr morgens, wir sollten schon auf dem Weg sein!» Bis auf die Knochen vor Kälte zitternd, murmelte ich «Uahh» und sank tiefer unter meine Decke zurück. Kurz und bündig gab mir Gretel fröhlich einen Klaps auf den Hintern (als wäre es mitten am Tag), rief: «Nützt nichts, steig heraus!» und zog mir die Wolldecke weg. Bevor ich mich daran festhalten konnte, hatte sie sie schon zusammengefaltet und eingepackt. Ich wußte, daß alles nichts nützte, stand auf, um die Pferde zu holen und hoffte, ich könnte mich dabei etwas aufwärmen. Der Vollmond spiegelte sich im Tau, als ich durch das hohe Gras stakste, um zu den Pferden zu gelangen. «Wir sollten versuchen, La Concepcion zu erreichen, bevor es zu heiß und zu staubig wird», sagte Carl drängend. In diesem Moment hätte ich gern etwas mehr von dieser Hitze gespürt.

Wenn man so durch die Stille der Nacht reitet, werden unsere Sinne schärfer, und das ständige Klipp-Klapp der Hufe tritt in den Vordergrund. In der tintenschwarzen Nacht waren nur die riesigen Umrisse der hohen Farnbäume vor dem Himmel zu erkennen. Als ich mich besser auf die Geräusche der Pferdehufe und die zirpenden Insekten konzentrierte, dachte ich plötzlich, dies könnte der Ursprung des Rumba-Rhythmus sein.

Mein Entzücken über die rhythmischen Töne konnte es jedoch nicht verhindern, daß meine Glieder vom Nachtfrost von meiner Taille bis zu den Zehen hinunter ganz starr wurden. «Ich glaube, ich werde eine Weile zu Fuß gehen, um meine Zirkulation anzuregen», rief ich der vor mir reitenden Gretel zu. «Gute Idee, ich bin auch ganz verfroren», rief sie zurück. Carl kam, um uns vom Pferd zu helfen. Hätte er es nicht getan, wären wir, steif vor Kälte, wie leere Mehlsäcke runtergefallen. Wenige Stunden später dämmerte es am Horizont im Osten. Die Straße führte einem Grat entlang, von wo aus wir gleichzeitig die dünne Linie des Atlantiks und den Pazifischen Ozean zu unserer Rechten erblickten. In kürzester Zeit war der Atlantik in ein brennendes Orange und Rot getaucht. Die Sonne ging größer auf denn je und verwandelte den Himmel in das größte Meisterwerk der Malkunst. Als ich den westlichen

Himmel nach dem Mond absuchte, war er gerade im grauen Dunst über dem Pazifik verschwunden. Wo sonst auf dieser Welt, sagten wir staunend, konnte man zur gleichen Zeit die Sonne aufgehen und den Mond untergehen sehen - außer auf diesem Grat in Panama, und nur wenn der Zeitzyklus gerade günstig war!

Fast sofort war es heller Tag, und wir kamen ab und zu an Hütten auf Pfählen und grasenden Pferden neben der staubigen Straße vorbei. Zu unserer Rechten stand ein immens großer Baum als Überlebender des unberührten Urwalds, allein in einem silbrigen Rohrzuckerfeld. Die vielen tränenförmigen Säcke, die an den weit ausgebreiteten Zweigen hingen, fielen mir auf. Carl erklärte, diese entständen von einem schwarz-gelben Vogel, den die Einheimischen *chacarero* nennen. (Der Name dieses Vogels heißt übersetzt: Sackmacher.) Diese Vogelnester sind, mit der Öffnung unten, geschützt gegen Eindringlinge.

Ich war überrascht, wie viel wärmer das Klima nur einige Meilen unterhalb von El Volcan war. Die einzigen Laute im grünen La Concepcion kamen von bellenden Hunden und immerzu krähenden Hähnen aus allen Richtungen. Das Pferd war immer noch das verbreitetste Transportmittel. Falls je ein *chiva* durch die Stadt kam, würde die halbe Bevölkerung herbeieilen, um ihn zu sehen.

Wir waren bei Señor Troetsch, Alejandros größerem Zwillingsbruder, untergebracht. Er lebte in einem großen Blockhaus (länglich im Gegensatz zu den einheimischen Häusern), märchenhaft mitten in exotischen Blumenbüschen gelegen. Señor Troetsch saß in einem Schaukelstuhl auf seiner geräumigen Veranda, als wir das Gatter hinter uns schlossen. Mit ausgestreckten Armen kam er auf uns zu, um uns mit der üblichen Umarmung zu begrüßen.

Man hätte ihn leicht für einen Richter oder einen Sheriff wie in einem alten Western halten können, komplett mit schneeweißem Haar und Schnurrbart, einer Weste über dem langärmligen weißen Hemd und obendrauf noch einer goldenen Uhr mit Kette auf seiner Brust. Es überraschte mich, daß auch er Alejandro hieß. Deshalb wohl nannten die Einheimischen seinen Zwillingsbruder Alejandrito.

Alejandro war ein Witwer, der allein lebte; eine einheimische Frau erledigte das Kochen und Waschen. Auch er züchtete Vieh, jedoch in viel kleinerem Umfang als sein Bruder.

Sobald wir uns etwas erfrischt hatten, wollten wir den Zahnarzt aufsuchen, deshalb ließen wir die Pferde gesattelt grasen. Alejandro bestand darauf, wir sollten eine Kleinigkeit essen, seine Köchin habe schon etwas vorbereitet. Erfreut nahmen wir dieses Angebot an. Meist konnte man im ländlichen Panama trockenen Reis, Bohnen *(frijoles)* und einige gebratene Eier erwarten. Manchmal gab es dazu auch gebratene *platanos* oder sehr dunkle Schnitzel aus geräuchertem Fleisch, die nur aus Salz zu bestehen schienen. Auch der panamaische, mit Pfeffer bestreute Weichkäse schien 80% Salz zu enthalten; vor diesen zwei Dingen scheute ich zurück. Sonst war die Ernährung der Einheimischen erstaunlicherweise nicht langweilig, obwohl sie ein Leben lang tagaus, tagein gleich blieb. Natürlich gab es auch da eine gewisse Abwechslung - indem sie die Reihenfolge änderten und am Abend die Bohnen mit dem Reis vermischten. Ein solcher Speisezettel ersparte sicher die ewige Frage: Was um Himmels willen soll ich heute kochen?

Wer von dem breiten Angebot an Früchten, die das ganze Jahr hindurch erhältlich waren, Gebrauch machte, genoß eine ziemlich ausgewogene Ernährung.

Es war früher Nachmittag, als wir erfrischt und ausgeruht zum Zahnarzt auf der Plaza hinüberritten. Die Plaza war ein großer, mit Gras überwachsener Platz, auf dem gelegentlich Hahnenkämpfe stattfanden. Niedrige Gebäude im Westernstil aus Holz umgaben den Platz. Ich fühlte mich in eine alte Westernstadt vor hundert Jahren zurückversetzt. In einem der Gebäude mit einem Vordach befand sich die ... hm ... Praxis des Zahnarzts. Davor war ein Pfosten angebracht, an dem wir die Pferde anbinden konnten. Als wir in das aus einem einzigen Raum bestehende Haus eintraten, zeigte ein Blick, daß dies die sogenannte Praxis war: Büro, Warteraum, Behandlungszimmer mit Zahnarztstuhl (einem alten Coiffeurstuhl) und Schlafzimmer in einem. Letzteres bestand nur aus einem schmalen, leeren Feldbett. Die Wände zum Nebengebäude reichten weder bis ganz an die Decke noch ganz auf den Boden. Ohne zu wollen, sah und hörte man alles, was nebenan geschah.

Der Zahnarzt war noch nicht da. Wir suchten eine Sitzgelegenheit zum Warten. Ein Einheimischer wartete bereits, an der Wand kauernd. Gretel und ich konnten nur zwischen dem Zahnarztstuhl und einem weiteren Stuhl wählen. Kaum hatte ich mich gesetzt, als etwas mit mindestens acht Gliedern von hinten auf meine Schulter kletterte und von da meinen langen Haaren entlang auf meinen Schoß hinunterglitt. Das kleine Biest war ein weicher, wolliger Affe, ein *ti-ti*. Er klammerte sich an die Knöpfe meiner Bluse, zog sich an meinen Haaren wieder hinauf und schwang sich zu Gretel herüber und auf die offene Kiste mit Dentalinstrumenten. Ich hoffte, der Doktor würde bald kommen, bevor der Affe begann, uns Zange und Bohrer an den Kopf zu werfen. Falls er etwas kaputtmachte, würden wir die Konsequenzen zu tragen haben. Ich fürchtete, der Zahnarzt hätte sehr bald nicht mehr genug Instrumente für seine Arbeit. Der kleine Affe beäugte jeden Gegenstand mit großer Neugier und stellte ihn auf seinen Kopf, dann ließ er ihn schließlich fallen und griff nach dem nächsten. Wir atmeten auf, als endlich der Doktor durch die Hintertür eintrat und uns mit einem fröhlichen *«Mui buenas tardes, Señoras!»* begrüsste. Das kleine Biest, das jetzt begann, an den Kabeln seiner Bohrmaschine zu fummeln, würdigte er keines Blickes. Ich nahm deshalb an, daß sein kleiner Liebling nichts Dummes angestellt haben konnte.

Der Zahnarzt schaute sich zuerst Gretels Zähne an, da sie bereits im Zahnarztstuhl saß. Er wusch sich zuvor die Hände in einer flachen Emailpfanne auf einem Ständer, was unter den gegebenen Umständen positiv zu werten war. Die ganze Zeit unterhielt er sich lebhaft mit Gretel, die gut spanisch sprach. Der kleine Schwatz wurde aber plötzlich einseitig, als er zu bohren begann. Die Art und Weise, wie dieser Bohrer funktionierte, ließ mich beinahe in Gelächter ausbrechen. Der Doktor setzte seinen Fuß auf das Pedal und begann zu pumpen, um die Maschine zu starten. Das Ding sah aus wie Großmutters Spinnrad, mit Antriebseil und allem. Natürlich gab es einen guten Grund dafür - das Fehlen von Strom. Weshalb lachte ich überhaupt? Ich würde doch die nächste sein - ich hatte keine andere Wahl.

Bald war mir klar, daß Eile hier nicht existierte. In kürzester Zeit schien es, als würde die Hälfte der Stadtbewohner draußen vor dem Fenster ohne Glas herumstehen, um zu sehen, wie wir behandelt wurden. Einige kamen sogar herein, um die Behandlung besser verfolgen zu können, und starrten ungeniert in Gretels offenen Mund. Ich wußte nicht, was uns so attraktiv machte, außer daß wir Fremde waren und sie nichts anderes zu tun hatten.

Es war heiß, und mir war, als hätten wir schon den ganzen Tag hier verbracht. Damit die Zeit verging, beobachtete ich eine lärmige Schar Kinder, die am Fenster vorbeiritt, eine dicke rote Staubwolke hinter sich zurücklassend. Jedes Pferd trug die übliche Last von sechs bis sieben Jungen. Als sie das nächstemal vorbeikamen, verstärkten sie ihr Schreien auf wilde Indianerart. Ich fürchtete, etwas sei geschehen. Alle Reiter formten einen engen Kreis auf der Plaza. Einer der Jungen hatte einen großen *anteater** mit dem Lasso eingefangen. Die Jagd ging weiter.

Als Dr. Ortega schließlich soweit war, die Füllung in einige meiner Zähne einzusetzen, war es später Nachmittag. Wir mußten am nächsten Tag nochmals vorbeigehen, damit er seine Arbeit beenden konnte.

Der gastfreundliche Alejandro hatte seine Köchin beauftragt, für uns eine gute Mahlzeit zuzubereiten, die wir auf der schattigen Veranda genossen. Ich schlief in einem kleinen, einfachen Zimmer auf einem Feldbett. Außer diesem Bett gab es nichts als einige Bretter an der Wand mit einer faszinierenden Sammlung von präkolumbianischen Indianertöpferwaren, die in der Provinz von Chiriqui ausgegraben worden waren. Viele hatten drei oder vier Füße, zeigten auch menschliche oder tierische Gesichtszüge. Andere waren prächtig mit natürlichen Farben bemalt. Die Tatsache, daß es Alejandro möglich war, seinen Gästen eigene

* *Anteater = Ameisenbär mit einer langen Schnauze*

Zimmer anzubieten, bewies den europäischen Einfluß - im Gegensatz zur üblichen Hütte der Einheimischen, die nur aus einem Raum besteht. Die Nächte waren so warm, daß kaum eine Bettdecke benötigt wurde.

Als erstes wollte ich mich am nächsten Morgen hinter dem Haus etwas umsehen. Der Hinterhof besaß den Charme eines versteckten spanischen Patios, von Blumenbüschen und Bäumen gesäumt, mit dem traditionellen tropischen Blumenbeet in der Mitte. Die Köchin saß mit einem großen Holzbrett auf dem Schoß auf einem niedrigen Stuhl und suchte von Hand Reishülsen heraus, die sich nicht ausschütteln ließen. Über ihr auf einem Zweig tat ein gezähmter Papagei sein Bestes, um von ihr etwas Reis zu erbetteln. Der Reis war für unser Frühstück bestimmt, denn es wurde nie mehr ausgehülst, als gerade gebraucht wurde. Das gleiche traf auf alle andere Tätigkeiten zu, zum Beispiel auf das Holzspalten. Die Frau sortierte den Reis mit solcher Leichtigkeit, daß ich sie fragte, ob ich es auch einmal probieren dürfe. Nach einigem schüchternem Schütteln zog ich es vor, die restlichen Hülsen eher von Hand herauszusuchen als zu riskieren, unser Frühstück zu verschütten. Ich saß auf einem niedrigen Stuhl mit dem Reis in meinem Schoß und fühlte plötzlich etwas Heißes, Nacktes an meinem Bein. Ich hielt den Atem an und schaute vorsichtig hinunter. Unter meinem Stuhl kauerte ein gerupftes Huhn, das so rot wie ein ausgebrühter Hummer war und unbekümmert Reisspreu aufpickte. Hatte es sich aus einer beinahe gekochten Hühnersuppe gerettet? Ich fand es nicht heraus.

Beim Zahnarzt geschah noch etwas Seltsames. Ein etwa achtzehnjähriger Indianerjunge bestand darauf, daß Dr. Ortega ihm einen seiner gesunden, schneeweißen Vorderzähne herauszog und diesen durch einen goldenen ersetzte.

Als Dr. Ortega ernst den Kopf schüttelte, zog der Junge schnell einige Silbermünzen aus seiner Hosentasche und reichte sie ihm: «Sehen Sie, ich habe Geld - ich habe achtzehn *bolivares* gespart.» Da der Zahnarzt immer noch den Kopf schüttelte, erklärte er: «Meiner Freundin gefallen Goldzähne. Deshalb will ich einen.» Dr. Ortega jedoch schickte ihn nach Hause und bat ihn, es sich noch einmal zu überlegen. In weniger als einer Stunde, als wir gerade am Weggehen waren, kam der Junge zurück und bestand immer noch auf seinem Goldzahn.

Alles in allem hatte der Zahnarzt gute und dauerhafte Arbeit geleistet. Frühmorgens, bevor es zu dämmern begann, brachen wir zu unserem langen Ritt zurück nach Cotito auf.

Kuhfelle und Boahäute

Zurück in Cotito war der chronische Rückstand an Reparatur- und neuen Arbeiten aufzuholen. Wir mußten auch Orangenbäume verpflanzen und zusätzliche anpflanzen, was sich als lange, harte und nicht besonders interessante Arbeit herausstellte. Ich freute mich, in der Freizeit an meinem kleinen Projekt weiterzumachen. Ich hatte begonnen, aus abgebrochenen Metallsägeklingen ein Messer mit den Enden eines Kuhhorns als Handgriff zu basteln. Wir bewahrten die Hörner von Vieh auf, das vor kurzem von Schlangenbissen getötet worden war. Langes Feilen schärfte die Klinge, die in den Handgriff eingelegt und mit zwei Kupfernieten befestigt werden mußte. Um das Messer im Gürtel zu tragen, schnitt ich eine passende Lederscheide aus und nähte sie. Aus anderen Hörnern schnitzte ich Knöpfe mit verschiedenen Mustern, rieb sie mit Sand glatt und polierte sie.

Aus den großen, rohen Fellen fertigten die Männer neue Lastsäcke und Satteltaschen und zogen Schnüre hindurch. Da die Säcke und Satteltaschen meist auf engen Pfaden gebraucht wurden, wo sie an Rändern und Büschen scheuerten, mußten sie ständig repariert oder ersetzt werden. Aus dem weichen und elastischen Kalbsleder machten Gretel und Vreni ein Paar kesse Lederhosen.

Der Bananentag war offenbar auch ein «Tag des Schlangenhäutens». Wir fanden eine riesige Boa-constrictor-Haut, die fast wie lebend aussah und über einen Bananenstrunk drapiert war. Die Haut war fast 20 Fuß lang und etwa 40 Zoll breit. Zum Spaß nahmen wir die Haut mit nach Hause und legten sie vor dem Bananenhaus auf den Rasen. Ein Pferd, das in der Nähe graste, nahm dies sofort wahr. Sein Kopf schnellte hoch, und es rollte die Augen in Panik; das Weiß der Augen drückte Angst aus. Die Haare auf dem Rücken aufgestellt, zog es sich vorsichtig zurück, die Augen ständig auf die Schlangenhaut gerichtet. Als es sich in sicherer Entfernung glaubte, drehte es sich um und galoppierte davon.

Peter und André, unsere Jungen, die immer zu einem Scherz aufgelegt waren, konnten der Versuchung nicht widerstehen, die Reaktion von Gretels halbwilder Tigerkatze zu testen, die unter einem Rosenbusch ein Nickerchen machte. Sie holten sie von ihrem schattigen Plätzchen weg und setzten sie vor der Schlangenhaut auf den Boden. Mit einem markerschütternden Schrei sprang die Katze fast vier Fuß hoch in die Luft. Ihr Pelz und ihre Pfoten waren vor Schreck zu einem seltsamen Bündel ausgestreckt und landeten nur für einen Sekundenbruchteil - und dann flog die Katze nur so über die Zäune, Rasen und Weiden, bis sie im Wald verschwand.

Es dauerte volle drei Wochen, bis sie wieder auftauchte. Ich fand es bemerkenswert, daß jedes Tier Erschrecken zeigte - nur die Hühner nicht. Sie spazierten über die Schlangenhaut, als wäre es Gras oder sonst etwas. Nach diesem Experiment war ich wirklich davon überzeugt, daß ein Huhn zu den am wenigsten sensiblen Tieren gehört und geradezu dumm ist. Welches andere Tier verschlingt seine eigenen Innereien und kämpft sogar darum, wenn man sie ihm zum Fraß vorwirft?

Ein seltsamer Besucher

Trotz der extremen Abgeschiedenheit, in der wir lebten, suchten immer wieder alle möglichen und unmöglichen Besucher bei uns Unterkunft. Eines Sonntags, als wir uns auf der Bank vor dem Bananenhaus entspannten, kam ein großer, magerer Mann auf uns zu. Er trug ein weißes Bündel an einem Stock über seiner krummen Schulter. Unter dem großen Tropenhelm war seine Gesicht kaum zu sehen, und sein langer, schwarzer Bart bedeckte den oberen Teil des Hemdes. Aus irgendeinem Grund war er trotz dem blauen Himmel von Kopf bis Fuß durchnäßt.

Er sagte ein paar Worte, und wir merkten sofort, daß er englisch sprach. Wir schickten Anneli zur Werkstatt, um Martin zu holen, der fließend Englisch konnte. Martin kam sofort, wechselte einige Worte mit dem Unbekannten und stellte ihn uns vor. «Ich bin Charles Hindermeister», erklärte der Fremde Martin, der uns alles übersetzte. «Ich habe von euch Leuten so viel gehört, daß ich einfach herkommen und mich selbst davon überzeugen mußte.» Auf seine tropfnassen Kleider blickend, fragte er: «Darf ich ein Zimmer benützen, um mich umzuziehen?» Und etwas verlegen setzte er hinzu: «Ich habe das Pech gehabt, von einem Baumstamm abzurutschen, als ich den Cotito überquerte.» Dies zeigte uns, daß er den alten Pfad benützt hatte.

Während ich ihm zuhörte, wunderte ich mich, wie ein solch zerbrechlicher Mann eine solche Reise geschafft hatte. Ich schätzte ihn auf Ende Dreißig, obwohl er bereits eine ganze Reihe künstlicher Zähne hatte. Mit seinen schmalen Schultern und seinem hohlen Brustkorb sah er aus, als ob er jeden Moment zusammenbrechen könnte, da er immer noch ganz außer Atem war. Vreni begleitete ihn ins Bananenhaus hinauf in ein Zimmer und gab ihm ein Frottiertuch, damit er sich abtrocknen konnte. Etwas später tauchte er wieder auf, trug ein ärmelloses Unterhemd und viel zu große Shorts. Daß er seinen Tropenhelm immer noch trug, amüsierte uns. Er setzte sich auf die Bank und nahm den Helm nun ab. Darunter kam eine Fülle von schwarzem Haar, mit etwa hundert Spangen befestigt, zum Vorschein. Er begann die Spangen zu lösen, und Massen von Haarlocken, die bis weit unter die Schultern reichten, fielen herunter. Er brauchte dafür mehr als eine Viertelstunde. Während er seinen Haarschopf schüttelte, schaute er ziemlich triumphierend in die Runde, als ob er uns aus irgendeinem Grund zu merken geben wollte, daß sein Haar länger war als das unserer Männer.

Er begann ein mehr oder weniger einseitiges Gespräch mit Martin und Vreni, die abwechslungsweise für uns übersetzten. Hindermeister eröffnete, er sei der Anführer einer Gruppe von Siedlern. Ähnlich wie wir, wie er behauptete.

«Wir leben in der Nähe von Boquete, einige Meilen östlich von David», fuhr er fort und erklärte, die meisten seiner Gruppe seien Frauen - und ganz strenge Vegetarierinnen. «Unsere Kost besteht ausschließlich aus rohem Gemüse und Früchten», sagte er herausfordernd.

«Wie steht es mit Milch?» warf Martin ein.

«Selbstverständlich nicht!» antwortete er mit Entrüstung.

«Und Eier?» fragte Vreni.

«Menstruationsprodukt!» sagte er mit einem höhnischen Lächeln.

Das ganze Thema war ziemlich hoffnungslos, und Vreni entschloß sich, ihm Wasser anstatt Milch als Getränk anzubieten. Aber er zögerte, bevor er das Wasser trank, und fragte ängstlich: «Ich nehme an, dies kam durch Metallröhren? Ich ertrage es nämlich nicht, etwas zu berühren oder zu konsumieren, das mit Metall in Berührung gekommen ist.» Als Martin auf unser Wasser-Kanalisierungssystem aus schwarzem Palmholz wies, war er überrascht und erfreut.

Etwas später boten wir ihm frisch geschälte Ananasscheiben an, die er prompt ausschlug. (Wir machten den schrecklichen Fehler, ein Messer beim Zubereiten der Früchte zu benützen.) Es kam soweit, daß die Einstellung dieses Burschen für einen Gastgeber, für jeden Gastgeber, mühsam wurde. Eine einzige Frage beschäftigte uns: Wie hatten er und seine Frauen überhaupt die Kraft zum Arbeiten? Martin fragte ihn schließlich genau das: «Wie schaffen Sie es, Ihre Arbeit zu tun - besonders da Ihre Gruppe fast nur aus Frauen besteht - und erst noch ohne irgendein Metallgerät?»

«Nun», sagte er nach einer langen Pause, «das ist eines unserer größten Probleme. Wir müssen fast alles in David kaufen.»

«Mit Metallmünzen, zweifellos», wisperte mir Luise zu, unfähig, ihren Spott zu verbergen.

«Ich dachte», fuhr Hindermeister fort, «es wäre doch eine gute Idee, wenn unsere zwei Gruppen sich zusammentäten - mit nur wenigen Anpassungen eurerseits, natürlich.»

(Diese Erklärung nahm mir fast den Atem!)

Er holte einen flachen Holzstab aus seiner Tasche, mit dem er die Ananas ungeschickt schälte. Mit der Schale begann er vor uns sein Gesicht abzureiben und aß dazwischen einige Stücke Ananas. «Ja, eine gute Idee», überlegte er laut, «da auf eurem Grundstück - eine wunderbare Idee», wiederholte er.

«Ich glaube, das Essen ist jetzt bereit», unterbrach Martin hastig, «wollen Sie mit uns essen?»

«Nein, lieber nicht», sagte er und warf einen Blick auf Milch, Butter und Käse und einige Metallbehälter auf dem Tisch. «Aber ich nehme gern noch einige Früchte, wenn Sie nichts dagegen haben.»

Am Abend setzte er sich jedoch zu uns an den mit Bienenwachskerzen erhellten Tisch. Er schien begierig, das Gespräch vom Nachmittag wiederaufzunehmen. Ganz direkt fragte er: «Woran glauben Sie?»

«Wir versuchen, die Worte der Bibel zu verstehen und danach zu leben», antwortete Martin ruhig. (Übrigens bildeten wir uns nie ein, dieses Ziel auch nur im geringsten erreicht zu haben, und zweifelten, daß dies überhaupt je möglich wäre.)

«O ja», redete Hindermeister weiter, «wir glauben an

das absolut reine Leben.» Und er erklärte ihren Glauben auf eine sehr komplizierte Art bis zu dem Satz: «Dies schließt die reinste Form von Zeugung mit ein.» Er schaute uns alle an, als erwarte er Lob oder Beifall.

«Wirklich?» fragte Martin herausfordernd. «Wie genau geht das vor sich?»

«Nun, es braucht einen außerordentlich hohen Grad an Perfektion und Reinheit - ein Stadium, das schwierig zu erreichen ist.»

«Ja, weiter», sagte Martin ermutigend.

«Wenn eine Frau diese Stufe erreicht, muß sie sich in die Sonne legen, in einem Stadium völliger Entspannung - ohne Kleider, um direkten Kontakt zu haben. Ihre tiefe Meditation und ihre Konzentration sollten sie zu einer unbefleckten Empfängnis durch die Sonne fähig machen ...»

«Hat schon je eine der Frauen ... mhmm... Erfolg gehabt?» unterbrach ihn Martin.

«Nein», antwortete Hindermeister zögernd. «Es tut mir leid, zugeben zu müssen, daß noch keine dieses hohe Niveau erreicht hat. - Wir hatten einige Fälle von schwerem Sonnenbrand», setzte er traurig hinzu.

Martin beugte sich zu unserem Besucher und stellte ihm einige direkte Fragen: «Lasst uns auf alltäglichere Probleme zurückkommen. Ihr Leute müßt doch irgendeine andere Einnahmequelle haben. Offenbar seid ihr nicht Selbstversorger?»

«Das stimmt, ja, einige von uns haben eine Erbschaft gemacht, und ich erhalte regelmäßig Checks von meiner Mutter, die in Nordamerika lebt.» Er brach seine Rede plötzlich ab, da unsere Katze eine ihrer seltenen Besuche machte und neben Gretel auf die Bank sprang. Mit hochgezogenen Augenbrauen befahl er: «Bitte nehmt dieses Tier weg!» Um unserem Gast einen Gefallen zu tun, nahm Anneli die Katze und brachte sie hinaus.

Am nächsten Morgen erschien unser Gast interessanterweise in einem Paar von Einheimischen gemachten Schuhen aus rohem Kuhleder.

Martin konnte sich nicht verkneifen, ihn zu fragen: «Sind das nicht Lederschuhe, die Sie tragen?» Mit etwas Sarkasmus beifügend: «Sicher wissen Sie, daß dieses Tier nicht zu Tode verhätschelt wurde.» Hindermeister errötete bis über die Ohren und stammelte irgend etwas. Unvermittelt gab er dann bekannt, es sei Zeit für ihn, nach David zurückzukehren. Hastig entschuldigte er sich, er müsse sich umziehen. Kurze Zeit später kam er aus seinem Zimmer und hatte seine Haare wieder unter den großen Tropenhelm gesteckt. Obwohl Martin seine Einstellung Tieren gegenüber kannte, bot er ihm ein Pferd für den Heimritt an. André werde ihn nach El Volcan begleiten und mit den Pferden wieder zurückkommen. Über dieses Angebot dachte Hindermeister einige Minuten nach, und zu unser aller Erstaunen nahm er es an. Wahrscheinlich hatten ihm nur schon die Erinnerung an seinen Sturz in den Fluß und die Aussicht auf den sechs Stunden langen Marsch, der vor ihm lag, geholfen, diese Entscheidung zu treffen.

Hindermeisters Verachtung gegen Tiere hatte sich offenbar auf das Pferd übertragen. Denn als er im Sattel saß, weigerte es sich, sich zu bewegen. Martin mußte ihm einen Schlag auf den Hintern versetzen. Kaum war das Pferd außer Reichweite von Martin, fiel es in ein Schneckentempo zurück...

Auf der Suche nach neuem Land

Es ging gegen Ende November, und das Ende der Regenzeit war in Sicht. Die ganze Vegetation war weithin überschwemmt. Um Weihnachten würde die Trockenzeit folgen mit einem starken Wind, der während der ganzen Saison anhielt.

Jeder Weg sah aus wie ein mit Schlamm gefüllter Graben, so tief, daß er unpassierbar wie ein Fluß wurde. Die Regenfälle folgten sich pausenlos. Am schlimmsten war unser *corral*. Der lose reiche Humus, wie ein riesiger Schwamm, war nicht mehr fähig, noch mehr Wasser zu schlucken. Der Pferch glich einem großen, umzäunten Teich, gefüllt mit einer dunkelbraunen Gülle, die aus Kuhmist und Erde entstanden war. Wir hatten keine andere Wahl, als das Dutzend Kühe in diesem knietiefen Morast zu melken. Um dies zu verhindern, fertigten die Männer aus mächtigen, gespaltenen Baumstämmen, die sie mit der flachen Seite nach oben eng aneinander legten, eine Plattform zum Melken. Aber auch so drohte das Ganze im Sumpf zu versinken. Täglich trieben die Jungen die Kühe direkt durch den Morast hindurch zu dieser Bühne, um sie dort an Pfosten anzubinden.

Wenn mich damals jemand gefragt hätte, was für mich am schwierigsten zu bewältigen war in der Wildnis, wäre meine Antwort sicher nicht gewesen: die wilden Tiere oder die Schlangen oder irgend so etwas. Nein, es war dieser schreckliche Sumpf überall, der mir am meisten zu schaffen machte und an den ich mich nie gewöhnte. Dieser elende Sumpf reichte mir manchmal bis zu den Hüften - und das viele Monate lang.

Während dieser Zeit konnte nicht viel produktive Arbeit

geleistet werden. Um diese Monate trotzdem zu nützen, diskutierten wir die Pläne für die Arbeit in der kommenden Trockenzeit und den Bedarf an neuen Weiden. Da Land fast unbegrenzt zur Verfügung stand, war Platz kein Problem. Es war eher eine Frage, wieviel Arbeit wir bewältigen konnten.

Zuerst muß ich klarstellen, daß das Urbarmachen einer neuen Rodung während der Trockenzeit ebenso wichtig war wie das Pflügen und Düngen der Felder in Nordamerika. In Panama liegen die Weiden im Winter nicht brach und sind deshalb in weniger als fünf Jahren verbraucht. Mit weiser Voraussicht muß der Farmer das Grasen seiner ständig wachsenden Viehherde und den Wechsel der Weiden Jahre zum voraus planen. Nur paar hundert Morgen Urwald trennten unseren Boden damals von dem unseres Nachbars im Osten des Tales. Für einheimische Begriffe war das wenig. Wir beabsichtigten, soviel wie möglich von diesem Waldteil intakt zu halten. Es war bequem, einen unerschöpflichen Vorrat an speziellem Holz für alle möglichen Bedürfnisse in der Nähe zu haben.

Als wir die nächsten Jahre vorausplanten, kamen wir zum Entschluß, in einem andern Tal eine passende Gegend für eine zweite *finca* zu suchen.

Einige unserer erfahrensten Männer sollten ein solches Gebiet zu Beginn der Trockenzeit auskundschaften. Sie beabsichtigten, nur wenige Tage unterwegs zu sein, um nur die nötigsten Vorräte auf dem Rücken mit sich tragen zu müssen. Pferde konnten dort, wo sie hingehen wollten, nicht gebraucht werden, da es weder einen Pfad noch Futter für sie gab. Die Männer hatten keine andere Wahl, als ihren gesamten Proviant, der für zehn Tage ausreichen mußte, selbst zu tragen. Zum Gepäck gehörten neben den

Nahrungsmitteln auch Wolldecken, Kleider und, unerläßlich, Küchengeräte. Sie planten, vom Ende unseres Pfades beim Candela aus zu starten. Von dort aus mußten sie sich nordwärts tief nach Costa Rica hinein einen Weg pfaden, also eine *pica* schlagen.

Wir kamen überein, daß Carl, Martin, Ruedi und Peter am besten für dieses Auskundschaften geeignet waren. Ich war so aufgeregt und aufgewühlt wegen dieses Vorhabens, als ob ich selbst daran beteiligt gewesen wäre. Aber wir würden ja noch genug von diesem neuen Tal sehen, wenn die Zeit kam, dort zu arbeiten, sagte ich mir zum Trost.

Neun Tage später kam unser Kundschafter-Quartett zurück, mit zerfetzten Kleidern und ziemlich abgemagert. Sofort überschwemmten wir sie mit Fragen: «Wie war es? Habt ihr eine passende Stelle gefunden ...?» Ohne Antwort verschwanden sie mit einem Bündel frischer Kleider unter dem Arm in die Duschkabine. Von dort aus rief Carl: «Ihr werdet heute abend alles hören.»

Am Abend waren rund um den Tisch aller Augen auf Carl gerichtet, als er zu sprechen begann. Er war ein guter Erzähler, weil er den Faden nicht verlor und immer ohne Umschweife zur Sache kam.

Wie immer runzelte er die Stirne, als er begann: «Ihr erinnert euch sicher alle an den Berggrat, den man in Candela von der Vorderseite unserer Hütte aus sieht und der sich direkt nordwärts nach Costa Rica erstreckt? (Dieser Punkt war ungefähr auf der Grenzlinie zwischen Panama und Costa Rica.) Also gut, wir folgten dem Grat Richtung Norden, was natürlich kein Kinderspiel war. Den ersten Fluß, den wir überquerten, werden wir Rio Celeste nennen wegen seines kristallklaren Wassers. Wir marschierten und bahnten uns den ganzen Tag lang den Weg, bis das Terrain etwas flacher wurde, dort, wo der Grat in eine sanfte, runde Form ausläuft. Das einzige Problem war, daß wir vor lauter Bäumen den Wald nicht sehen konnten und überhaupt keine Fernsicht hatten. Zum Glück entdeckten Ruedi und Peter die riesigen Umrisse eines *strangler*-Baumes, der irgendwie in Form und Höhe einem Funkturm gleicht.»

(Dieser *strangler* war ein typisches Beispiel für das immerwährende Drama des Überlebens in der Wildnis, wo jedes Lebewesen von andern lebt und nur der Stärkste überlebt - wie dieses Geäst eines Baumes, der erdrosselt worden war. Zuerst ist es erschreckend, zu sehen, wie eine einzige schmarotzerische Weinranke, so dick wie ein Finger, unschuldig beginnt, auf ihrem Weg hinauf um den Baumstrunk herum zu schlingen. Einmal dort angekommen, beginnt dieser Strang - oder soll ich es eine «Verschwörung» nennen? -, schnell dicker zu werden, so daß dieses Seilwerk aussieht, als wäre es ein festes Stück. Um seine Würgearbeit fortzusetzen, schlingen sich weitere Seile um die Äste; von dort wachsen fingerdicke Seile auf den Boden hinunter, als möchte der Baum fischen. Technisch gesehen tut er dies, denn wenn diese Schnüre etwa ein oder zwei Fuß vom Boden entfernt sind, wachsen sie zu einem großen Knoten zusammen: wie eine übergroße Faust aus Seilen oder wie ein weicher Tintenfisch. Schnell, fast über Nacht, wachsen Wurzeln in die fruchtbare Erde hinein. Jedes dieser heruntergelassenen Seile wächst dann zu einem baumgroßen Strunk. Die völlige Zerstörung des Opfer-Baumes steht bevor. Es ist einer der unheimlichsten Anblicke. Zuerst wird man getäuscht und denkt, all diese Säulen würden die Zweige des riesigen Baumes stützen, während er in Wahrheit erwürgt wird. Erstickung und Verfall gewinnen mit unglaublicher Geschwindigkeit die

Oberhand. Und die starken Winde der Trockenzeit tun das übrige.)

In diesem Stadium war der Baum nun: hohl, nur noch ein Gerüst des einmal gewesenen Baumes, als Ruedi und Peter ihn entdeckten. Schließlich diente der dramatische Baumrest von seinem hohen Wipfel aus unseren Pfadfindern als willkommener Aussichtsturm. Alle vier seien, erzählten sie, hinaufgeklettert, um eine umfassende Sicht in alle vier Richtungen zu bekommen.

«Was für eine Aussicht!» rief Carl aufgeregt und streckte seine Arme demonstrativ aus. «Ich wünschte, ihr könntet es sehen - nichts als sich sanft wellendes fruchtbares Land, so weit wir sehen konnten. Mit jeder Sorte Holz: Zeder, Eiche, Magahoni, Glasbäumen (den härtesten von allen), um nur einige wenige zu nennen. Auch schwarze Palmen sind vertreten.» (Das Prachtstück eines Baumes, der «vom Scheitel zur Sohle» verwendet werden konnte: die Blätter für Dächer, der Strunk zum Bauen von Wasserkanälen, das Palmherz zum Essen - und schließlich jeder Splitter als Zahnstocher.) «Zu unserem großen Erstaunen», fuhr Carl fort, «entdeckten wir eine Reihe von Dattelpalmen hoch über dem Rest der Vegetation, auf einem hohen Grat gegen Osten zu. Wir wußten, daß diese durch Menschen gepflanzt waren, denn sie kommen in Zentralamerika nicht wild vor. Dies war so unüblich, daß wir einfach in diese Richtung gehen mußten, um die Dattelpalmen am nächsten Morgen zu suchen. Zuerst wollten wir jedoch abklären, wo in diesem Tal Wasser zu finden war. Entgegen unseren Befürchtungen stießen wir allerorten auf Bäche. Das Wasser ist klar und kühl, und der Sand auf dem Grund glänzt, weil's da schwarzen Quarz gibt. Unser Weg zu diesem Dattelpalmengrat war schwieriger und weiter als erwartet. Für jeden Schritt mußten wir Holz schlagen, bis zur Erschöpfung, während wir hofften, die Richtung zu behalten und nicht im Kreis herumzugehen. Wir achteten darauf, genug Bäume einzukerben, um an diesen Markierungen unseren Rückweg zu finden. Ein ohrenbetäubendes Rauschen überraschte uns; waren wir so weit vorgedrungen? Es konnte nichts anderes sein als der Rio Coto, der größte Fluß von Costa Rica. Dadurch schwand unsere Hoffnung, zu den Palmen zu gelangen, denn wie konnten wir den Fluß überqueren?

Wir hackten weiter dem Flußufer entlang, um einen besseren Platz zum Ausruhen zu finden, an einer Stelle, wo der Fluß scharf abbiegt. Mit großer Erleichterung bemerkten wir, daß die Palmen sich doch auf unserer Seite befanden. So erschöpft, daß wir keinen einzigen Schritt mehr weitergehen konnten, sanken wir bei einer Palme auf den Boden, um uns auszustrecken und später etwas zu essen. Wir waren nun soweit, daß wir nur noch winzige Portionen aßen, um unsere knappen Vorräte zu strecken. Als wir uns wieder etwas erholt hatten, schauten wir uns genau um.

Dort, wo Ruedi sich ausgeruht hatte, befand sich ein großer flacher Stein, mit Humus bedeckt und mit dicken Weinranken fast ganz überwachsen. Als wir dieses Zeug mit der Machete weghackten, entpuppte sich der Stein als viereckige Platte, von der es noch weitere gab. Je mehr wir säuberten, desto mehr Steinvierecke kamen zum Vorschein, die aneinandergereiht wie eine Straße die Palmenallee entlangführte. Jetzt war uns klar, daß dies ein Stück einer uralten Straße sein mußte. Wahrscheinlich war sie im 15. oder 16. Jahrhundert gebaut worden, als die Spanier ins Innere von Zentralamerika vordrangen, um ihre Schätze zu verstecken. Diese Vermutung erhärtete sich, als wir Spuren einer Bananenanpflanzung, verwilderte Stauden fanden, was uns bewies, daß die Spanier hier längere Zeit verbracht hatten.

Peter, der schon immer eine gute Nase gehabt hat, um Eßbares zu finden», lachte Carl, «fand sogar einen Bund Bananen, obwohl die reifen von den wilden Tieren bereits verzehrt worden waren. Doch wenigstens konnten wir die grünen schälen und daraus eine Suppe kochen.»

Zusammenfassend sagte Carl: «Wir haben genug von diesem Tal gesehen, um zu wissen, daß wir kein besseres finden könnten.»

Ruedi, der immer gern alles zeitlich festlegte, betonte: «Die Distanz von unserem Aussichtsturm zum Candela beträgt nur acht Stunden zu Fuß. Plus, natürlich, fünf weitere Stunden bis Cotito.»

Am Ende dieses Abends beschlossen wir einstimmig, einige von uns sollten beginnen, an diesem Ort Land urbar zu machen, sobald die Trockenzeit einsetzen würde.

Hier möchte ich beifügen, daß niemand in einem Urwald die Ausrede haben kann, vor Hunger umzukommen. Das heißt, wenn man sich auf die Einstellung und die Ehrfurcht der alten Indianer vor der Natur besinnt und nur dann ein Tier tötet, wenn man hungrig ist. Diese Urwälder sind für die Indianer eine Gemeinschaft aller möglichen Lebewesen und Wildtiere. Große Scharen von Truthähnen springen von Baum zu Baum über die Köpfe hinweg. Dicke *perdis*, *sajinos* (Wildschweine), Hirsche, *conejos* und viele andere.

Oh ... wenn all dies doch nur von der Außenwelt als ein Überbleibsel des einstigen Paradieses geschützt werden könnte!

Drei Goldgräber machen bei uns halt

Als sich der Neujahrstag 1939/40 näherte, hatten wir schon ein Jahr in Panama verbracht. Die jungen Weinrebeschößlinge, die wir aus dem italienisch sprechenden Teil der Schweiz zum Anpflanzen mitgebracht hatten, waren an einem Stillstand des Wachstums angelangt. Ebenso die Kastanienpflanzen und viele andere, die wir sorgfältig für die lange Reise über den Atlantik in Kisten verpackt hatten. Wir wollten das Experiment machen, ob diese Pflanzen allenfalls im kühleren Klima im oberen Panama gedeihen würden. Zu unserer Enttäuschung hatten wir damit keinen Erfolg. Die meisten behielten das ganze Jahr die gleichen paar Blätter und verwelkten dann schließlich ganz. Der Weizen und der Hafer wuchsen dick und grün, trugen aber nur ein paar Körner. Wir lernten daraus, daß alle diese Pflanzen einen Vierjahreszeiten-Zyklus benötigen, um Früchte zu tragen.

Das Einsetzen der Trockenzeit bedeutete für jeden etwas anderes. Für uns hieß die Trockenzeit eine Verdoppelung unserer Arbeit. Für andere war sie eine Zeit zum Reisen, Ferienmachen, Erforschen oder Jagen.

Eines Tages kamen drei Männer schwer beladen zu Fuß über die Weiden. Da sie Schaufeln, Pickel ohne Handgriffe und Pfannen oben auf dem Gepäck trugen, war es kein Geheimnis, weshalb und wofür sie einen solch weiten Weg auf sich genommen hatten. Die Tatsache, daß sie zu Fuß waren, ließ uns annehmen, daß sie für diese Art Abenteuer einige Erfahrung hatten.

Wie immer hießen wir sie als unsere Gäste willkommen. Es war ihre letzte Gelegenheit, eine komfortable Nacht zu verbringen und ihre Vorräte aufzufüllen. Sie hätten keinen besseren Ort dafür auswählen können. Zwei von ihnen stellten sich als Kraft und Spalding vor, sie waren Amerikaner. Der dritte war groß und teilweise kahlköpfig, ein Österreicher namens Ursprung. Mir schien er der freundlichste des Trios. Die Amerikaner, beide jünger als er, waren irgendwie zurückhaltend oder schüchtern und ließen Ursprung für alle reden.

«Wir wollen in einigen Flüssen Gold waschen und ein paar Indianergräber ausgraben», sagte er mit einem fragenden Unterton, als ob er hoffte, wir würden ihn auf ein vielversprechendes Gebiet aufmerksam machen. Doch wir wollten die drei weder beeinflussen noch irgendwie abschrecken. Obschon wir persönlich der Meinung waren, Kunstschätze, vor allem Indianergräber, sollten nicht ausgegraben werden. «Gehen Sie nur drauflos und graben Sie nach verborgenen Schätzen, sogar auf unserem Land, wenn Sie wollen», sagten wir ihnen, zuversichtlich, daß es kaum Grund zur Sorge gab, ihre Ausgrabungen könnten viel Schaden anrichten.

Normalerweise wird auch der eifrigste Schatzsucher bald einmal durch das ständige Herumschleppen seiner Ausrüstung - Bettzeug, Kleider, Nahrung, Pfannen - über Berge hinauf und hinunter und durch Flüsse abgeschreckt. Wenn sie dann schließlich etwas wie einen Ort finden, wo es Gräber hat, müssen sie die genaue Stelle mit einem langen Eisenstab (einem weiteren schweren Gegenstand) lokalisieren, den sie in die Erde stoßen, bis sie auf einen Stein treffen, was bedeutet, daß sich hier ein Grab befindet. Nun müssen sie nur noch ein großes Viereck graben, ein sechs Fuß tiefes, grabähnliches Loch. Dann die Steinplatte, so groß wie eine alte Tür und ungefähr drei Zoll dick, irgendwie ausgraben.

An diesem Punkt hat der Schatzgräber den Punkt der Erschöpfung erreicht, wo er sich selbst sagt: Ich muß verrückt sein! Nichts kann all diese Anstrengung wert sein! Wenn er einmal so weit ist, will er aber nicht aufgeben, und verbissen gräbt er weiter, bis er einige zerbrochene Stücke von Töpferwaren oder vielleicht einige Knochen als einzige Höhepunkte findet. Einige versuchen dies sogar während der Regenzeit und sind dann gezwungen, die Nacht in der Nähe des sumpfigen Grabes ohne Schutz vor Nässe und Kälte zu verbringen. Eine einzige solche Nacht hat schon manchen dieser Möchtegern-Schatzgräber kuriert.

Am ersten Tag wollten sich die drei Männer auf unserem Grundstück noch ausruhen und eine Banane nach der andern verschlingen. Wir erzählten ihnen, im Cotito gebe es einen angenehm kühlen Ort, wie ein Bassin, worin man gut schwimmen könne; und das taten sie denn auch mit Vergnügen. Am Abend luden wir sie ein, an unserem Tisch Platz zu nehmen. Ursprung nahm gerne an, er schien sich ehrlich für alle und alles zu interessieren. Kraft und Spalding zogen es vor, draußen zu bleiben und zu rauchen.

Mit ungespielter Freude und sehr lebhaft beteiligte sich Ursprung an unserem Gespräch. Er zeigte viel Sinn für Humor, als er uns von seinen vielen Mißgeschicken erzählte. Er lachte am lautesten über sich selbst, als er einige der unangenehmsten Vorfälle schilderte. Auch wir berichteten unsererseits in der gleichen fröhlichen Stimmung von unseren eigenen Mißgeschicken. An diesem Abend, der nur allzu schnell zu Ende ging, lachten wir alle Tränen.

Beim Einschlafen dachte ich, ein Mann mit dieser Offenheit und positiven Einstellung könnte nicht so leicht erschüttert werden - selbst wenn sein Goldgräberabenteuer sich als ein völliges Fiasko herausstellen sollte.

Seltsamerweise ist es bis heute ein Rätsel, was wohl mit den drei Männern damals geschah. Nachdem sie unsere *finca* am nächsten Morgen verlassen hatten, sahen wir sie nie mehr und hörten in all den Jahren nie mehr etwas von ihnen - obschon sie, da es keinen andern Rückweg gab, wieder hätten bei uns vorbeikommen müssen ...

Zeit der Orangen

Für uns war die Zeit der Orangenreife eine willkommene Abwechslung nach all den Bananen, die etwas von ihrem Reiz verloren hatten. Nur wenige Meilen unterhalb der Ebene von El Volcan befand sich die Machio-Monte-Gegend, die reich an allen möglichen Zitrusfruchtbäumen war. Die Zweige brachen unter der Last der übergroßen Trauben von Grapefruits und Orangen. Reife Früchte lagen haufenweise unter den Bäumen, und der Geruch zog jede Wespe und jedes sonstige Insekt von Chiriqui an.

Ich lernte schnell, daß sich nur die grünen Orangen zum Essen eigneten. Nicht die ganz grünen, aber die mit etwas Gelb gefleckten. Ich war fasziniert, wie die Einheimischen sie verzehrten. Sie schalten das eine Ende dünn mit der Machete und schnitten ein trichterförmiges Stück heraus, saugten die Orange aus und warfen sie weg. Zuerst fand ich dies eine Verschwendung, bis ich sah, wie ganze Berge von Früchten bereits verdarben. Es war zwecklos, Orangen wegzugeben oder verkaufen zu wollen, jedermann war bereits mit diesem Orangensegen überhäuft. Zudem war es undenkbar, sie bei den schlechten Straßen zu transportieren, die Orangen wären nach einigen Meilen zu einem Mus geschüttelt gewesen.

In diesem Orangenparadies lebte ein 75jähriger Junggeselle, der uns aufforderte, so viele Orangen zu pflücken und mitzunehmen, wie wir wollten. Ein Zweitagesritt mit mehreren Pferden lohnte sich, um frische Früchte zum Essen und Konservieren zu holen. André, Arthur und ich meldeten uns für diese Reise, die eine willkommene Abwechslung bedeutete.

Mr. Schwendener lebte allein mit seinem Hund Prince, einem Esel und einer Schar Hühner. Es war als junger Mann aus Deutschland gekommen, um sich in dieser fruchtbaren Ebene niederzulassen, wo er verschiedene tropische Früchte und Gemüse anpflanzte, was ihn beinahe zum Selbstversorger machte. Da wir immer auf dem Weg von und nach La Concepcion bei ihm einen Halt machten und ihm Käse und Honig brachten, freute ihn unser Kommen jederzeit. Das Gerücht, wir seien im Besitz dieser beiden Delikatessen - die als seltener Genuß galten - hatte sich schon in ganz Chiriqui verbreitet.

Schwendeners *finca* lag direkt an der Straße. Sie war von einem überwachsenen Zaun umgeben, mit einem Gatter aus grobem Drahtgeflecht, das einfach an einen Türrahmen genagelt war. Seine niedrige Hütte war derart überwuchert, daß es unmöglich war, zu wissen, aus welchem Material sie gebaut war. Der ganze Ort schien seit langer Zeit, seit etwa fünfzig Jahren, vernachlässigt zu sein.

Prince grüßte uns knurrend und bellend, gefolgt von seinem Herrchen, einem kleinen Mann von krummer Gestalt mit wildem Schnurrbart. Seine Begrüßung bestand mehr aus einem anerkennenden Nicken als aus Worten. Es war schwierig, auf seinem Gesicht irgendeine Regung wahrzunehmen. Er ließ uns in seine kleine Hütte eintreten, die zwei Räume umfaßte. Die einzigen Sitzgelegenheiten waren Kisten, und ein rohes Holzbrett diente als Tisch. Auf einem Brett an der Wand befanden sich abgenützte Emailteller und eine Gabel, auf der einige große Kakerlaken die Reste der letzten Mahlzeit aufputzten.

Der alte Mann nahm eine Eisenpfanne vom Feuer und stellte sie vor uns auf das Brett. «Wollt ihr Jungvolk nicht mit mir essen?» bot er an und stellte eine Kiste als Sitzgelegenheit für mich hin. Auf einmal konnte ich mich nicht erinnern, je weniger Hunger gehabt zu haben. André und Arthur saßen zusammen auf einer größeren Holzkiste. «Oh, ihr braucht eine Gabel oder so etwas», murmelte Schwendener und suchte in seiner Hütte nach Besteck. Schließlich entdeckte er einen alten Löffel und einige ganz verbogene Gabeln, die er sorgfältig an seinem schmutzigen Overall abrieb.

Mir war ganz komisch in Magen, es war, als ob eine Kröte sich darin bewegte, um hinauszugelangen. Ich wagte nicht, Arthur anzusehen, denn ich wußte, wie leicht es ihm übel wurde. Ich wußte auch, es war hoffnungslos, darauf zu warten, daß ein Pferd ausreißen würde oder zwei Hengste Streit hätten, was uns vor dieser Mahlzeit gerettet hätte.

Schwendener nahm den Deckel von der Pfanne - es war Reis. Ich seufzte vor Erleichterung auf, denn es hätte etwas anderes, Undefinierbares sein können. «Da, laßt mich mal rühren», sagte er, «damit alle etwas vom Fleisch bekommen.» Ich war nicht fähig, zu erraten, was die flachen, runden und schwarzen Klöße waren, deshalb versuchte ich krampfhaft, beim Herausschöpfen möglichst nur Reis zu erwischen. Ich bemerkte, daß auch die Jungen dieselbe Vorsicht walten ließen. Nachdem wir aus Höflichkeit einige Löffel gegessen hatten, behaupteten wir einstimmig, wir seien nicht mehr hungrig, unterwegs hätten wir zu viele Bananen gegessen.

Der Alte ließ uns in seiner Scheune schlafen. Sie war sehr viel sauberer als seine Hütte. Aus trockenen Bananenblättern machten wir uns ein Bett. Ich belegte eine Hälfte des Bodens, die Jungen die andere. Der lange Ritt und das Pflücken all der Orangen hatte uns recht müde gemacht. Leider konnte ich kein Auge schließen. Ich warf mich vor Schmerzen unruhig hin und her; noch nie hatte ich solch starke Magenkrämpfe gehabt. Die ganze Nacht hielt diese Tortur an.

Es dämmerte endlich, und schon bald rief der alte Mann: «Frühstück!» Ich wünschte, er wäre nicht so entsetzlich gastfreundlich! Doch war ich erleichtert, als ich sah, daß er frische Eier für uns gebraten hatte, und tröstete mich damit, wenigstens diese könnten nicht so verdorben sein. Kaum hatte ich jedoch gefrühstückt, als die Magenschmerzen wieder begannen. Ich hatte keine Zeit zu verlieren. Schnell entschuldigte ich mich und rannte zum Abort, auf das Schlimmste gefaßt. Ich konnte es kaum glauben, daß dieser absolut sauber war, ohne den geringsten Gestank. Ich setzte mich und schalt mich selbst wegen meines Vorurteils. Meine Selbstanklage wurde plötzlich durch das Gefühl, nicht allein zu sein, abgebrochen. Etwas bewegte sich unter mir. Erschrocken sprang ich vom Sitz, um hinunterzublicken, und sah direkt in die Augen eines frechen Huhns, das offenbar den Dreck auf dem Boden sauber aufgepickt hatte. Ein schrecklicher Gedanke durchzuckte mich - das Frühstück - die gebratenen Eier! Aufs Mal wurde ich erneut von Übelkeit und Ekel geschüttelt. Nichts wie weg von hier, schnell!

Als wir in völligem Schweigen bereits eine Stunde lang heimwärts geritten waren, bemerkte André sehr beiläufig:

«Willst du wissen, was diese schwarzen, runden, flachen Dinger im Reis waren?»

«Nein, eigentlich nicht», protestierte ich, «aber sag schon, was war das?»

«Gebratene Scheiben einer Klapperschlange!» sagte er grinsend.

«Und ich habe geglaubt, es sei das Fett im Reis, das mir solch elende Magenkrämpfe verursachte!» schrie ich entsetzt.

André und Arthur gaben daraufhin beide zu: «Auch wir wurden davon letzte Nacht nicht verschont! Wir haben Glück gehabt», erklärten sie, «daß nicht ein gebratenes Opossum in der Pfanne auf uns wartete, das ist das Lieblingsgericht des alten Kerls.»

Niemand mochte mehr reden, wir hatten einen langen Ritt vor uns. Schließlich ging mir ein Licht auf, weshalb sich keine andern Freiwilligen für diesen Ausflug gemeldet hatten - wahrscheinlich wußten sie Bescheid!

Urwald roden

Ein ständiger starker Wind zeigte an, daß die Trockenzeit eingesetzt hatte. Um eine Lichtung für unsere zukünftige Palm Ranch in Costa Rica zu roden, mußte unser mit dem Fuß bedientes Schleifsteinrad Überzeit machen. Alle Äxte und Macheten wurden speziell gut geschliffen, alle Holzsägen gefeilt und bereitgemacht.

Jedes Pferd wurde für den Transport der Geräte, der Grassetzlinge und all der andern benötigten Vorräte eingesetzt. Und ebenso jedes körperlich einsatzfähige menschliche Wesen. Die Jungen machten bereits zwei Pferdelasten mit Grassetzlingen bereit; die 20 bis 30 cm langen Setzlinge (ähnlich wie junger Bambus) mußten nach dem Abbrennen auf dem neuen Stück Land sofort gepflanzt werden. Der Arbeitsplan zeigte wiederum ganz deutlich, daß für die Tiere auf einer Farm immer an erster Stelle gesorgt werden muß. Erst nach ihnen kann der Mensch an seine eigenen Bedürfnisse denken. Weiden und Zäune kommen zuerst - Menschen können draußen essen und schlafen, bis ein Dach als Schutz gegen den Regen erstellt werden kann. Dies erklärt, weshalb eine Siedlung wie zum Beispiel die unsrige so viele verschiedene Gebäude umfaßt anstatt ein oder zwei große. Jedes einzelne wurde gerade dann aufgestellt, wenn es die Zeit erlaubte.

Nur jene Arbeitskräfte, die Unterholz und Holz schlagen konnten, wurden eingesetzt. Wie ich gehofft hatte, gehörte auch ich dazu. Ich traute mir das zu, weil ich im Wegschneiden von Unterholz und im Fällen kleinerer Bäume bereits einige Erfahrung hatte. Ich war froh, daß auch Luise mitkam, ich arbeitete gern mit ihr zusammen. Es machte auch mehr Spaß, beim Holzfällen nicht das einzige Mädchen zu sein. Die Männer gaben nie zu, an uns hätten sie eine Hilfe, im Gegenteil; wenn ein Baum in die falsche Richtung umfiel, waren wir in ihren Augen die Schuldigen. Auch ließen sie uns nur zu gern das zähe und kleine Zeug zum Wegschneiden, das kein Ende zu nehmen schien. Die Männer arbeiteten nur an den ganz großen Bäumen, die ein Gerüst benötigten, das immer an der Stelle, wo der Umfang am geringsten war, gebaut wurde.

Nachdem Luise und ich einige Tage lang nur Unterholz geschlagen hatten, wurden wir so kühn, größere Bäume in Angriff zu nehmen. Carl rief uns alle zusammen, um einen arbeitssparenden Plan zu diskutieren, bevor wir die Arbeit am gleichen großen Abhang in Angriff nahmen. Er hatte am meisten Erfahrung, so daß wir seine Vorschläge schätzten. Auf den obersten Punkt des sanften Abhangs zeigend, begann Carl zu erklären: «Seht ihr dort oben den riesigen *igo* (ein mächtiger wilder Feigenbaum)? Er wird die meiste Arbeit für uns tun. Wir beginnen unten und schneiden jeden Baum nur teilweise ein. Immer hügelaufwärts, talseitig nur bis in die Mitte, und mit einem Einschnitt hinten, damit die Bäume nicht spalten. Zuletzt fällen wir dann alle zusammen zu gleicher Zeit den *igo*. (Der Umfang dieses Monsters war so groß, daß wir alle siebzehn miteinander die Axt schwingen konnten, ohne einander zu sehen!) Wenn ich das Signal gebe, lassen wir ihn zu Boden fallen. Er wird sämtliche Bäume des ganzen Abhangs mitreißen.»

An diesen Holzfällertag erinnere ich mich besonders gern. Aufgeregt, fast fieberhaft schnitten wir die Bäume ein, während wir auf jeden knackenden Laut hörten und jeweils sagten: «Er redet!» Dieses leicht krachende Geräusch war das Alarmzeichen, in Deckung zu gehen. Der Großvaterbaum wies zum Glück Holz auf, das leicht wegzuhauen war. Der Sockel bestand aus wie sich ringsum ausbreitenden Wänden. Mit einem scharfen, plötzlichen Riß «sprach» der *igo*. Wir verloren keine Zeit, um in Deckung zu rennen, als er beinahe in Slow-motion vornüber zusammenbrach, in einer Kettenreaktion alles auf seinem Weg mit einem ohrenbetäubenden Rollen mit sich reißend. Eine dicke Masse von herumwirbelnden Abfällen und Sand folgte.

Plötzlich standen wir in der hellen, gleißenden Sonne der neuen Lichtung. Unser lang anhaltendes lautes Jodeln hätte es mit demjenigen der Einheimischen aufnehmen können, jedenfalls in der Lautstärke. Einer der abgehau-

Beim Fällen eines Mammutbaumes mit der Axt.
Um an die richtige Stelle zu gelangen, mußte man ein Gerüst anbringen.

enen Baumstrünke spie wie ein Geysir minutenlang Wasser aus, etwa fünf Fuß hoch.

Verschwitzt, müde und schmutzig nahmen wir später im kühlen Fluß in der Nähe ein Bad. Nach einer guten Mahlzeit waren wir reif fürs Bett.

Rauch und der scharfe Geruch von verbrannter Wolle weckte mich mitten in der Nacht auf. Ich war von Flammen umgeben! Aber ich war selbst daran schuld, denn ich war am Abend zu müde gewesen, um ständig nach dem Feuer zu sehen. Deshalb hatte ich auf der gegenüberliegenden Seite eines großen Holzstammes neben mir ein Feuer gemacht, das die ganze Nacht hindurch brennen sollte. Tatsächlich brannte es die ganze Nacht - und griff auf die Stelle, wo ich lag, und auf meine Wolldecke über. Schnell rollte ich mich mit dem brennenden Bettzeug vom Holzblock weg, um die Flammen zu ersticken und das wenige zu retten, was von meiner Wolldecke noch übriggeblieben war.

Schlaf inmitten wilder Tiere

An einem Wochenende, als wir auf der Palm Ranch waren, wollten wir die inneren Gebiete von Costa Rica weiter erforschen, wo noch nie zuvor Menschen eingedrungen waren. Jeden Meter durch diesen Urwald mußten wir mit unserer Machete durch das dichte Unterholz passierbar machen - eine langsame, anstrengende Arbeit. Glücklicherweise erreichten wir das Ufer eines klaren Stromes, bevor die Nacht hereinbrach. In den Tropen ist es, als ob jemand auf einmal den Lichtschalter abdrehte: man steht plötzlich in völliger Dunkelheit da. Ein langsames Dämmern gibt es nicht.

Der Strom lag mehrere Fuß unter uns; das Wasser unzähliger Regenzeiten hatte das Flußbett eingegraben. Nie zuvor hatten wir so viel glitzernden Quarz gesehen. Knapp am Ufer entdeckten wir frische, große Spuren von Berglöwen - so neu, daß das Wasser noch in die Spuren zurücksickerte. Einige Fuß weiter unten lagen die Überreste eines Wildschweins, dessen Hufe und Fell noch ganz waren.

Der Gedanke, daß der Löwe zumindest nicht ausgehungert gewesen war, tröstete mich. In dieser Gegend gab es mehr Wild als in all den andern, durch die wir je marschiert waren, deshalb nahmen wir an, die Möglichkeit, auf einen hungrigen Löwen zu stoßen, sei sehr klein.

Von meiner Schlafstelle auf dem Boden neben dem Feuer aus gesehen, war die Nacht schwarz wie Tinte. Das Rascheln der Zweige in der Dunkelheit um uns herum hinderte mich am Einschlafen. Oder war die Tatsache daran schuld, daß mir das halb aufgefressene Wildschwein und die Spuren der großen Katze nicht aus dem Sinn wollten? Ich wußte nur zu gut, daß der Löwe nicht weit weg vom Lagerfeuer sein konnte. Es machte mich halb verrückt, als ich herausfand, daß es keinen Unterschied machte, ob ich die Augen offen oder geschlossen hielt - stets blieb die Nacht ringsum schwarz.

Zu meinem Bedauern ging später das Feuer aus. Ich strengte meine Augen an, um herumzuschauen, und stutzte. Hinter mir befand sich ein großes, spukhaft aussehendes, glühendes Ding. Ich flüsterte Luise, die neben mir lag und ebenfalls nicht schlief, zu: «Siehst du das ... das Ding dort hinter uns?» Sie antwortete nicht, wahrscheinlich war sie einen Moment wie betäubt. Ich schlug vor: «Komm, wir gehen näher ran, um zu sehen, was es ist.» Vorsichtig ertasteten wir uns den Weg auf das Ding zu, das etwa so groß war wie wir. Es bewegte sich nicht. Wir kamen näher heran ... und lachten erleichtert, als wir einen Baumstrunk mit einem phosphoreszierenden Stoff berührten, der glühte. Wir brachen uns ein Stück davon ab.

Als ich im Morgengrauen erwachte, bot sich mir ein weniger schöner Anblick. Genau über mir, auf dem nächsten Zweig, saß ein voll ausgewachsener *harpey*-Adler. Bewegungslos, wie magnetisiert, waren seine durchdringenden, schwarzen Augen auf mich gerichtet. Er war beinahe so groß wie ein Condor, obwohl er vorne ganz weiß war, und sein Kopf glich irgendwie einer Eule. Zwei Federbüschel auf seinem Kopf standen auf wie Hörner. Weiße Federn bedeckten seine Beine bis zu den enorm großen Klauen, mit denen er den Ast umklammerte.

Inzwischen waren alle andern auch erwacht und kamen vorsichtig näher, um den Riesenvogel anzuschauen. Seine Augen waren immer noch auf mich fixiert, wie hypnotisiert, und er bewegte sich nicht. Dies beunruhigte uns ein wenig. Schließlich klatschten wir in die Hände, aber nichts half, um ihn zu verjagen, er zuckte nicht einmal mit seinen starr auf uns gerichteten Augen. So beschlossen wir, unser Camp weiter abzubrechen, waren uns aber ständig bewußt, daß die Augen des Adlers immer noch auf unsere Nacken gerichtet waren.

Lachend putzten wir die Kochstöpfe mit dem schwarz glänzenden Sand, in dem es auch von dem so begehrten Gold glitzerte. Wo sonst konnte man sich einen solch unüblichen Topfputzer leisten? Als wir alles zusammengepackt hatten und bereit waren zum Weitergehen, schauten wir uns nochmals nach dem alten *harpey* um, der immer noch jede unserer Bewegungen verfolgte.

Auf diesem Trekking geschah dauernd etwas. Diesmal, nach einer oder zwei Meilen, war ich an der Reihe, als mein Arm gegen ein (zuerst) unsichtbares Nest von winzigen Zecken schlug. Zuerst war nur ein Fleck, kleiner als ein Dollar, auf meinem Oberarm sichtbar, der sich aber schnell über meinen ganzen Körper ausbreitete. Wie rasend versuchte ich die Zecken abzustreifen, aber sie waren wie angeleimt. Schon spürte ich, wie sie sich auf jedem Körperteil ausbreiteten. Schon nur der Gedanke daran läßt mich heute noch kribbeln und erschauern. Es war hoffnungslos, mich gegen die Invasion dieser Zecken (so groß wie ein i-Pünktchen) zu wehren. Das einzige, was mir übrigblieb, war, einen Teil meiner Kleider auszuziehen und mühsam zu versuchen, eine Zecke nach der andern wegzureißen. Ich rief Luise zu Hilfe, während die andern weitergingen und nicht wußten, was sich hinter ihrem Rücken abspielte. Luise behandelte meinen Rücken, während ich vorne arbeitete, wo viele dieser Plaggeister sich schon tief in meine Haut eingegraben hatten. Es war fast unmöglich, sie zu töten, da sie sich festklammerten. Als Stunden später die andern zurückkamen, schienen die Zecken kaum weniger geworden zu sein. Und trotz Luises Hilfe brauchte ich weitere drei Tage im Camp, um den Rest loszuwerden. Glücklicherweise war die Erfahrung mit den winzigen Plaggeistern in all den Jahren dort die einzige für mich und für alle andern. Dies war schwieriger zu ertragen als ein Löwe, der uns mit vollem Bauch aus seinem Versteck beobachtete.

Ruedi verschwindet

Das Roden einer abgelegenen wilden Gegend, um eine neue Ranch aufzubauen, hatte natürlich zahllose mühsame Reisen von Cotito zur zukünftigen Palm Ranch und zurück zur Folge. Jeder Gegenstand, die ganze Ausstattung der Farm sowie Pflanzen und Schößlinge jeder Art mußten auf dem Rücken der Pferde transportiert werden und auch auf unseren Rücken.

Wir hatten uns an eine schnelle Gangart gewöhnt, so daß jeder neu Dazukommende Mühe hatte, bei diesem Tempo mitzuhalten. Schon gelang es uns, die Strecke innert sieben, anstatt acht Stunden zurückzulegen. Einige unserer gelegentlichen Besucher brauchten dazu zwei Tage und waren zuletzt völlig erschöpft. Wir machten nur halt bei einigen Flußüberquerungen, um schnell kühles Wasser zu trinken und die Pferde zu tränken. Außer unseren Hengst Arrow. Wir konnten uns nicht erlauben, ihn langsamer gehen, schon gar nicht, ihn Wasser trinken zu lassen - nicht bevor er den Fluß überquert hatte. Dies hatten wir bei einer unserer früheren Reisen lernen müssen.

Damals hatte Arrow eine Last Lebensmittel in seinen Ledersäcken getragen, Säcke mit Reis, Mehl, Maismehl und Zucker. Wie immer überquerten wir den Fluß, jedes sein Pferd im hüfthohen Wasser vor sich führend. In der Mitte des Flusses ließen wir die Pferde trinken. Nachdem Arrow den Durst gelöscht hatte, weigerte er sich, weiterzugehen. Es gefiel ihm dort. Er hörte nicht auf zu scharren und setzte sich wie ein Hund. Unsere Rufe, er solle aufstehen, ignorierte er völlig. An die nun schon naß gewordenen, also verdorbenen wertvollen Nahrungsmittel denkend, schlugen wir ihm mit den Ästen eines Busches auf die

Schultern und den Kopf (das einzige, was über dem Wasser war), denn er war im Begriff, sich im Wasser herumwälzen. Mit vereinten Kräften gelang es uns schließlich, ihn aus dem Fluß herauszuzerren. Alle andern Pferde wären beim bloßen Anblick einer Rute weitergegangen, aber Arrow besaß eine zu dicke Haut.

Die nächsten ein, zwei Meilen rann das Wasser aus seinen Lastsäcken heraus; mit Ausnahme der Nahrungsmittel in Gläsern und Dosen vermischten sich die andern zu einer einzigen klebrigen Masse.

Die meisten Reisen nach Cotito zurück waren für uns und die Pferde, die nur wenig oder nichts trugen, ein Kinderspiel.

Freiwillig wählten die Pferde eine schnelle Gangart, und wir machten uns ein Vergnügen daraus, im leichten Gang hin und her zu scherzen. Zwar mußten wir ziemlich laut rufen, um von allen gehört zu werden. Einmal waren Peter und Ruedi dabei. Beide mochten es, einander auf den Arm zu nehmen und Behauptungen aufzustellen. Es dämmerte beinahe schon, als wir uns auf halbem Weg zwischen Candela und Cotito befanden. Oben auf dem Gipfel des Bergkamms, genannt Cebo (mit vielen Erdwällen von Indianergräbern), waren Ruedi und Peter mitten in ihrem Lieblingsthema: «Die lausigen Packgewohnheiten gewisser Leute in unserer Gruppe ...» Ruedi mit seiner außergewöhnlich lauten Stimme konnte von seiner Position am Schwanz des Zuges aus bis an die Spitze gehört werden, wo ich ritt. Wir mußten alle über ihn lachen, und die Scherze gingen heftig hin und her, bis die Flut seiner Kommentare zu einem plötzlichen Stillstand kam.

«He, Ruedi, was ist los?» schrien wir, aber Antwort kam keine. Seltsam, das war gar nicht Ruedis Art. Sein Packpferd folgte immer noch nach, aber er schien sich in Luft verwandelt zu haben. Wir befahlen den sechs Pferden, stillzustehen, und gingen dem Pfad entlang zurück, während es schnell dunkel wurde. Von unten her hörten wir einen unterdrückten Laut. An der nächsten Wegbiegung, tief unten im Grund, bewegte sich etwas wild, begleitet von heftigem Fluchen. Nun war uns klar, daß Ruedi die Kurve verpaßt hatte und sechs Fuß tief in ein Indianergrab hinuntergestürzt war. Irgendeinmal mußte das ja geschehen, obwohl wir jeden Schritt dieses Weges kannten; denn viele dieser Gräber waren ausgegraben worden und mit Weinranken und Büschen überwachsen, so daß sie zu verhängnisvollen Fallen wurden.

«Also gut», rief er, «steht nicht einfach dort und lacht so blöd, helft mir lieber heraus!» Daß Ruedi um Hilfe rufen mußte, fanden wir besonders lustig, denn gewöhnlich hatte er auf alles eine Antwort. Es ärgerte ihn, daß wir uns so lange Zeit ließen, ihm herauszuhelfen.

Inzwischen war es ringsum finstere Nacht geworden. Dies beunruhigte uns nicht im geringsten, weil wir einen großen Vorteil hatten - wir hatten jedes ein Pferd. Wir tasteten uns zu ihnen vor, jedes packte sein Pferd fest am Schwanz und ließ es den Weg suchen. Wir mußten dem Tier einfach voll vertrauen - und uns dranhängen, was immer auch kam! Wichtig war, dabei immer die Füße hochzuheben, um mit den Zehen nicht an herausragende Stümpfe und Wurzeln zu stoßen. Beim Durchwaten des Flusses mußten wir auf gefährliche Steine aufpassen. Am besten war, immer das «Unerwartete zu erwarten!» Die meiste Zeit war dieses Gehen eine Mischung aus Sichschleppen, Stolpern und im Dunkeln Stürzen. Eine Herausforderung für alle! Sollte ein Pferd auf dem Weg stockstill stehen, durfte man es nicht schlagen. Es hatte immer einen triftigen Grund dafür, oft lag eine Schlange auf dem Weg. Bei dieser engen Beziehung zu Pferden wuchsen meine Bewunderung und mein Respekt für sie mit jedem Tag.

Yellow verweigert jegliche Zähmung

Zurück in Cotito. Die Arbeit hatte sich wie gewohnt angehäuft. Das Unkraut in den Bananen, Weiden, Ananasfeldern und sonst überall, wo wir nachschauten, wucherte erbarmungslos. Alle Kaffeebäume im Schatten der Bananen standen in voller Blüte. Die dicken Trauben der sternähnlichen Blüten bedeckten die Spitzen der langen, dünnen Zweige wie Schnee. Einige Wochen später verwandelten sie sich in glänzende, rote Beeren, was mir den Mund wässerig machte. Sie erinnerten mich so intensiv daran, wie schön es jeweils in der Schweiz gewesen war, Kirschen zu pflücken, daß mir war, als könnte ich deren sommerlichen Duft riechen. Nur selten jedoch dachte ich sonst an die Vergangenheit zurück. Doch ab und zu kam es vor, besonders wenn heruntergefallene Blätter unter meinen Schuhsohlen raschelten, was mich an die schönen Herbsttage in den Wäldern der Schweiz gemahnte. In den Tropen dagegen fallen das ganze Jahr hindurch Blätter, vor allem während der Trockenzeit. Seltsam ist, daß man nie unterscheiden kann, welche Bäume ihre Blätter verlieren. Sie bleiben immer grün.

Nichts Wichtiges hatte sich während unserer Abwesenheit in Cotito ereignet. Martin, der dort geblieben war, hatte begonnen, Yellow, einen unserer größten Stiere, zu zähmen, einen *Brahma* mit langen Hörnern, massiger Vorderseite und schlankem Hinterteil. «Er könnte uns doch irgendwie nützlich sein», bemerkte Martin, «er könnte ohne weiteres unsere zukünftige Zuckerpresse ziehen und an Samstagen Bananen tragen.» Er gab jedoch zu, daß das Zähmen noch im frühesten Stadium war. Obwohl Yellow bereits den sechsten Tag an einer Futterkrippe angebunden war, weigerte er sich mit munitypischer Hartnäckigkeit immer noch, daraus zu fressen. Martin war nicht geneigt, allzuviel Zeit zu verlieren, er packte den Stier buchstäblich an den Hörnern. Er führte Yellow mit verbundenen Augen auf den Rasen, befestigte ihm einen strammen Gurt um den Rumpf und bestieg ihn. Er hielt sich mit der einen Hand fest am Gurt, mit der andern nahm er Yellows Augenbinde weg - und der Rodeo begann! Wie die *brahmas* an einem offiziellen Rodeo versuchte Yellow jeden Trick, um Martin abzuwerfen. Dieser jedoch saß fest auf dem Rücken und packte die weit ausladenden Hörner wie die Gabel eines Velos. Der Anblick dieses Spektakels war ebenso lustig wie furchterregend. Der Muni steigerte sein Tempo und seine Wut noch und versuchte durch Schütteln und Ausschlagen in alle Richtungen, Martin gegen einen Stacheldrahtzaun abzuwerfen. Glücklicherweise hatte dieser Gelegenheit, rechtzeitig hinunterzugleiten. Mit dieser Schaunummer schloß Martin sein Zähmungsprojekt ab, wie er mit einem erzwungenen Lächeln bemerkte: «Ein Tier muß auf der Siegerseite sein - manchmal.»

Viehhandel in Cameron und Vampir-Fledermäuse

Bevor wir mit der Arbeit an der Palm Ranch weiterfahren konnten, mußten wir uns Zeit nehmen, um zu Alejandros *finca* unten in Cameron zu reisen und dort mit Vieh zu handeln. Dieser Ort lag westlich von La Concepcion, ungefähr in der Mitte des Weges zur Pazifischen Küste. Eine solche Reise mit Tieren war nur während der Trockenzeit möglich, da zahlreiche Flüsse überquert werden mußten. Zudem mußte das neu geschlagene Holz austrocknen, bevor es vor dem Beginn der Regenzeit abgebrannt werden konnte.

Mehrere junge Stiere mußten gegen eine oder mehrere Milchkühe eingetauscht werden, und wir brauchten einen neuen Muni, um neues Blut in unsere Herde von über hundert Stück Vieh zu bringen.

Sechs oder sieben Leute mit je einem Pferd wurden für diesen Ausritt benötigt. Wir rechneten mit sechs bis acht Tagen, je nachdem, wie gut das Vieh den Streß einer dreitägigen Reise pro Weg verkraften konnte. Jeder Reiter hatte einen Stier an den Schwanz seines Pferdes angebunden, und meine Aufgabe war es, am Schluß des Zuges den Stier vor mir anzutreiben. Nach vielen Vorbereitungen waren wir endlich bereit, uns auf den Weg zu machen. Alle nahmen einen guten *rejo* (einen knorrigen Stock aus Hartholz mit einer Rohlederschleife) mit. Eine solche Peitsche gehörte in Panama zur Ausrüstung jedes Reiters. Das Pferd ist intelligent genug, um den Reiter, der ein solches Zuchtmittel bei sich hat, einzuschätzen, und zeigt sich automatisch von seiner besten Seite. Ich jedoch glaubte nicht, daß ich eine solche Peitsche nötig hätte, da ich mir einbildete, mit Pferden umgehen zu können. (Ein weiteres typisches Beispiel, wie ich dazu neigte, alles auf die harte Tour zu lernen.)

Carl, Gretel, Peter, André und Arthur saßen schon in ihren Sätteln, in einer Reihe aufgestellt, mit den fünf an ihren Pferden angebundenen Stieren, und warteten darauf, daß ich den Zug abschlösse. Als ich in den Sattel stieg, bockte Stella und bäumte sich wild, als wäre sie nie gezähmt worden. Prompt verlor ich den Halt und glaubte, jeden Moment im Stacheldrahtzaun zu landen, so daß ich mich in Panik an der Mähne und am Hals des Pferdes festklammerte. Stellas Rodeokunststücke zwangen mich ein-, zweimal, hinunterzugleiten, bevor mir Carl gottseidank zu Hilfe kam. Mit zündrotem Kopf lief ich in die Werkstatt, um nun doch einen *rejo* zu holen. Stella warf mit ihren sanften Augen nur einen Blick auf meine Peitsche - und verhielt sich dann auf dem ganzen Ausritt wie ein Lamm.

Unsere Karawane kam nur mühsam voran. Langsam genug, um einzuschlafen, hätten wir nicht dauernd *hio!* schreien müssen, um das Vieh zu bewegen. Wir brauchten den ganzen Tag, nicht nur sechs Stunden, um die Ebene in Volcan zu erreichen, wo wir in Fritz Martis Hütte übernachteten. Ich war schon ganz heiser von all dem Schreien.

Am nächsten Morgen um zwei Uhr früh stiegen wir wieder zitternd vor Kälte in den Sattel, damit das Vieh von der nächtlichen Kühle profitieren konnte. Wir hofften, die Kreuzung in der Nähe von La Concepcion, wo der Weg nach Westen gegen Cameron abbiegt, noch vor Tagesanbruch zu erreichen.

Nach zehn Stunden im Sattel mußten wir uns auf größte Müdigkeit und Steifheit gefaßt machen. Wenigstens waren uns bisher Unfälle, wie sie oft geschehen, erspart geblieben. Ein- oder zweimal legten sich einige der Stiere einfach auf den Boden und drohten dort mitten auf dem Weg zu bleiben. Zum Glück erreichten wir bald die Außengrenze von Alejandros *finca,* an putzigen, kleinen Weilern mit sonnengebräunten Kindern, mit Hunden und Hühnern im

Schatten großer Palmen vorbeikommend. Die Einheimischen schienen alle Carlito und Margarita zu kennen, sie grüßten freundlich und boten uns Erfrischungen an. Die Landschaft ringsum war von großer Schönheit, in sanften Wellen zum Pazifischen Ozean hin auslaufend, der nur einige Meilen weiter weg im Westen lag.

Selbst wenn man mich nicht darauf aufmerksam gemacht hätte, hätte ich sofort bemerkt, daß dieses Land, das einem Park glich, jemandem gehörte, der das alles sorgfältig geplant hatte. Auf beiden Seiten war das Land mit einem natürlichen *maccano*-Zaun mit eng beieinander stehenden Pfosten eingefriedet. Der Stacheldraht war in der Mitte der *maccanos* völlig überwachsen, da er vor über vierzig Jahren gelegt worden war. Saftig grüne Weiden erstreckten sich in alle Richtungen; wir ritten im Schatten von langen Reihen von Brotfruchtbäumen mit fingerbreiten Blättern weiter. Dann kamen wir an riesigen Orangenbäumen vorbei. Auf jeder Weide hatte es Vieh, viel mehr als wir besaßen.

Das nächste Gatter wurde von Alejandro selbst geöffnet. Er hieß uns willkommen und führte uns zum zweistöckigen Haus seines Sohnes, dem weitaus größten in der ganzen Provinz von Chiriqui.

Gretel und Carl fühlten sich sofort zu Hause. Hier hatten sie vor vielen Jahren, als sie aus Süddeutschland hergekommen waren, ihr Leben als Pioniere begonnen. Carl hatte die ersten paar Jahre für Alejandro gearbeitet und anstelle von Geld vor allem Vieh erhalten, bis er genug besaß, um auf seinem eigenen Land anzufangen. Seine eigene *finca* war unter extrem harten Bedingungen entstanden. Jeder Setzling, jede Pflanze stammte von Alejandros *finca*, und Carl und Gretel mußten sie dann drei oder vier

Tage weit zu ihrer eigenen in Cotito tragen, die sich erst im Aufbau befand. Alejandro liebte Carl, der ihm in Charakter und Aussehen mehr glich als Alonzo, wie seinen eigenen Sohn. Alonzo war der einzige überlebende Sohn von der zweiten Frau, einer Panamaerin. Alejandros erste Frau war eine Deutsche, die vor vielen Jahren an Kindbettfieber starb. Wir trafen Alonzo am Eingang seines Hauses; er war einiges größer als sein Vater, mit schwarzem Haar und olivfarbenem Teint. Er sprach nur spanisch und forderte uns charmant auf, es uns in einigen der oberen Zimmer gemütlich zu machen. Jedes war von der Veranda aus erreichbar, die der ganzen Vorderseite des Hauses entlang gebaut war. Niemand schloß hier je seine Türe ab, was mir sehr gefiel. So konnte ich ungehindert beim Vorbeigehen in jedes Zimmer sehen. Alle schienen fast ganz leer zu sein, mit Ausnahme einer sorgfältig geschnitzten Bettstatt in jedem Raum. Komisch war, daß all diese Betten leer standen: keine Matratzen oder anderes Bettzeug, es gab nur rohe Holzbretter. Dasselbe traf auf unsere Zimmer zu, und ich krümmte mich zusammen, um schlafen zu können. Nirgends konnte ich ein Leintuch, eine Wolldecke oder ein Kissen entdecken - es gab gar keine Möbel, um Bettzeug aufzubewahren. Zwar bot das Haus andere Bequemlichkeiten. Es war, gemessen am lokalen Standard jener Zeit, das Haus eines wohlhabenden Farmers. Nur ganz wenige Häuser enthielten mehr als einen Raum und noch weniger ein Obergeschoß mit einem handgeschnitzten Verandageländer. Ein Schweizer namens Sepp hatte dieses vor einigen Jahren geschnitzt. Auch er hatte hier gelebt und gearbeitet, bevor er sein eigenes Heim in der Volcan-Gegend errichtet hatte. Das Haus war auf festem Betonfundament gebaut worden, was an sich schon ein Luxus war.

Sobald Carl und die Jungen unsere Stiere losgebunden und die Pferde abgesattelt hatten, ließen sie sie auf der saftigen Weide grasen, während wir zum Essen eingeladen waren. In einem speziell für diesen Zweck eingerichteten Raum standen Eßzimmermöbel mit einem großen Tisch und langen Bänken auf beiden Seiten. Das Holz, aus dem diese Möbel gemacht waren, gefiel mir sehr. Noch nie hatte ich solch helles, weiches und glattes Holz gesehen. Es war weder gefärbt noch gebeizt worden. Die ganze Zeit berührte ich mit den Händen immer wieder die weichen Ecken, alles war schön gerundet und weich wie Samt. Ungern gebe ich zu, daß ich nie herausfand, was für eine Art Holz dies war. Gretel erklärte mir den Grund für die Helle dieses Holzes: jahrelanges wöchentliches Schrubben mit den Sandpapier-Blättern eines einheimischen Baumes und etwas Seife. Es war Sitte, daß die Frauen und Töchter jeden Stuhl und jeden aus Holz gemachten Gegenstand immer am Samstag schrubbten. Da das Haus richtige Fensterrahmen (ohne Glas) aufwies, waren auch sie durch das ständige Putzen glatt geworden. Ich nahm mir vor, diesen Sandpapier-Baum zu finden und Blätter für ein ganzes Jahr mitzunehmen. Es war ein sehr hoher Baum mit langen, schmalen Blättern, je 8 bis 10 Zoll lang. Die Oberseite fühlte sich wie ganz feines Sandpapier an, schien aber wie Samt zu sein.

Ich war glücklich, als Carl verkündete, wir könnten noch mindestens drei weitere Tage bleiben, es gab nämlich so vieles anzuschauen und zu entdecken. Carl brauchte die Zeit, um mit dem Vieh zu handeln, und die Pferde brauchten Erholung.

Nach einer kräftigen Mahlzeit, die der Koch zubereitet hatte, machten wir einen Rundgang um die Ranch. Eine

Mühle für Reis war das erste, was wir uns ansehen wollten. Die Mühle befand sich an einem sanft fallenden Bach, der sich wie ein Wasserfall über ein großes Ruderrad ergoß, das die vier in einer Reihe stehenden Zylinder der Mühle antrieb. Das Ganze funktionierte nach einer Art Zylinderprinzip, war hier aber dazu da, Reis zu enthülsen.

Ich war überrascht und enttäuscht, daß die Mühle nicht in Betrieb war. Jedes Teilchen, jedes Rad und selbst die großen Zylinder, war aus massivem Mahagoni geschnitzt, wiederum vom jungen Sepp.

«Warum ist die Mühle nicht in Betrieb?» fragte ich Carl. Man hätte in einem Tag genug Reis für die Bevölkerung einer ganzen Stadt schälen können.

«Sie benützten die Mühle einige Male, als sie neu gebaut worden war», erklärte Carl, «aber als die Neuheit ihren Reiz verloren hatte, verloren sie das Interesse daran.» Statt dessen benützten sie wieder den primitiven *pillon*, der an einem luftigen Ort des Hauses stand. Von Hand stampften sie den Reis dreimal pro Tag oder nur dann, wenn gerade Reis für eine Mahlzeit gebraucht wurde.

Sie wollten ganz einfach nur für die nächste Mahlzeit arbeiten und nicht mehr und nicht im voraus für mehr als einen Tag sorgen.

Der *pillon* sah aus wie eine übergroße Spule, aus einer einzigen, etwa vier Fuß hohen Walze aus einem Baumstamm geschnitzt. Die obere Seite war zu einem trichterförmigen Napf ausgehöhlt. Einige Tassen Reis wurden aufs Mal hineingeworfen, um geschält zu werden. Wer gerade in der Nähe war, nahm eine symmetrisch geschnitzte Keule, um mit beiden Händen in der Mitte des *pillons* herumzustoßen. Manchmal kam ein Kind hinzu und machte ebenfalls fröhlich in einem Zweitaktrhythmus mit. Abends,

Das Enthülsen von Reis für die nächste Mahlzeit; diese alte Methode ist immer noch beliebt. Das Holzgefäß ist selbstgeschnitzt.

wenn ein drittes Kind mitmachte, ergab dies einen Walzerrhythmus, zu dem sie sangen. Da wir ein dankbares Publikum waren, animierten wir sie zu einer ganz besonderen Ausdrucksweise beim Stampfen. Meine Beobachtung zeigte, daß in Panama Arbeit als ein Teil eines Spiels aufgefaßt wurde - was zwar die Leistung nicht steigert, aber glücklich macht.

Den ganzen Tag aß ich so viele neue und unbekannte Früchte, daß ich mich fragte, ob ich wohl noch imstande sei, das Nachtessen zu genießen. Die Abende waren viel wärmer als in der Volcan-Gegend, und der Ort belebte sich mit Leuten, darunter vielen Kindern. Woher kamen sie wohl alle? fragte ich mich. Tagsüber war der Ort wie ausgestorben. Die Kinder vergnügten sich auf dem Rasen vor uns. Etwa zwanzig spielten ein Spiel, das «Stier im Ring» hieß. Sie bildeten einen Kreis um einen Knaben, der auf allen vieren herumkroch und im Gras scharrte - schnaubend und wild knurrend wie ein Stier. Die ganze Zeit schaute er sich nach einer schwachen Stelle um, um durch den Ring hinauszugelangen. Eine einfache Art Unterhaltung, aber dem fröhlichen Gelächter nach zu schließen, war dieses Glück nicht mit Geld aufzuwerten. Es machte Spaß zuzusehen, wie sehr sich die Kinder bemühten, möglichst realistisch einen Stier nachzuahmen.

Ich versuchte, mit einer der jungen Frauen zu sprechen und herauszufinden, wie viele dieser Kinder zur Familie von Alonzo gehörten. Als sie unzählige Kusinen, Onkel, Tanten und Neffen aufzählte, gab ich völlig verwirrt auf.

Bei Sonnenuntergang beobachtete ich mit großem Vergnügen eine der sorglosesten Methoden der Hühnerhaltung. Über hundert Hühner flogen für die Nacht wie eine Schar Vögel eins nach dem andern auf einen riesigen Magnolienbaum. Einmal oben, waren sie nicht mehr zu sehen, aber gut zu hören. Ein einziger gackernder Magnolienbaum. Der Aufruhr dauerte bis tief in die Nacht hinein, bis auch das allerletzte Huhn die Augen schloß.

In der Dunkelheit machten wir Alejandro in seiner eigenen kleinen Hütte einen Besuch. Er zog es vor, den Rest seines Lebens in der Hütte zu wohnen, die er vor über fünfzig Jahren gebaut hatte.

Eine kleine Öllampe beleuchtete schwach den einen seiner beiden kleinen Räume. Mit einer Tasse Kaffee in der Hand saß er vor dem Feuer. «Soll ich euch Kaffee aufwärmen?» fragte er. Carl bedeutete ihm mit der Hand, sitzen zu bleiben, und erklärte: «Alonzo hat uns beim Nachtessen so verwöhnt, daß wir jetzt lieber eine Weile einfach mit dir zusammensitzen möchten.»

Zufrieden und entspannt saßen wir auf selbstgemachten, vom jahrzehntelangen Gebrauch glatten Holzsitzen um das Feuer herum. «Was ist dieses geschnitzte Stück dort an der Wand?» erkundigte ich mich. Alejandro lächelte: «Das ist das erste Werkzeug, das ich gebraucht habe und jetzt noch brauche, um Mais zu enthülsen.» (Es sah so schön aus, daß ich gedacht hatte, es sei irgendeine Schnitzerei, nicht ein Maiskolben.)

Er erzählte von den längst vergangenen Tagen, als er hierher gekommen war. «Das ganze Land, das ihr heute gesehen habt, wie auch das auf eurem Ritt hierher, war so wild und unbewohnt wie euer Gebiet in Candela und Costa Rica es heute noch ist», sagte er, nachdenklich in die Flammen blickend. Als es draußen ganz dunkel geworden war, hörten wir von der offenen Tür her einen seltsamen Laut, der von Riesenkröten stammte: ... unk ... unk .... Da wir wußten, daß Alejandro gern früh zu Bett ging und früh aufstand, verabschiedeten wir uns bald einmal und bedauerten, einen solch schönen Abend abzubrechen.

Im Schein einer Taschenlampe gingen wir durch die warme Nacht zu Alonzos Haus zurück. Um uns herum waren die sanft schwingenden Laute vieler Fledermäuse zu vernehmen. Auf den Fußspitzen durch das schon im Dunkeln liegende Haus schleichend, sah ich mit Erstaunen, daß die Bettgestelle der Familie leer waren, obschon die Erwachsenen und die Kinder irgendwo schlafen mußten. Doch als ich mit der Taschenlampe in eine Ecke eines Zimmers zündete, lag dort die ganze Familie schlafend auf dem Fußboden. Köpfe, Beine und Arme jeder Größe ragten unter einer einzigen dünnen Baumwolldecke hervor.

Dies erinnerte mich an ein anderes Erlebnis: im Haus einer Amerikanerin in der Volcan-Gegend. In allen Schlafzimmern hatte es dort Federbetten mit Matratzen gehabt. Als die Waschfrau einmal bei ihr übernachten mußte, hatte die Amerikanerin ihr ein Zimmer mit einem solch komfortablen Bett zugewiesen. Am Morgen war das Bett unberührt - die Frau hatte die Nacht auf dem Teppich daneben verbracht. Das Bett sei viel zu weich, hatte sie sich entschuldigend erklärt.

Die rohen Bretter in unseren Bettgestellen waren sicher bequem zum Draufstehen, aber nicht, um darauf zu schlafen. Ich benutzte meinen kleinen Kleidersack als Kopfkissen auf dem Boden und hoffte, bald einschlafen zu können.

Alonzo lud uns am Morgen ein, seine Kakaoplantage zu besichtigen und Kakaobohnen zum Mitnehmen zu pflücken. Die Kakaobäume waren nicht viel größer als die Kaffeebäume, 15 bis 18 Fuß hoch. Sie wuchsen auf andere Art, besaßen einen dickeren Stamm und große ovale Früchte, die in der Form ähnlich waren wie die Kakaobohnen selbst, fast wie ein amerikanischer Fußball. Große orangefarbene Fußbälle wuchsen aus dem Stamm heraus. Wenn man sie aufschnitt, kam weißes, schwammiges Fleisch zum Vorschein, in dem etwa ein Dutzend oder mehr Kakaobohnen so groß wie Kastanien eingebettet waren. Ich pflückte genug davon, um gegen zehn Pfund Kakaobohnen daraus zu gewinnen, nachdem sie in der Sonne getrocknet waren. Die Sonne bewirkte, daß die äußere, pergamentartige Haut wie eine Schale aufsprang und die eigentliche Kakaobohne freigab. (Später mahlte ich in Cotito die Kakaobohnen zu Puder, um Kakaomilch zu machen. Der Kakao enthielt so viel Fett, daß sich in einer Tasse Kakaomilch eine dicke Schicht auf der Oberfläche bildete; dieses Fett mußte erst entfernt werden, um den Kakao genießbar zu machen.)

Alejandro und Carl saßen auf dem Zaun des *corral*, in ein Gespräch vertieft, wahrscheinlich über Vieh. Sie bemerkten uns nicht wegen des Lärms. Die Tiere machten große Staubwolken, wenn sie gegen das Gehege prallten. Einheimische Cowboys mit Lassos hielten die Tiere in Schach, trennten sie und fingen sie ein. Eine Routinearbeit an Samstagen, wenn Kuhhändler von nah und fern herbeikamen, um jedes erhältliche Stück Vieh aufzukaufen. Carl handelte, bevor diese Männer eintrafen, um zwei gute Milchkühe mit ganz jungen Kälbern. Alejandro ließ sie auf eine kleinere Weide führen, damit wir sie am nächsten Morgen, wenn wir uns noch in der Dunkelheit auf den Rückweg machen würden, leichter einfangen konnten.

Es war gegen zwei Uhr morgens, als ich mit einer Taschenlampe ausgerüstet zwei unserer Pferde holen ging. Als ich die Taschenlampe auf die beiden unter einem Baum stehenden Tiere richtete, erschrak ich. Beiden rann in Strömen Blut vom Hals auf die Schultern und den Beinen entlang auf den Boden hinunter. Sie mußten schon eine Weile geblutet haben, denn das Blut war zum Teil geronnen. Alarmiert rannte ich weg, um Carl zu informieren. Die armen Pferde! Völlig ruhig versicherte mir Carl jedoch: «Kein Grund zur Beunruhigung, Trudi, das sind nur Bisse von Vampir-Fledermäusen.» - «Nur Vampir-Fledermäuse!» wiederholte ich und konnte seine gleichmütige Reaktion nicht verstehen. «Weißt du», erklärte er, «das Pferd merkt es nicht einmal, wenn es gebissen wird. Deshalb leidet es, außer unter dem Verlust von etwas Blut, überhaupt nicht darunter.» Offensichtlich litt ich weit mehr als die Pferde selbst. «Das Saugen der Fledermäuse bewirkt, daß das Blut nach dem Biß zu fließen beginnt, aber dann wird der Blutverlust durch das Gerinnen des Blutes von selbst gestoppt», erklärte Carl weiter.

Die Rückreise dauerte doppelt so lang wegen der zwei Kälbchen, die sehr schnell müde wurden. Als wir die harte Kiesstraße erreichten, legten sie sich einfach nieder und konnten nicht mehr auf die Beine gebracht werden, was uns dazu zwang, die Nacht dort am Rande der Straße zu verbringen. Die Sättel dienten uns als Kopfkissen. Zum Glück schafften wir es am nächsten Tag dank dem kühleren Klima bis zu Fritz Martis Hütte. Der dritte Tag war der schlimmste, denn die Tiere waren erschöpft und der Weg steil und schwierig. Zum Überqueren der Flüsse wurden die Kälber stromaufwärts gerichtet auf ihre Mütter gehievt, damit sie sich an diese anlehnen konnten, wenn sie an den tieferen Stellen schwimmen mußten. Solche Überquerungen waren nur durch gut eingespieltes Teamwork von uns zu bewältigen. Einander in engen Abständen folgend, bildeten wir eine Kette und mußten ständig gegen die starke Strömung und die immer wieder auftauchenden Felsblöcke ankämpfen. Kein einziges Stück Vieh überquerte je den Fluß freiwillig, es brauchte viel Geschrei und Herumfuchteln mit langen Stöcken, bis die Tiere den sicheren Boden am gegenüberliegenden Flußufer erreichten. Wie zu erwarten war, bedeutete eine dreitägige Reise viel Gewichtsverlust für die Kühe und die Pferde. Kein Grund zu Besorgnis, denn nach einer oder zwei Wochen auf der *finca* hatten sie diesen sehr schnell wieder ausgeglichen. Dasselbe galt, nach nur einer einzigen Nacht mit genügend Schlaf, auch für uns.

In Cotito war es Zeit, Bananen zu dörren. Viele hundert Bananen wurden auf großen Gittern ausgebreitet, um in der Sonne zu dörren. Geschält und etwa fünf bis sechs Tage lang gedörrt, schrumpften sie zu einem Drittel ihrer Größe und schmeckten besser als jedes Zuckerbonbon. Gedörrt blieben sie monatelang frisch, wenn man sie in gut verschließbaren Büchsen oder Schachteln aufbewahrte.

Die neuen Kühe, die wir in Cameron gekauft hatten, waren schlimm von Zecken befallen. Das Kuheuter war schwarz davon. Zu meinem Erstaunen verschwanden die Zecken nach nur zwei Wochen im gesunden Klima von Cotito mit Hilfe der Kuhvögel, die das Ungeziefer von den Kühen pickten. Eine viel schlimmere Plage war nicht so leicht wegzubringen, die schreckliche *cusano del monte* (Bergfliege). Die neuen Kälbchen waren die Opfer dieses Ungeziefers. Sichtbare Beulen davon hingen um ihren Hintern und auf ihrem Rücken. Jede dieser Beulen, so groß wie eine 25-Cent-Münze, enthielt einen großen, dicken Wurm, nur aus Kopf und kurzem, bleistiftspitzgroßem Schwanz bestehend, der in eine Masse von Eiern eingebettet war. Den Schmerz, den diese verursachten, konnte man sich leicht vorstellen. Die Kälbchen waren so empfindlich, daß sie angebunden werden mußten, bevor man ihnen die Beulen wegmachen konnte. Nur zwei bis drei Beulen konnten ihnen aufs Mal herausgeschnitten werden, denn die schmerzhafte Prozedur machte sie schwach und zittrig. Erst legen diese Fliegen ihre Eier in die Haut; daraus wachsen dann die quälenden Würmer. Seltsamerweise wiesen die Beulen keine Öffnungen auf. Zum Glück gab es in Cotito diese Art Fliegen nicht - überhaupt keine Fliegen.

Natur im Rohzustand: eine Schatztruhe für jeden Bedarf

Was war für mich die größere Herausforderung: gelegentliche Reisen zu Pferd oder die zahlreichen Projekte auf der *finca* ? Ich muß zugeben: beides machte mir gleichviel Spaß. Ich hatte einfach gern Abwechslung. In meiner Freizeit fertigte ich gerne Gegenstände für den täglichen Gebrauch an wie Besen und Zahnstocher oder experimentierte mit allerlei. Von Zeit zu Zeit wurden dringend Kerzen gebraucht, denn dadurch konnten wir Öl sparen, das wir kaufen mußten. Zudem wäre es eine Schande gewesen, nicht von unserer großen Honigernte zu profitieren. Wir verzehrten täglich pfundweise Honig, und viele von uns aßen gleich auch das Wachs mit. Um diese Art von Bienenwachs-Verschwendung zu stoppen, stellte ich einige leere Behälter für das Wachs in Reichweite auf den Tisch. In kürzester Zeit hatte ich eine große Kanne voll rohes Wachs zusammen. Ich schmolz es, ließ es durch ein Sieb laufen, um es zu reinigen, und goß es in große Cake-Formen. Ich arbeitete an verschiedenen Arten von Kerzenformen, einigen aus Holz, anderen aus Bambus, aber alle wiesen irgendeinen Nachteil auf. Als ich ein Stück Stahlrohr von einer Kiste in den Händen drehte, hatte ich nicht die Absicht, schon aufzugeben. Dieses fußlange Stück hatte gerade den richtigen Durchmesser, etwa anderthalb Zoll. Ich fand heraus, daß es viel leichter war, heißes Wachs in dieses Rohr zu gießen, als es nachher, wenn es hart geworden war, wieder herauszubringen. Es gab keine andere Lösung, als das Rohr der Länge nach zu zersägen. Unzählige Stunden verbrachte ich damit, das Rohr durchzusägen. Es hätte noch mehr solcher Röhren gehabt, aber ich mochte nicht noch eine weitere Woche mit Sägen verbringen. Diese eine Form mußte genügen. Mit dem an der richtigen Stelle angebrachten Docht stellte ich das Rohr in einen Holzblock, in den ich ein rohrgroßes Loch gebohrt hatte. Die hartgewordene Kerze konnte leicht herausgezogen und Wachs für die nächste hineingegossen werden.

Die ganze Zeit schon hatten wir uns nach einem Lederschmiermittel für all die Sättel, Taschen, Gürtel, Sandalenriemchen und so weiter umgeschaut. Tierfette waren zu hart und zu wenig wirkungsvoll. Rizinusbohnen hatten wir nicht genügend, um daraus Rizinusöl zu machen. Es brauchte riesige Mengen von Bohnen, um daraus ein kleines Fläschchen dieses dicken Öls zu gewinnen. Rizinusöl ist nicht nur ein wirksames Abführmittel, sondern auch ein ausgezeichneter Lederschutz. Aber wir benötigten große Mengen Schmiermittel.

Mit der Saison des Holzschlagens kam die Lösung für unser Problem. Einer der gefällten Bäume war voller nußgroßer Früchte. Im Innern enthielten diese je drei Nüsse, die mit ihrem pudrigen Überzug einer Muskatnuß glichen. Vielleicht waren es tatsächlich Muskatnüsse, wir wußten es nicht. Die Einheimischen nannten diesen Baum *migela-*

rio. Wir trugen einen großen Sack dieser Früchte heim. Luise und ich verloren keine Zeit, um sie zu mahlen und zu erhitzen und daraus mit Hilfe einer alten Fruchtpresse das Fett zu gewinnen. Diesmal wurden unsere Anstrengungen belohnt. Es entstand wenig Abfall, das dicke hellbraune Öl floß aus der Presse heraus und erfüllte die Luft mit einem köstlichen, würzigen Geruch. Abgekühlt, konnte es mit dem Löffel abgefüllt oder wie Backfett abgeschnitten werden. Unser Schmiermittelproblem war gelöst. Jetzt konnten wir jedes Stück Leder mit diesem Schmierfett behandeln.

Je länger wir hier lebten, desto mehr fanden wir heraus, daß die Natur Bäume und Pflanzen für fast jeden Bedarf liefert. Sehr oft konnte ein einziger Baum für verschiedenartigste Zwecke gebraucht werden, wie zum Beispiel die Schwarze Palme.

Einige Gummipalmen gab es vereinzelt auch in dieser Gegend. Ich sah ein paar schöne Exemplare von reinen, mit Gummi behandelten Decken. Die Einheimischen machten aus Mehlsäcken, denen sie die Nähte auftrennten und die sie mit rohem Gummi behandelten, solche wasserdichten Decken. Die Breitseite des Sackstoffes war auf beiden Seiten mit glattem, mehrfachem Gummi in seiner natürlichen Farbe bedeckt. Dieses Tuch war reißfest. Die Einheimischen benützten es für alles mögliche: als Kopfbedeckung die ganze Regensaison hindurch und zum Zudecken der Pferdelasten. Sie nannten es *tapacia.*

Das kühle Klima hier oben hatte im Vergleich zur tieferen, feuchten Zone noch einen weiteren großen Vorteil. Hier gediehen nicht nur alle tropischen Früchte im Überfluß, sondern auch viele Sorten von Gemüse wie zum Beispiel Kohl, Salat, Erbsen, Tomaten und Erdnüsse, was in der tiefer gelegenen Gegend nicht möglich war. Die üblichen Gartenschädlinge kamen kaum vor. Statt dessen jedoch wurden wir von Gourmet-Kunden wie Hirschen, Kaninchen und einer seltsamen Riege tropischer Tiere heimgesucht, die ganze Reihen von jungen Pflanzen in einer Nacht wegfraßen. Eine der schlimmsten Missetäter waren die *suto* (Coati mundi), ein unfugtreibender und verspielter Haufen Tiere, welche die Eigenschaft hatten, sehr parteiisch zu sein, und von Menschen gepflanzte Produkte bevorzugten. Diese Schelme tobten sich immer zu zehnt oder mehr aus und hatten viel Ähnlichkeit mit einem Waschbär oder einem kleinen Bär. Nur hatten sie lange, buschige Schwänze. Oft sahen wir zu, wie ein ganzer Baum voll dieser Clowns einander über die Äste jagten.

Eine weiteres erfolgreiches Experiment war die Anwendung von Affenöl, das bei offenen Wunden eine erstaunliche Heilkraft besitzt.

Ich sah selbst, wie gut es bei zwei Pferden wirkte, die Besuchern von uns gehörten. Sie litten an den schlimmsten Wunden, die ich je gesehen hatte, entstanden durch das ständige Reiben des Sattels. Beide Wunden waren so groß wie meine Hand, ganz entzündet, blutig und geschwollen Wie die Pferde es schafften, den Druck und das Reiben der Sättel zu ertragen, ohne vor Schmerz wild zu werden, war mir unerklärlich. Gewöhnlich brauchten solche Wunden bis zu zehn Tagen, um zu heilen, und auch dann durfte noch kein Sattel benutzt werden. Die beiden Pferde mußten dringend gepflegt werden, und ich tat dies ums Leben gern. Ich badete die Wunden gründlich mit einer desinfizierenden Kali-Lösung und rieb sie dann großzügig mit Affenöl ein, das uns ein Jäger gegeben hatte, der es eigenhändig von einem roten Affen für diesen Zweck gewonnen hatte. Als ich am nächsten Tag die Wunden der Pferde kontrollierte, traute ich meinen Augen kaum. Die Wunden waren auf die Hälfte ihrer Größe zusammengeschrumpft. Am dritten Tag waren sie nur noch so groß wie eine Münze. Die Haut war aber noch sehr dünn und mußte noch mindestens zwei Tage geschont werden.

Landgewinn durch Feuer

Einer der interessantesten Unterschiede zur schweizerischen Landwirtschaft ist in den Tropen das Abbrennen von Urwald oder alter Vegetation am Ende der Trockensaison zwischen April und Mai, um neuen Boden zu gewinnen. Ob ein Farmer eine gute Ernte von Getreide oder Mais, Früchten und Gemüse einbrachte und saftige Weiden für das Vieh besaß, hängt von der Wahl des richtigen Zeitpunktes ab, um das neu geschlagene Holz im Urwald oder die zweite Vegetation kurz vor Einsetzen des Regens abzubrennen.

Dieses Timing war tatsächlich ein großes Glücksspiel. Erfahrungsgemäß war die beste Zeit zum Abbrennen einige Tage, bevor der Regen einsetzte. Doch niemand konnte diesen Regen genau voraussagen. Die sicherste Regel war die, abzuwarten, bis der Wind sich ganz gelegt hatte; nur dann war das Feuer zu kontrollieren. Ein zu spätes Abbrennen konnte indes verheerend sein - die Regenfälle setzten plötzlich und stark ein und vereitelten jegliche Brandrodung. In diesem Fall wären wir ein Jahr lang ohne Getreide gewesen. Zudem wäre das nicht abgebrannte Holz und Unterholz so chaotisch von Unkraut überwuchert worden, daß es praktisch unmöglich gewesen wäre, es in der nächsten Saison zu schlagen.

Um dies zu verhindern, lernte man, die Zeichen für den Beginn der Regenzeit aufmerksam zu beobachten. Eines davon ist eine dunstige Atmosphäre, wenn der Wind nachläßt. Und wenn sich dick aufsteigende Rauchsäulen von früh gelegten Feuern auf entfernteren Berghängen im Tal verbreiteten, aus denen Sprühregen fiel, war dies das letzte Signal, um das eigene Abbrennen einzuleiten.

Wir waren uns der Wichtigkeit dieser Tätigkeit voll bewußt und planten deshalb jeden einzelnen Schritt bis ins allerletzte Detail. Sofort nach dem Frühstück und einer letzten kurzen Besprechung des Ablaufs banden wir uns alle einen Sack um die Mitte, gefüllt mit Maiskolben und einer kleinen Flasche Kerosin, und machten uns auf den Weg. Die Maiskolben steckten wir aufs Ende eines langen Bambusstockes, tränkten die Kolben mit Kerosin und erhielten auf diese Weise eine lang brennende Fackel.

André und Arthur, die wie Ziegen über jedes Hindernis klettern konnten, waren schon früher aufgebrochen. Sie vergewisserten sich, daß kein Vieh oder gar Wild im Gebiet, das wir abbrennen wollten, zurückblieb. Dieses Stück Land war etwa hundert Morgen groß, in der Nähe der Bananenplantage gelegen. Das Land bei der Palm Ranch wollten wir einige Tage später abbrennen. Es war für uns normal, daß wir Carl die Leitung der Brandrodung anvertrauten. Alle standen um ihn herum und warteten aufmerksam auf seine Befehle. André und Arthur wurde der oberste, am weitesten entfernte Rand des abzubrennenden Terrains zugeteilt, da sie wie der Blitz rennen konnten. Carl betonte noch einmal: «Gutes und rasches Teamwork ist der einzige Weg, um diese Arbeit zu bewältigen. Ihr Mädchen und Benni übernehmt den rechten Rand, und der

Rest von euch die linke Seite. Wenn ich meine Fackel anzünde, macht ihr alle das gleiche und rennt los und legt alle zehn Fuß Feuer!» Schnelligkeit und ein genaues zeitliches Abstimmen waren dabei äußerst wichtig. Ohne zu zögern mußten wir alle vier Seiten auf einmal in Brand setzen, damit das Feuer in die Mitte gezwungen wurde.

Wenn das Feuer jedoch zu langsam gelegt worden wäre, hätte es außer Kontrolle geraten und sich in alle Richtungen ausbreiten können. Da es keine Feuerwehr gab, hätte er sich ungehindert wochenlang über Tausende von Morgen weiterfressen können. Dies geschah bei uns ein einziges Mal - doch die starken Regenfälle retteten unseren Boden vor der totalen Zerstörung. Der Bambus geriet in Brand, was so schrecklich tönte wie die losfeuernde Artillerie im Krieg.

Sobald jedes von uns seine Seite in Brand gesteckt hatte, explodierte das ganze viereckige Gebiet in einer einzigen riesigen Flamme, wie ein Vulkan schwarze Wolken ausspeiend. Plötzliche Dunkelheit umgab uns, die Sonne glühte wie eine Kugel hellroter Kohle. Die intensive Hitze zwang uns zum Rückzug, und wir schauten dem furchterregenden Spektakel überwältigt und schweigend zu. Das erfolgreiche Abbrennen hätte uns eigentlich in heitere Stimmung versetzen sollen, aber der Schock, plötzlich ein Höllenfeuer vor uns zu haben, das innert Minuten aus dem beruhigenden Grün entstanden war, war zu stark. Mein Gesicht brannte von der Hitze, als ich über das schwelende Inferno mit seinen dicken orangefarbenen und schwarzen Rauchwolken blickte. Das Hauptfeuer erstarb so schnell, wie es entflammt war. Zurück blieben die verkohlten Ränder mit einigen noch brennenden großen Bäumen und Zweigen. Einige schwelten noch tagelang, und je mehr das

Holz abbrannte, desto besser war es für unsere spätere Arbeit. Ein Teil des Gebietes sollte mit Bananen bepflanzt werden, der Rest mit Mais und Riesengras, genannt *jigantona*. Der Boden war dort so reich, daß er alle unsere Erwartungen übertraf. Er mußte weder gepflügt noch umgegraben werden. Wir wendeten die einfache Methode des Anpflanzens der Einheimischen an, wir fanden keine bessere. Mit einem Samensack um die Mitte und einer *coba* (ein Stiel mit einem flachen Metallstück am Ende) in der rechten Hand stellten wir uns mit einem Abstand von je vier Fuß in einer Reihe auf. Die *coba* wie einen Spazierstock benützend, marschierten wir los und steckten den Metallteil immer einen Schritt vor uns in die weiche Erde. Während wir den Griff leicht hoben, warfen wir mit der linken Hand je vier Maissamen in das entstandene Loch. Diese Arbeit war überhaupt nicht anstrengend, weil wir uns nicht bücken mußten, außer natürlich beim ständigen Klettern über und unter die verkohlten Baumstrünke, um möglichst in einer geraden Linie zu säen. Vier weitere Leute folgten hinter uns, um zwischen den Maisreihen Riesengras zu pflanzen. Das Gras begann erst richtig zu wachsen, wenn der Mais zur Ernte bereit war. Es wuchs so hoch, daß es seinem Namen Ehre machte, nur eine Giraffe hätte darüber hinaussehen können.

Am Anfang versuchten wir, den Boden umzugraben und zu hacken, gaben aber dann frustriert auf. Meine Hacke verfing sich derart in den Wurzeln, daß ich sie mit der Machete heraushauen mußte. Die umgegrabene Erde war voller Wurzeln und glich einem eng geknüpften Netz. Ich zweifle, ob ein Pflug überhaupt durch das zähe Zeug hindurchgekommen wäre. Bestimmt hätte er nach kurzer Zeit den Dienst versagt. Wir kamen zum Schluß, daß alles außer dem Säen mit dem primitiven Werkzeug unnötig, wenn nicht sogar richtiggehend töricht wäre. Es war einfach phantastisch, wie unser Mais auf diesem neuen, aschenhaltigen Boden gedieh. Sehr oft wuchs der Mais zwölf bis fünfzehn Fuß hoch. Alles, was auf diesem erstmals abgebrannten Boden angebaut wurde, wuchs in märchenhaftem Ausmaß.

Erdbeben auf der Palm Ranch

Die Regenfälle hatten noch nicht eingesetzt und ließen genug Zeit, um auch die gefällten Bäume auf der Palm Ranch in Costa Rica abzubrennen und das Land dort zu bepflanzen. In diesem Jahr hatten wir Glück mit unserem Timing. Der Regen begann nicht, bevor wir uns daran machten, das Gras auf den letzten Morgen Land zu säen. Dafür wurden wir durch ein Erdbeben aufgeschreckt, das keineswegs unüblich war in einem Land wie Panama, in dem in jeder Trockenzeit einige solcher Beben vorkommen. Dieses jedoch brach so plötzlich aus und war so stark, daß unser Pferd Colorado sich vor Schreck vom Baumstumpf losriß, wo es mit einem Seil angebunden war, und wie von einem Geist gejagt in Richtung Cotito davongaloppierte.

Die Flaschen mit Kerosin und die Töpfe und Pfannen auf dem Gestell in der Notunterkunft purzelten zu Boden. Die Bäume am Rand der Lichtung schwankten heftig hin und her, und ihr Rauschen glich einem sich nähernden Sturm. Affenherden in den Baumkronen bellten und heulten vor Schreck. Ich begann mich seekrank zu fühlen, obwohl das Beben nur einige Minuten dauerte.

Colorados Flucht ließ uns in einer mißlichen Lage zurück, ohne Pferd. Dummerweise fühlen Luise und ich uns verantwortlich, den Sattel nach Cotito zurückzubuckeln. Wir transportierten das Monstrum tatsächlich auf dem Rücken und lösten einander während des Zwölf-Stunden-Marsches nach Cotito von Zeit zu Zeit beim Tragen ab.

Den tiefen Spuren nach zu schließen, die Colorado auf dem Pfad hinterlassen hatte, schien das Tier sein Tempo kein einziges Mal verlangsamt zu haben. Mit jeder zusätzlichen Meile drückte uns der Sattel schwerer. Nie wieder! schworen wir uns.

Pati-Negra

Wir lebten nun schon so lange in Panama, daß jede vorbeiziehende Trockenzeit und Regenzeit mit ihren besondern Arbeiten zur Routine geworden war. Trotzdem hörte ich nie auf zu staunen, wie es möglich war, daß das tiefe Wasser im Urwald und der hüfttiefe Sumpf im Pferch je wieder austrocknen konnten. Man muß es gesehen haben, um es zu glauben. Nur zwei Wochen windiges, trockenes Wetter genügten, um es zu beweisen. Tatsächlich trocknete während des letzten Monats der Trockenzeit die Vegetation völlig aus, und der ganze Sumpf im Pferch, groß wie ein See, war zu einer pudrigen Masse geworden, so daß man das Gefühl hatte, auf einen Haufen Sägemehl zu treten. Ein Funke genügte, und der Dreck fing Feuer, was oft geschah, und er schwelte dann tage- und wochenlang noch tief im Boden, bis der Regen einsetzte. Das Vieh verbrachte die Nacht gern in der Nähe der wärmenden Glut.

Einmal wurde unser Vieh über Nacht von der berüchtigten einheimischen *pati-negra*-Krankheit befallen. Wir merkten er zuerst an großen, schwarzen Blasen auf den Schenkeln und dem Bauch. Einige Tiere starben innerhalb weniger Stunden. Ein Mittel gegen diese Epidemie gab es nicht. Es war schrecklich, unsere zwei am Abend noch gesunden einjährigen Kälbchen am nächsten Morgen tot vorzufinden.

Zwei Pferde starben vom Biß einer nur etwa fünf bis sechs Fuß langen *towoba*-Schlange, die dick wie ein Arm war. Ihr Körper war dreikantig geformt und wies eine düstere braun-graue Farbe und sehr grobe Schuppen auf. Einmal geriet ein Pferd ins Maisfeld - die Pferde waren ganz wild auf Mais - und ging an einer schrecklichen Kolik zugrunde, denn Maiskörner quellen auf.

Während die *pati-negra*-Seuche wütete, kamen wochenlang scharenweise Bussarde hergeflogen, um hier zu bleiben. Wir führten jedes sterbende Tier so weit wie möglich von der Siedlung weg auf eine unbenutzte Weide, wo die Bussarde die Kadaver in etwa drei Tagen aufputzten. Der Gestank war meilenweit im Umkreis unerträglich. Diese Methode des Aufputzens mag wie eine schreckliche Grausamheit erscheinen. Zuerst war auch ich entsetzt darüber, wir waren es alle. Bald lernten wir jedoch, daß es unter den dort herrschenden Umständen der vernünftigste und sogar der einzig mögliche Weg war, um mit dieser Art von Situation fertig zu werden.

Zuerst hatten wir die toten Tiere begraben. Jedes Mal jedoch war unsere ganze anstrengende Arbeit des Vergrabens umsonst. Die Bussarde und manchmal streunende Hunde kamen nachts und gruben die Kadaver wieder aus. Zuerst verabscheute ich natürlich die häßlichen, schrecklichen Vögel, die sich ständig gierig um die stinkenden, aufgetriebenen Körper stritten. Mit vollen Bäuchen ließen sich sich dann in einer Reihe auf dem Zaun des Pferchs nieder, um ihre Flügel auszubreiten, als würden sie ihre Wäsche trocknen.

Nach kurzer Zeit wurde aus meinem Abscheu echte Bewunderung für diese Vögel. Aus einer bestimmten Distanz oben am Himmel wiesen sie eine gewisse Eleganz auf, wenn sie in luftigen Kreisen, von einem Bussard mit weißen Flügeln angeführt, herumflogen. War es eine Art Radar oder ein außergewöhnlicher Geruchsinn, daß sie fähig waren, ein totes Tier aufzuspüren? Ich konnte darüber nur staunen. Nur einmal, soviel ich mich erinnere, schossen sie am Ziel vorbei. Wir hatten einem Besucher, der in Richtung Palm Ranch auf Entdeckungsreise gehen wollte, bevor dort die Bäume geschlagen wurden, ein Pferd ausgeliehen. Unglücklicherweise starb das arme Tier draußen im Urwald, wo der Abenteurer geplant hatte, einige Tage sein Camp aufzuschlagen. Der Gestank zwang ihn jedoch dazu, auf der Stelle nach Cotito zurückzumarschieren.

Luise und ich schauten uns entgeistert an, als er bei uns eintraf - er brachte nicht einmal den Sattel zurück! Viele Wochen später hatten einige unserer Männer Gelegenheit, an jenem Ort vorbeizugehen, konnten sich aber dem Lager nicht nähern. Die Bussarde hatten den Kadaver nicht gefunden, und der Gestank hatte sich über zweihundert Fuß weit im Umkreis ausgebreitet.

Es war also gut möglich, sagte ich mir, daß Bussarde ihre Beute nur dank ihrer Sehkraft finden konnten.

Tod eines alten Mannes

Zum Glück erlebten wir so weit weg von jeder Zivilisation nur einen einzigen Todesfall. Der Tod überraschte einen sehr alten deutschen Junggesellen während seines Besuchs bei unserem benachbarten deutschen Siedler, etwa drei Meilen östlich von unserem Land. Seine eigene Farm befand sich viel weiter unten im Süden in Machio Monte, einen langen Tagesritt von uns entfernt.

Er hatte sich krank gefühlt und war deshalb zu unseren Nachbarn geritten, wo er Pflege erhielt. Sein Leiden brachte es mit sich, daß er am ganzen Körper aufgebläht war; es ging schnell bergab mit ihm, und er starb schließlich. Vorher aber äußerte der alte Mann noch einen Wunsch: «Falls ich sterben sollte, möchte ich auf meiner eigenen *finca* begraben werden.»

Für die meisten klingt das wie ein ganz vernünftiger Wunsch; doch es fiel zwei Jungen zu, diesen zu erfüllen. Sie hatten nicht die geringste Ahnung, wie sie eine solche fast unzumutbare Aufgabe bewältigen sollten. Die zwei Söhne der Familie - Helmut war 15, Friedel 18 Jahre alt - mußten zuerst einen Sarg mit Handgriffen zum Tragen auf beiden Seiten sägen und schreinern. Die Jungen waren gezwungen, die Leiche in dieser Kiste über den steilen, engen Pfad zu tragen, der sich den ganzen Weg bis El Volcan über mehrere Berge hinauf- und hinunterwindet. Von dort sollte der Sarg mit irgendeinem Fahrzeug weitertransportiert werden. Normalerweise konnte diese Strecke innert sechs Stunden zurückgelegt werden. Die Burschen jedoch brauchten dafür einen ganzen Tag.

In diesem Klima riecht ein toter Mensch nicht besser als ein Tier. Ich war überrascht, daß die Jungen nicht gegen einen solch unzumutbaren Auftrag protestierten. Dies schien ihnen gar nicht in den Sinn zu kommen. Sie waren offensichtlich zu absolutem Gehorsam erzogen.

Von Anfang an merkten sie, daß sie nicht fähig waren, den Sarg mit dem Toten weiter als einige Yards auf einmal zu tragen, sondern immer wieder kurze Verschnaufpausen machen mußten. Das Schlimmste kam erst, als sie die steilen Hänge des Pfads erreichten. Zum Glück half ihnen ihr Humor, diese Tortur erträglicher zu machen.

«Paß auf, Helmut!» schrie der ältere Junge vorne, «hier kommt *es* wieder!» Helmut wußte seit dem ersten Aufstieg nur zu gut, was mit *es* gemeint war ... Eine wäßrige Flüssigkeit floß dem Sarg entlang und tropfte auf Arme und Hände ...

Als sie den obersten Punkt des Wegs erreicht hatten und es wieder bergab ging, war es Helmut, der grimmig rief: «Jetzt gehört es alles dir, Friedel!»

Nur wenn sie ab und zu einen Fluß überqueren mußten, hatten sie Gelegenheit, sich zu waschen. Der Haken war nur, daß sie beim Durchwaten des Flusses gezwungen waren, die Last auf ihre Schultern zu laden und ... Helmuts Nase sich auf gleicher Höhe wie der Sarg befand ...

Helmut und Friedel erzählten uns das schreckliche Erlebnis am darauffolgenden Sonntag. Bis dann hatten wir keine Ahnung vom Besuch und vom Tod des alten Mannes gehabt.

Die Jungen versicherten uns, sie hätten unterwegs endlose Anfälle von Schwindel und Übelkeit erlitten, auch einige Zeit danach noch ...

Tropische Wehwehchen und Schnittwunden - aber niemals krank!

Ich will gar nicht versuchen, eine Schlußfolgerung zu ziehen, weshalb wir alle, ob jung oder alt, bei solch guter Gesundheit waren. Oder anders: weshalb wir von jeder Art von schwerer Krankheit verschont blieben. Ich kann nur betonen: wir waren dafür dankbar. Wir hatten auch sehr viel Glück, denn der nächste Arzt befand sich gut zwei Tagesritte entfernt.

Statt Krankheiten fügten wir uns alle möglichen Arten von Verletzungen zu, mit denen wir uns abfinden mußten. Beim Holzschlagen waren Schnittwunden jeder Größe an der Tagesordnung. Eine der gefährlichsten Verletzungen erlitt Ruedi, als er sich durch Versehen beim Schindelnspalten den rechten Zeigfinger abhackte. Als erstes hob Ruedi automatisch den Finger vom Boden auf und steckte ihn wieder an die Hand, worauf ich ohnmächtig wurde. Mit viel Sorgfalt badete Ruedi seine Hand täglich in Alcali-Lösung. Er bestand darauf, dies selbst zu tun, und wollte nicht, daß man deswegen Umstände machte. Alcali war unser bestes Mittel gegen alle Arten von Infektionen. Einige der schwarzen, kristallähnlichen Körner wurden im Wasser aufgelöst, was eine klare, purpurrote Farbe ergab. Jemand nähte Ruedi einen Fingerschutz aus weichem Leder. Inzwischen hatte er gelernt, mit der linken Hand zu arbeiten. Als sein Finger verheilt war, konnte er beide Hände gleichgut gebrauchen und war stolz darauf.

Ein andermal kam Luise knapp an einer Katastrophe vorbei, als sie mit der Machete auf eine Liane einschlug und glaubte, diese sei ebenso zäh wie eine sehr ähnliche Pflanze. Ihre Machete drang wie durch Butter und direkt in ihre Kniescheibe, die ganz durchgehauen wurde. Wir machten uns große Sorgen wegen möglichen ernsthaften Folgen. Auch in diesem Fall verheilte das Knie glücklicherweise nach langer und aufwendiger Pflege, und nur eine kleine Narbe blieb zurück.

Ich erinnere mich noch lebhaft, wie ich einmal beim Holzschlagen um mein Leben rannte, als ein Baum auf mich zu fallen drohte. Um zu verhindern, daß ich zerschmettert wurde, ließ ich mich einfach den steilen Berghang hinunterrollen und versuchte dabei verzweifelt, mich irgendwo festzuhalten. Ich fand Halt ... an einer Stechpalme mit dichten, langen Dornen wie ein Seeigel und ebenso giftig. Mit großer Qual riß ich meine Hand los, wobei all die schwarzen Dornen in meiner Hand und in meinem Arm bis zum Ellbogen hinauf stecken blieben. Ich war gezwungen, an dieser steilen Böschung ein Loch als Halt für meinen Fuß zu graben, um einige der zwei Zoll langen Dornen, von denen es Hunderte hatte, herauszureißen. Später auf der Farm bat ich um Hilfe, um die tiefsten mit einer spitzen Drahtzange herausziehen zu lassen. Es ist zwecklos, darüber nachzudenken, wie ich diese Tortur überstand, ich weiß nur noch, daß sie Stunden dauerte. Um einer Infektion vorzubeugen, badete ich meinen Arm noch tagelang in der erwähnten, für jeden Zweck verwendeten Alcali-Lösung. Wenn ich es einmal vergaß, zwang mich der pochende Schmerz, es schleunigst nachzuholen.

Ein Jahr später, als ich mich am Ellbogen schnitt, kam ein weiterer dieser Dornen zum Vorschein, der die ganze Zeit ohne mein Wissen noch in mir gesteckt hatte.

Wenn ich schon beim unerfreulichen Thema «Schmerzen» bin, kann ich die Leser gleich mit der heimtückischen *nigua* bekanntmachen. Es handelt sich um eine Sandfliege, die nur ein Ziel hat ... sich unter den Zehennägeln einzunisten und dort Eier zu legen. Erst merkt man überhaupt nicht, daß man sie «beherbergt» - nicht bevor sich mehrere dieser Plaggeister eingenistet haben, das heißt, wenn die Zehen schrecklich beißen und höllisch weh tun. Während unseres ersten Jahres in Panama waren wir noch zu unerfahren, um zu realisieren, daß wir diesen kleinen Monstern schon einige Zeit Gastrecht gewährten. Peters Zehen waren schon so voll von ihnen, daß seine kleine Zehe ganz purpurrot und geschwollen war. Auch ein Bad in Alcali nützte nichts. Er hatte keine Ahnung, was diesen Schmerz verursachte.

Bis uns eines Tages einer der deutschen Siedler besuchte. Als er mit uns die übliche Konversation machte, fand ich es irgendwie komisch, wie sein schlecht passendes, scheußliches, mindestens fünfzigjähriges Gebiß bei jedem Wort klickte. Meine verstohlene Belustigung wich jedoch bald echtem Interesse, als er, uns ziemlich erwartungsvoll anschauend, fragte: «Habt ihr Leute schon mit der *Nigua* Bekannschaft gemacht?»

«Nigua?» fragten wir verdutzt und zeigten uns ahnungslos. Unser Nachbar nahm dies prompt als grünes Licht, um uns mit den Gewohnheiten und Absichten dieser Plaggeister vertraut zu machen.

Mr. B.s Gebiß bewegte sich erregt auf und ab, als er auf unsere nackten Füße zeigte: «Will jemand von euch mir seine Füße zeigen, damit ich es euch erklären kann?» Peter, der mit seinen am meisten Probleme hatte, meldete sich freiwillig.

«Aha!» murmelte Mr. B. und ließ uns in der Ungewißheit. «Um Gottes willen!» rief er, während sein Obergebiß beinahe herausfiel. «Deine Zehen sind voll von diesem Ungeziefer! Kann mir jemand ein scharfes Taschenmesser reichen?» fragte er ernsthaft. Peter gab ihm seines, wir hatten immer alle eines in der Tasche. Mr. B. schnitt winzige Trichter den Zehennägeln von Peter entlang. In der Mitte befand sich in jedem ein Sack Eiter, so groß wie ein Zündholzkopf. Dort drin saß der *nigua*-Floh, ganz in seine eigenen Eier eingehüllt, die wie Eiter aussahen. Peters schmerzhafte Zehe wies etwa sieben trichterförmige Löcher auf, als die Eier entfernt worden waren, und war schon ganz infiziert. Nach dem ersten Bad ließen seine Schmerzen bereits nach.

Nun waren wir an der Reihe, unsere Zehen auch untersuchen zu lassen. Sicher war: keines von uns war verschont, wir alle hatten diese Flöhe. Der alte Philipp war Sieger mit etwa einem Dutzend an jedem Fuß. Nie zuvor war so viel an Zehen herumgeschnipselt worden wie an jenem Abend.

Von diesem Tag an wurde eine sorgfältige Fuß- und Zehenkontrolle praktisch ein Ritual. Ein heißes Fußbad zu nehmen war eine der wichtigsten abendlichen Aufgaben geworden. Jeden Abend saßen wir um die Feuerstelle in der Küche herum, wo in einem großen Kessel genügend Wasser für unsere Fußbäder warm gemacht wurde. Durch diese sorgfältige Fußpflege wurde ich auf die Unterschiede und Merkmale jedes Fußes aufmerksam, so daß ich jedes schon nur an seinen Füßen erkannte.

Die Zivilisation droht einzubrechen

Irgendwann im Jahr 1941 erreichten uns die ersten Gerüchte über den Bau des späteren *Panamerican Highway*, der in der Volcan-Gegend begonnen werden sollte, eine

Straße von El Volcan bis zur Grenze von Costa Rica und weiter.

Für uns war es ein großer Schock, daß eine zukünftige Landstraße direkt durch unser friedliches Tal an der *finca* vorbeiführen sollte. Nur zu gut konnten wir uns vorstellen, was ein solcher Bau der Landschaft antun würde. Es würde das Ende all dessen bedeuten, was wir angestrebt und wofür wir gearbeitet hatten - ein friedliches Zusammenleben. Der Bau einer solchen Straße würde nicht nur die ganze Landschaft zerstören, er würde alle möglichen unerwünschten Leute anziehen, die sich der Straße entlang niederlassen und auf Kosten anderer leben wollen. In den USA werden solche Leute *free-loaders* genannt. Der entstehende Schaden wäre unabsehbar.

Diese neue Entwicklung war für mich ein ernüchternder Schock, und ich begann, unsere Lebensweise aus einer andern Perspektive zu betrachten. Mir war klar, daß das, was wir mit großer Mühe erreicht hatten, nicht mehr länger möglich sein würde. Der Reiz der Unberührtheit war weg.

Während des stundenlangen Jätens in der Hitze stellte ich mir Fragen wie: Was liegt vor uns? Werde ich mich damit abfinden können, daß möglicherweise alles, was wir aufgebaut haben, ruiniert wird? Wäre ich zufrieden, für den Rest meines Lebens einfach nur «Teil» einer Gruppe zu sein? Ich erwartete mehr, war aber unfähig, in Worten auszudrücken, was ich vom Leben erwartete. außer daß ich mir wünschte, etwas als Individuum zu leisten.

Wie gewöhnlich ließen die täglichen Arbeiten und Bedürfnisse wenig Zeit übrig, um lange zu philosophieren.

Viele in unserer Gruppe benötigten eine zahnärztliche Behandlung, aber wir konnten es uns nicht leisten, alle auf einmal die weite Reise nach La Concepcion zu unternehmen. Die vielen täglichen Aufgaben durften nicht so lange vernachlässigt werden. Es wurde beschlossen, Martin solle hinunterreiten und Dr. Ortega bitten, bis ans Ende der Straße in El Volcan zu kommen, um dort in Fritz Martis Hütte seine Bohrmaschine aufzustellen - mit dessen Erlaubnis natürlich.

Wenige Tage später lief Dr. Ortegas fußbetriebener Bohrer tagelang heiß, bis alle von uns zahnärztlich behandelt waren.

Sorgen mit rechtsgültigen Urkunden

Jahrelang glaubten wir, keine Pässe oder rechtsgültige Urkunden mehr zu benötigen. Auf einmal informierte uns die Regierung von Panama durch den Alcalde von La Concepcion, es sei Zeit für eine Erneuerung unserer Cedula, die wir alle unterzeichnen mußten. Erst bei dieser Gelegenheit entdeckten wir, daß die Beamten unsere sämtlichen Pässe verlegt oder verloren hatten! Sie seien irgendwo in ihren Dossiers, sagten sie uns unbekümmert. Früher hätte mich das kaum beunruhigt - aber bei den Nachrichten über eine mögliche Invasion eines Straßenbauunternehmens lagen die Dinge anders. Auf jeden Fall war der Versuch, meinen Paß wiederzubekommen, meine erste und wichtigste Mission.

Wie sich bald herausstellen sollte, war genau dies etwa so leicht wie die Aufgabe, einen viereckigen Klotz in ein rundes Loch zu schlagen. Um meine Gefühle zusammenzufassen: es war ein harter Schlag für mich. Nicht hart genug jedoch, um meine Initiative, ganz allein einen neuen Start zu planen, ganz abzublocken.

Eine Zeitlang betrachtete ich Costa Rica als Möglichkeit zu einem Neuanfang, doch bei meiner Zukunftsplanung schien sich alles gegen mich verschworen zu haben.

Keine rechtskräftigen Papiere - das war das Schlimmste von allem. Das Fehlen von Geld - am zweitschlimmsten. Ich konnte kaum irgendeine Fahrkarte gegen Naturalien einhandeln ... Etwas anderes hatte ich vergessen: Wir waren seit vier Jahren völlig von jeder Zivilisation abgeschnitten. In dieser Zeit hatten wir weder irgendeine Zeitung oder Illustrierte gelesen noch Radio gehört. Wir hatten in völliger Abgeschiedenheit gelebt.

Mir wurde überdeutlich bewußt, daß ich das Leben mit dem Rest der Welt wieder aufnehmen mußte; sobald man die Gruppe verließ, war es, als ob man das Gehen wieder lernen müßte. Ich fragte mich auch, was für eine Mode die Frauen inzwischen wohl trugen ... Das letzte, woran ich mich erinnern konnte, war, daß die Kleidersäume bis unter das Knie gereicht hatten; das war, als wir Europa verließen. Für alle Fälle begann ich mir aus den gebrauchten, noch aufbewahrten Kleidern einige einfache Baumwollröcke dieser Länge zu nähen - ohne Maschine.

Die andern hatten keine Ahnung, daß mein Kopf voller Pläne war, sie zu verlassen, außer vielleicht Luise, der ich ein- oder zweimal andeutete, ich hätte kein Verlangen, den Rest meines Lebens in Cotito zu verbringen. Ich hatte erwartet, daß solche Reden sie zumindest überraschen würden. Ihr Schweigen als Antwort schrieb ich dem Umstand zu, daß sie erwachsener war, als ich angenommen hatte. Es kann auch sein, daß sie keinen Grund sah, sich bei den hoffnungslosen Voraussetzungen für einen Neubeginn deswegen aufzuregen. Ich hatte kaum eine Chance, aus dem Hühnerstall wegzufliegen.

Trotz unserer Enthaltsamkeit, was Freundschaften anbelangte, könnte ich, wenn ich nach meiner Freundin gefragt würde, ohne Zögern antworten, Luise habe mir am nächsten gestanden. Stets waren wir bemüht, soweit zu kommen, daß wir alle gleich gern mochten, selbst diejenigen, die man nicht so ohne weiteres gern haben konnte. Wahrscheinlich brachte ich es in Sachen Nächstenliebe nie so weit, und ich war sicher nicht die einzige. In Gedanken konnte ich alle in unserer Gruppe - mehr oder weniger - akzeptieren. Doch Mathilda gern zu haben, wie sie war - das war für mich zu schwierig. Ich haßte sie nicht, aber ich konnte ihre Art nur schwer ertragen. Sie war nicht nur einfach faul und besaß die langsamen Bewegungen eines Faultiers, sie hatte auch einen unangenehmen Körpergeruch - trotz der Möglichkeit, regelmäßig zu baden. Die meisten vermieden es, neben ihr zu sitzen. Was mich richtig rasend machte, war die unappetitliche Art, wie sie Bananen mampfte (gleich dutzendweise). Sie schloß ihren ziemlich breiten Mund mit den hängenden Lippen niemals. Wie eine Kuh wühlte und drehte sie die Banane langsam und geräuschvoll, sich unverschämt umschauend. Aus Erfahrung versuchten wir wegzuschauen, wenn sie aß.

Die Kleider, die Mathilda trug, waren ebenfalls abstoßend. Unsere normale Kleidung bestand aus selbstgemachten leichten Baumwollhosen mit einem Elastikband um die Taille und Hosenträgern aus dem gleichen Material. Ein Hemd oder eine Bluse wurde dazu getragen. Jedoch kein BH. Wir trugen nur Kleider, die leicht und häufig gewaschen werden konnten. Mathilde jedoch machte ihre Kleider aus irgendeinem rohen, grauen Wollstoff von irgendeinem Wintermantel. Sie nähte sie so weit und beutelförmig, daß die voluminösen Hosen bei jedem Schritt von einer Seite auf die andere schwangen, während ihre Hosenträger ständig von den Schultern hinunterglitten. Ihre Hinteransicht erinnerte mich immer an das Schwanzende eines Elefanten. Nicht daß sie zu dick gewesen wäre - es war dieses Hin- und Herschwingen, das diesen Eindruck erweckte.

Wir nähten Flicken auf unsere Kleider und flickten sie, bis es nicht länger möglich war, das heißt, bis wir sogar Flicken auf die Flicken aufnähten. Immer versuchten wir, die Farbe so gut es ging abzustimmen. Mathilda natürlich nicht; nachlässig oder mit Absicht nähte sie feuerrote Flicken diagonal mitten auf ihre Hosen. Dazu kam eine Reihe Farben aus allem möglichen Material, aus Wolle, Kunstseide, Baumwolle, bis sie es ohne weiteres mit einem Zirkusclown hätte aufnehmen können.

Natürlich brachte die Arbeit, die wir täglich erledigen mußten, mit sich, daß sich einzelne Leute zusammentaten. Wie zum Beispiel die zwei Muskelmänner Ruedi und Peter, die ganz gut als Team miteinander auskamen. Ruedi war ehrgeizig und ungestüm und Peter umgänglich und ruhig. Theresa und Vreni bildeten ein glückliches Paar, das den Haushalt besorgte. Die zwei ältesten, Philipp und Jörg, waren auf einer meist «freundlichen, sich aneinander reibenden Basis». Dann natürlich gab es Luise, Doris und mich, von den andern «das Kleeblatt» genannt, da wir die meiste Arbeit gemeinsam erledigten. Alle wußten, daß von Mathilda kein ernsthaftes Arbeiten erwartet werden konnte. Meist waren wir alle viel zu beschäftigt, um noch herauszufinden, womit sie den Tag verbrachte. Es kam ganz auf sie an, was sie mit ihrem Leben anstellte.

Ein Brief an die Botschaft

Ich hatte nicht wirklich erwartet, daß ein einziger Brief für eine drastische Wende in meinem Leben sorgen würde. Es war nach Jahren der erste Brief, den ich schrieb. In diesem an den Schweizer Konsul in Costa Rica adressierten Schreiben bat ich um seinen Rat in bezug auf meine Chancen, hier im Land eine für mich geeignete Stelle zu finden.

Wir hatten früher gehört, einige der Konsulate in Panama seien schon geschlossen worden, weil die USA in den Zweiten Weltkrieg eingetreten waren. Das waren wirklich Neuigkeiten für uns, da wir völlig von der Außenwelt abgeschnitten lebten. Deshalb erwartete ich eine Antwort nicht vor zwei oder mehr Monaten.

Ungefähr zehn Tage später jedoch kam ein Fremder mit zwei Pferden den Weg nach Cotito heraufgeritten, als wir auf der Bank vor dem Bananenhaus saßen. Ein magerer, schmalbrüstiger Mann stieg vom Pferd und kam auf uns zu. Er stellte sich auf deutsch als Withoune vor, Verwalter einer Mrs. M. in Barilles, etwa vier Stunden weit zu Pferd vor El Volcan gelegen.

Ich war froh, daß Theresa aus der Küche kam, um den Mann zu begrüßen. Sie schien ihn indirekt zu kennen, hatte offenbar schon von ihm gehört. Er hatte bereits seit einigen Jahren in der Vulkan-Gegend gelebt, ohne eine eigene Farm zu besitzen.

Er sah vor allem mich an, als er zu reden begann: «Ich habe gehört, daß eines eurer Mädchen plant, die *finca* zu verlassen?»

Sofort ärgerte ich mich über seine dreiste Annahme und seine Feststellung. Wie hatte er dies wohl herausgefunden? Ich hatte niemandem etwas davon erzählt - noch nicht.

Dem nun folgenden Gespräch und Withounes Fragen entnahm ich, daß er mehr oder weniger ein enger Kumpel des Postverwalters im Postbüro von El Volcan sein mußte.

Ich befürchtete nun, mein Brief sei nicht weiter als bis dorthin gelangt. Offenbar war das Schreiben überhaupt nicht bis Costa Rica gekommen. Bald wurde mir klar, daß der Postverwalter und eine ganze Menge anderer Leute jedes Detail meines Briefes zu kennen schienen. Die früheren Gerüchte, die wir all die Jahre hindurch hörten: daß sämtliche Post geöffnet und gelesen werde, schienen tatsächlich wahr zu sein.

Der ziemlich schwatzhafte Withoune erklärte nun den Grund seines Besuchs. «Ich bin im Auftrag einer netten Amerikanerin gekommen, die ganz allein mit ihrem einzigen, elfjährigen Sohn in einem großen Haus lebt.» Sich direkt an mich wendend, fuhr er fort: «Mrs. M. möchte Sie, Trudi, fragen, ob Sie Interesse hätten, bei ihr zu leben, vor allem, um ihr Gesellschaft zu leisten. Sie wird Sie wie ein Mitglied der eigenen Familie behandeln, das kann ich Ihnen versichern.» Natürlich setzte er hinzu: «Von Zeit zu Zeit wird sie einige Gäste haben, die von der Kanalzone heraufkommen, und Sie werden ihr eine große Hilfe sein.» Das Bild dieser Stelle, das er so freimütig mit Versprechungen und der Aussicht auf viel Freizeit ausmalte, schien zumindest ein Körnchen Wahrheit zu enthalten. Falls die Dinge nur halb so rosig waren, wie er sie schilderte, war ich entschlossen, es wenigstens zu versuchen. Besonders da sich dieser Ort nur etwa vier Stunden zu Pferd von Cotito aus befand. Am wichtigsten war mir jedoch die Gelegenheit, Englisch zu lernen.

Natürlich war es nicht etwa Withoune, der mich zu meinem Entschluß motivierte. Ich versuchte, sein langgezogenes, gefurchtes Gesicht zu übersehen, das mich an den Helden Scrooge aus Andersons Geschichten in den sechziger Jahren erinnerte. Jedesmal, wenn Withoune etwas sagte - viel zu nah stehend -, besprühte er einen mit Speichel, der von zwei häßlichen, gelbbraunen Stummeln herrührte.

Im Moment machte ich mir am meisten Gedanken darüber, wie meine Freunde wohl auf meinen Plan reagieren würden.

Sie waren sprachlos und konnten gar nicht glauben, daß ich sie verlassen wollte. Theresa meinte tröstend: «Du wirst praktisch in der Nachbarschaft leben und kannst jederzeit zurückkommen.» Ziemlich verwirrt packte ich einige Sachen zum Übernachten in die Satteltasche. Den Rest meiner Kleider in einem aus Rattan geflochtenen Koffer ließ ich zurück. Theresa versprach, die Jungen würden ihn eine Woche später auf dem Weg nach El Volcan mitbringen, falls ich bei der Dame bleiben wolle. Als ich mich von allen verabschiedete, dachte ich keineswegs, daß dies ein endgültiger Abschied sein könnte.

Vier Stunden später, als wir uns Mrs. M.s Haus näherten, war ich überrascht über das große, zweistöckige Haus mit Glasfenstern rundherum. Es schien ein gut gebautes Haus zu sein, obwohl es architektonisch gesehen keinen besondern Stil aufwies - ein wenig New-England vielleicht. In diesem Teil des Landes konnte man es beinahe als luxuriös bezeichnen. Nirgendwo sonst hatte ich Häuser mit Fenstern aus Glas gesehen, nicht einmal in La Concepcion. Eigentlich hatte ich sie gar nie vermißt. Die Seiten waren rötlichgelb angemalt; außer der Silberhütte in El Volcan war dieses Haus weit und breit das einzige mit einem Farbanstrich. Es befand sich auf einer Hochebene, von einem hufeisenförmigen kleinen Fluß umgeben, den wir überquerten, um zum Haus zu gelangen.

Mrs. M. und ihr Junge Skippy standen vor dem Haus, um uns zu begrüßen. Sie war eine attraktive Frau in den frühen Vierzigern, mit großen, grauen Augen. Der Junge war hellhäutig und schmächtig, mit den gleichen Augen wie seine Mutter. Als ich Mrs. M. die Hand gab, legte sie den Arm um meine Schultern und sagte etwas, was ich noch nicht verstand. Sie führte mich durch eine sehr große Küche in das Haus. Die Einrichtung beeindruckte mich, das Haus schien jeden modernen Komfort zu besitzen. Den Fenstern entlang gab es eingebaute Schränke mit einem großzügigen rostfreien Ausguß und einem Abtropfbrett, dazu einen elektrischen Kühlschrank an der andern Wand und einen kerosinbetriebenen Kochherd.

Das Ganze hatte nur einen kleinen Haken ... außer dem Kerosin-Kochherd funktionierte nichts. Elektrizität gab es nicht, aus dem Wasserhahn beim Ausguß floß kein Wasser, es gab keinerlei Rohre und auch kein Wasser in der Küche.

Als Mrs. M. mich ins Wohnzimmer eintreten hieß, konnte ich nur ausrufen: «Wie schön!» Es war gemütlich und einladend, obschon es sehr groß war, etwa 20 mal 30 Fuß. Ein großes Cheminée nahm die Hälfte des Raums ein. Zwei rosarote chinesische Teppiche bedeckten den ganzen Boden. Auf einem Sims den Wänden entlang war eine Sammlung Puppen aus aller Welt aufgereiht. Die Möblierung bestand aus Chaiselongues, Sessel und einem großen Pult in der Mitte, sehr luxuriös für diesen Teil des Landes. Ich konnte mir nicht vorstellen, wie all diese großen Gegenstände hierhergebracht worden waren - ohne fahrzeugtaugliche Straße. Wie konnte ein Pferd einen Kühlschrank tragen? - Zuerst mußte ich aber Englisch lernen, um überhaupt eine Frage stellen zu können. An diesem ersten Tag war ich froh, wenigstens *yes* zu verstehen. Inzwischen mußte ich mich mit Mr. Withoune als Übersetzer zufriedengeben. Die Nächte waren ebenso kühl wie oben in Cotito, und wir setzten uns jeweils abends im Schein einer Öllampe ans gemütliche Cheminéefeuer zusammen. Der alte Withoune führte meist ein einseitiges Gespräch mit Mrs. M., während er vor uns im Zimmer hin und her ging, eine Gewohnheit, die ich verabscheute. Ich gab mir Mühe, etwas zu lernen, und versuchte, ganz genau zuzuhören und möglicherweise ein vertrautes Wort oder zwei aufzufangen. Leider war die Konversation einfach ein Wortschwall, und es hätte geradesogut Griechisch oder Suaheli sein können. Ich konnte nicht unterscheiden, wann ein Satz begann oder endete.

Bisher hätte ich nie geglaubt, je einmal Gefühle von Heimweh zu verspüren - bis zu diesem ersten Samstag, als ich die beiden Jungen aus Cotito mit ihren Pferden aufs Haus zureiten sah. Ich brach beinahe in Schluchzen aus, als ich die vertrauten Töne des Schweizer Dialekts hörte. Es gelang mir, den Kloß in meinem Hals hinunterzuschlucken, mit Arthur und André belanglose Konversation zu machen und beizufügen, ich würde sie bald in Cotito besuchen.

Ich glaube, während der Stunden, die ich mit Mrs. M. in der Küche verbrachte, lernte ich am meisten Englisch. Sie kochte gern phantasievolle Gerichte, und ich half ihr gerne. Immer hatte ich einen Notizblock bei mir und einen Bleistift in der Tasche, bereit, jedes neu gelernte Wort aufzuschreiben. Ich hatte mir fest vorgenommen, die englischen Wörter gleichzeitig schreiben zu lernen. Das war wichtig, denn das Wort *spoon* zum Beispiel tönte wie *spun* für mich. Ich war sehr froh, daß Mrs. M. mir zuliebe langsam und deutlich sprach. Mein Englischlernen war mehr oder weniger eine «Schwimm-oder-ertrink»-Situation. Sonst hätte ich die Tage und Monate in völligem Schweigen verbringen müssen oder ... uff, wäre auf Withounes Übersetzung angewiesen gewesen. Ich nicht. - Vom Moment an, wo ich fragen lernte, was dies oder jenes sei, begann ich Fortschritte zu machen und freute mich darüber.

Da es in der Volcan-Gegend keine Schulen gab, weder einheimische noch ausländische, unterrichtete Mrs. M. Skippy selbst, um seine frühere Schulbildung fortzusetzen. Wann immer sie ihm Englischunterricht erteilte, machte ich als Schülerin mit, denn eine solche Gelegenheit wollte ich nicht verpassen.

Ich fand es direkt lustig, daß sie eine Kuh mit einem kleinen Kalb besaßen, die aber niemand melken konnte. Ich gehöre zwar zu den nichtjodelnden Schweizern, doch konnte ich eine Kuh melken. Skippy freute sich sehr auf die Aussicht, täglich frische Milch trinken zu können.

Gäste aus der Kanalzone brachten einen plötzlichen Wechsel in das gemächliche Leben. Ich entdeckte, daß Mrs. M. ihr Haus *The Hunting Lodge* nannte. Komplizierte Kocherei und endlose Cocktails wurden zur Regel, was mir alles «spanisch» vorkam. Die Einstellung und das Verhalten des durchschnittlichen Gastes waren mir ein Rätsel. Weshalb wohl nahmen sie sich die Mühe, von so weit her zu uns zu kommen? Nur um im Haus herumzusitzen und auf die nächste Mahlzeit zu warten, während sie zahlreiche Cocktails und andere Drinks zu sich nahmen? Ich erinnere mich an ein Ehepaar, das eine ganze Kiste *Four Roses*-Whisky unter dem Bett stehen hatte.

Zwei junge Männer brachten Gewehre mit, offenbar zum Jagen. Einer dieser tapferen Burschen trat vors Haus und begann etwa zwanzig Fuß davon entfernt auf alles, was sich in den Bäumen ringsum bewegte, zu schießen. Zum Glück floh nach einer Runde dieser ohrenbetäubenden Schüsse jeder Vogel und jedes wilde Tier weit weg. Diese Gäste glaubten, sie seien hier in der ... hm ... Wildnis. So weit oder so nah von der Wildnis waren sie noch nie zuvor gewesen - von Kopf bis Fuß mit insektenabstoßenden Mitteln ausgerüstet.

Die nächste Gruppe von Besuchern jedoch änderte meine Meinung über Gäste wieder. Vom Moment ihrer Ankunft an fiel mir auf, wie anders sie uns alle behandelten und wie echt ihre Freundlichkeit war. Sie waren einfach glücklich, da zu sein. Die Abende rund um das Cheminéefeuer wurden mir dank ihnen zu einem unvergeßlichen Erlebnis. Mrs. M. liebte es, interessante Gespräche zu führen und gute Unterhaltung zu bieten. Während sie ihre Ukulele stimmte, wurde fröhlich die Auswahl der Lieder besprochen, die sie auf Notenblättern herumreichte. Bald kam eine gute Stimmung auf mit Liedern wie *Blueberry Hill, Silver Threads among the Gold, There is a long Trail ...* und vielen andern. Für mich waren dies Abende ein besonderer Genuß, und ich sog jeden Ton in mich auf. Auf einmal realisierte ich, daß ich seit Jahren keine Musik mehr gehört hatte. Bei diesem Gedanken kamen mir fast die Tränen. Wie dumm, dachte ich, mir dies so zu Herzen zu nehmen. Es war mir eigentlich nie bewußt geworden, wie sehr ich mich nach Musik sehnte.

Wochenlang kamen und gingen Gäste, oft in Gruppen von sechs oder mehr. Eines Tages kam ein junger Gast allein, er war klein und schlank und trug einen Armeesack über die Schulter geschlungen. Er war ganz anders als die bisherigen Gäste. Alle erwarteten jeweils Betreuung rund um die Uhr, daß sie mit Pferd und zusätzlich mit Lastpferden abgeholt würden und die Begleitung eines Führers erhielten - einfach alles. Bei seiner Ankunft strahlte das Gesicht dieses jungen Burschen vor Begeisterung über seinen (wie er es nannte) inspirierenden Marsch durch den Urwald hierher. Wahrscheinlich war er wie die andern Gäste auch das erstemal so weit weg von der Zivilisation. Mit dem Unterschied, daß er kaum erwarten konnte, gleich in die Mitte zu geraten - und erst noch zu Fuß. Er schien überzeugt, daß in diesen Wäldern große Abenteuer auf ihn warteten. Ich zweifelte keinen Moment, daß er wirklich solche erleben und unvergessliche Erfahrungen machen würde.

Ich war glücklich und erleichtert, jemanden kennenzulernen, der interessantere Dinge zu tun hatte, als die Zeit damit zu verbringen, einen Cocktail nach dem andern hinunterzustürzen.

Früh am nächsten Morgen brach der junge Bursche, der Eric hieß, zu seinem ersten Trekking auf. Er folgte dem erstbesten Pfad, den er fand, um zu sehen, wohin dieser führte. Nachdem er das Mittagessen und das Nachtessen verpaßt hatte, kam er schließlich knapp vor Einbruch der Dunkelheit zurück, mit glühendem Gesicht und vor Aufregung leuchtenden Augen. Seiner Beschreibung nach zu schließen, hatte er die wenigen Einheimischen, die er auf dem einsamen Pfad getroffen hatte, für echte Indianer gehalten. Und jedes Knacken stammte natürlich von einem Berglöwen - was auch gut möglich war. Kurz, er hatte einen wunderbaren Tag erlebt.

Eric freute sich, daß ich jeden Pfad in der Gegend kannte, da ich monatelang selbst daran gearbeitet hatte. Anhand seiner Beschreibung konnte ich ihm genau sagen, wo und wie weit er gewesen war. Kurz vor unserer Chiriqui-Brücke hatte er angehalten. Ich erzählte ihm, er hätte Cotito erreicht, wäre er noch etwa vierzig Minuten weitergegangen. Er hatte gar nicht realisiert, daß er gute sieben Stunden unterwegs gewesen war, ohne einen Bissen zu essen. Trotzdem konnte er den nächsten Morgen kaum erwarten, um diesmal den ganzen Weg bis Cotito zurückzulegen. Ich versicherte ihm, meine Freunde würden sich freuen, ihn über Nacht als Gast aufzunehmen. Zwei Tage später kehrte er zurück, übers ganze Gesicht grinsend, mit einem großen Schweizer Käse unter dem Arm. Die Gastfreundschaft meiner Freunde und die Schönheit der Farm hatten ihn ganz einfach überwältigt.

Magere Monate

Eines Morgens, viele Wochen später, standen wir bei der Haustür und winkten den letzten Gästen zum Abschied zu. Mit einem Seufzer der Erleichterung, denn ich freute mich auf ein etwas ruhigeres Leben. Es wurde auch wirklich ruhig, weit ruhiger, als ich erwartet hatte. Am nächsten Morgen kam Mrs. M. mit der Nachricht zu mir, sie müsse unbedingt verreisen, um ihren Mann, der in der Kanalzone arbeitete, zu besuchen. Sie fragte mich, ob es mir nichts ausmache, mich einige Wochen lang um Skippy und das Haus zu kümmern? Was hätte ich entgegnen sollen? Natürlich wollte ich sie nicht im Stich lassen, obwohl ich gehofft hatte, nach Cotito zurückzukehren. Ich hatte noch keine Ahnung, daß sie vier Monate lang abwesend sein würde.

Wie sollte ich nun Englisch lernen, fragte ich mich. Skippy war ein netter Junge, aber nicht unbedingt eine geeignete Quelle, um gutes Englisch zu lernen. Withoune war ebenfalls keine Hilfe, er lebte sehr zurückgezogen und war stets schlechter Laune. Wenn er nicht gerade schlief, verbrachte er seine Zeit mit einer Flasche Rum draußen in der Sattelkammer. Oder er ritt nach El Volcan und verbrachte den ganzen Tag in der *cantina*. Er pflegte nur dann Holz zu spalten, wenn Mrs. M. ihn dazu aufforderte. Ich vermutete zu Recht, daß er, sobald sie verreist war, am Morgen nicht einmal mehr aufstehen würde.

Mrs. M. gab Withoune einige Anweisungen und setzte hinzu, sie werde regelmäßig Geld für den Haushalt und meinen Lohn schicken. Da dieser Lohn selbst damals sehr klein war, ganz genau zehn Dollar im Monat, sah ich ihrer Abreise mit Schrecken entgegen.

Wochenlang, monatelang waren wir allein. Mit Withoune ging es weit weniger gut als erwartet. Wenn er nicht im Bett lag, war er in der *cantina* in Volcano und kam oft nicht einmal nachts nach Hause. Das Wort Arbeit schien ihm völlig fremd zu sein. Unser Vorrat an Nahrungsmitteln war auf eine lächerlich kleine Auswahl zusammengeschmolzen. Brot und Mehl waren seit langem aufgebraucht, und da war auch kein Backfett, Fett oder Öl mehr. Seit Tagen hatten wir nichts anderes als Reis und Kohl gegessen. Als ich Withoune auf die leeren Schränke aufmerksam machte, grunzte er: «Ich werde morgen etwas bringen.» Als er von El Volcan zurückkam, brachte er uns großherzig einen weiteren Kohlkopf mit, den er gratis erhalten hatte, und einen kleinen Laib Brot.

Am nächsten Abend war ich schockiert, vier unangemeldete Gäste zum Haus heraufreiten zu sehen. Ich hatte das starke Bedürfnis, mich zu verstecken, in der Hoffnung, sie würden wieder weggehen. «Was soll ich ihnen zum Essen aufstellen?» fragte ich mich mit schlotternden Knien. Verzweifelt hoffte ich, sie hätten zumindest das Abendessen schon zu sich genommen, da die Sonne gerade unterging. Ich wollte sie keineswegs danach fragen - und gottseidank taten sie es auch nicht. In dieser Nacht konnte ich keinen Schlaf finden, weil ich ständig überlegte, was ich ihnen zum Frühstück zubereiten sollte.

Ich stand am Morgen sehr früh auf, um im leeren Küchenschrank zum xtenmal nachzuschauen, ob ich nicht etwas übersehen hatte. Alles, was ich fand, war eine Flasche Vanille-Extrakt (gewiß preislos, wenn man es brauchte), die Hälfte des Brotes, das wir aufgespart hatten, etwas Zucker und ein Ei von unserem einzigen Leghuhn.

Während ich meinen Fund abschätzte, kam mir eine mögliche Idee. Ich wollte einen Brotpudding machen und dazu Kaffee. Zumindest in dieser Form konnte ich das Brot in vier Portionen teilen. Ich war zufrieden, daß ich überhaupt etwas gefunden hatte. Ich brauchte mir nichts vorzumachen, ich wußte nur zu gut, was ein Gast normalerweise erwartete - ein weit traditionelleres Frühstück.

Mit einem tiefen Seufzer rief ich die beiden Paare zu Tisch, und sie setzten sich sofort hin. Ich schenkte Kaffee ein und begann den Brotpudding zu schneiden. Die beiden Damen lächelten steif und riefen aus: «Ohhh ... Brotpudding zum Frühstück!» und schauten sich vielsagend an.

Dann, als ob sie ihren Augen nicht trauten, daß dies alles war, was sie erhielten, ließen sie ihren Blick über die leeren Kästen und Regale schweifen. Mir wurde bis über die Ohren heiß und kalt vor Verlegenheit. Hätte ich versucht, eine Erklärung für das kärgliche Frühstück abzugeben, wäre die Situation noch schlimmer geworden.

Ohne ein Wort packten sie kurz nach dem Frühstuck ihre

Sachen und brachen auf. Sehr vernünftig, dachte ich. Aus reiner Höflichkeit riskierte ich die Frage: «Wollen Sie nicht bleiben?», obwohl ich wußte, daß ich mir ein Ja nicht leisten konnte. Ich hatte *alles*, was wir noch hatten, für dieses eine Frühstück verbraucht.

Skippy und ich sahen ihnen mit einem weiteren Seufzer der Erleichterung nach, als sie den Pfad hinunterritten. Es machte uns nicht mehr halb so viel aus, zu unserer Reis-und-Kohl-Kost zurückzukehren.

Aber es wurde noch schlimmer. Zwei Monate waren auf diese Weise schon vergangen, und in Mrs. M.s Briefen an mich stand nichts über Lohn oder Geld für Nahrungsmittel. Da ich dachte, es sei ihr nicht möglich, mich zu bezahlen, wollte ich sie nicht danach fragen. Was mich störte, war, daß auch kein Kerosin mehr da war und Withoune von mir verlangte, den Reis im Cheminée zu kochen. Er behauptete, weder für Kerosin noch für etwas anderes mehr Geld zu haben. Dies war eine unmögliche Situation, denn weder die Kochutensilien noch das Cheminée waren zum Kochen über Feuer geeignet. Wir konnten den Reis nicht roh essen. Der Holzvorrat war im übrigen auch schon lange aufgebraucht. Withoune hatte seit Mrs. M.s Abreise überhaupt kein Holz mehr gespaltet. Und ich hatte bereits das Kerosin der letzten Lampe dazu verwendet, Reis zu kochen. Keine Wärme mehr vom Cheminée an kalten Abenden, kein Licht mehr, wenn es vor sieben Uhr dunkel wurde. Die Abende schienen endlos lang zu sein, und was gab es sonst für uns zu tun, außer ins Bett zu gehen?

Tagsüber hatte ich den ganzen Stoß *National Geographic*-Magazine gelesen und nochmals gelesen, die bis in die zwanziger Jahre zurückreichten. Dies half, mein Englisch zu verbessern, obwohl ich auch mit Hilfe der Bilder nur einen Bruchteil verstand. Mit diesem begrenzten Wortschatz korrespondierte ich mit Mrs. M.; dadurch lernte ich am meisten.

Etwa sieben oder acht Wochen vor Weihnacht wünschte ich mir: «Wenn ich doch wenigstens ein bisschen was von meinem Lohn bekäme, etwa zehn Dollar, um einige Geschenke für meine Freunde in Cotito zu kaufen...» Ich beschloß, Mrs. M. in meinem nächsten Brief zu fragen, ob sie mir möglicherweise etwas Geld schicken könnte. Ihre Antwort beunruhigte mich, obwohl sich die ganze mysteriöse Angelegenheit dadurch etwas aufklärte. Sie schrieb, Withoune erhalte auch einen Brief von ihr, in dem sie ihn bitte, mir sofort mein Geld zu geben. «Denn ich habe ihm das Geld schon vor Monaten geschickt.»

Widerwillig bezahlte mir Withoune die ganzen zehn Dollar. Mrs. M. versprach, sehr bald zurückzukehren, wahrscheinlich kurz nach Weihnacht, und alles aufzuklären.

Ich war glücklich, jetzt wenigstens für Weihnacht etwas kaufen zu können, und nahm einen *chiva* nach La Concepcion. Dort war ich erstaunt, wieviel ich mit meinen zehn Dollar kaufen konnte und wieviel mir noch übrigblieb. Ich erstand ein Dutzend Tassen und Teller für Theresa, für die andern Stoff für Kleider, viel Nähzeug, Faden und ein Paar Schuhe und Socken für mich selbst.

Eine jüdisch-deutsche Emigrantenfamilie lud mich ein, bei ihnen zu übernachten. Es war ihnen gelungen, kurz vor Ausbruch des Krieges aus Deutschland zu fliehen. In der winzigen Stadt verdienten sie sich nun einen sehr bescheidenen Unterhalt mit dem Verkauf von Brot, das sie in einem selbstgemachten Ofen backten.

Als ich meine Einkäufe getätigt hatte, fühlte ich mich

immer noch reich genug, um die zwei halbwüchsigen Töchter der jüdischen Familie ins einzige Kino einzuladen. Dieses war so primitiv und armselig, daß es reiner Zufall war, wenn man einen der Darsteller erkannte, denn alles, was man sehen konnte, war Schnee.

Als ich von meinem Einkaufstrip zurückkehrte, sattelte ich sofort zwei Pferde, um mit Skippy bei meinen Freunden auf der Cotito-Farm die Weihnachtstage zu verbringen.

Wo ist das Geld geblieben?

Am Tag vor der erwarteten Rückkehr von Mrs. M. schien Withoune geschäftiger zu sein als je zuvor. Er brachte sogar eine Gallone Kerosin und spaltete Holz für das Cheminée. Kurz, er war den ganzen Tag in Bewegung. Am meisten jedoch war ich darüber erstaunt, daß er sich bei Sonnenuntergang nicht wie sonst verzog. Ich lag oben im Bett, hellwach - ich war voller Erwartung auf den kommenden Tag, der unser einsames Leben verändern würde. Da ich Mrs. M.s letzten Brief so oft gelesen hatte, daß ich ihn auswendig wußte, dachte ich immer wieder an den Satz: «Ich freue mich, zurückzukommen ... die kühlen Nächte ... und ich bringe ganz viele gute Sachen mit zum Kochen und Backen.» Nur schon daran zu denken machte mich glücklich. Nicht nur wegen der erwähnten guten Sachen, sondern weil es so selten war, überhaupt einen Brief zu bekommen, und ich deshalb jedes Wort und jeden Satz mit tiefer Freude auskostete.

Ich mußte schon seit Stunden wach gelegen sein, und der Schein des Mondes an der Wand gegenüber hatte sich auf mein Gesicht zubewegt. Durch die offene Tür bemerkte ich den Schimmer der Kerosin-Lampe an der Decke. Ich stand auf und lehnte mich über das Geländer, um zu kontrollieren, ob tatsächlich vergessen worden war, die Lampe zu löschen ... Unten sass Withoune in der Lobby, über ein Buch gebeugt, im Licht der Lampe Kolonnen schreibend. Es war das erste Mal, daß ich ihn Buchhaltung führen sah. Dieses Buchführen in einer einzigen Nacht sollte sich am kommenden Tag als interessant herausstellen, wenn er Mrs. M. seine Aufstellungen zweifellos vorzeigen mußte.

Für Skippy und mich hatte der kommende Tag fast etwas Weihnächtliches. Daß es mir solchen Spaß machte, Mrs. M. auch nur beim Auspacken des Gepäcks und der Kisten mit Nahrungsmitteln zu helfen, zeigte genügend, wie sich eine Lebensmittelknappheit auswirken kann.

Einige Stunden später war die Atmosphäre im Haus so gespannt wie vor einem Sturm - als Mrs. M. Withoune bat, ihr seine Aufstellung der Ausgaben für den Haushalt zu zeigen. Lammfromm nahm er sein großes Ausgabenbuch hervor. Ich dachte, es sei das beste, sie allein zu lassen, und verzog mich. Es ging nicht lange, bis sie mich rief und über Einzelheiten der Ausgaben befragte. Die meisten Fragen konnte ich mit Ja oder Nein beantworten, soweit es um die gekauften Lebensmittel und Kerosin ging. Diese Befragung dauerte noch zwei weitere Tage, während sich Withoune in immer mehr Widersprüchen verwickelte und nur noch «Aber ...» stammelte. Mrs. M.s Zorn wuchs. Zum Beispiel, als sie einen Blick auf seine lange Aufreihung «für Kerosin ausgegeben» oder «Auslagen für Skippy» warf und dieser wie auch ich ihr versicherten, Withoune habe weder für das eine noch für das andere je einen *dime* ausgegeben. Mrs. M. verlangte von Withoune eine Erklärung, wofür er das Geld ausgegeben habe. Er argumentierte mit vielen Aber, gab sich völlig unschuldig und behauptete, Skippy und ich sagten nicht die Wahrheit. So vergingen die Tage, und mit jeder weiteren Enthüllung in seiner sogenannten Buchhaltung wurde die Sache noch schlimmer. Als Mrs. M. dann noch mehrere auf ihren Namen ausgestellte I.O.U.-Schuldscheine der *cantina* in der Sattelkammer fand, war sie so wütend, daß sie unverzüglich ein Pferd satteln ließ und nach El Volcan ritt, um die Wahrheit selbst herauszufinden.

Das Resultat dieses kleinen Ausflugs bedeutete mehr oder weniger das Ende für Withoune.

Sichtlich erschüttert von dem, was sie herausgefunden hatte, hielt Mrs. M. eine Rechnung von 75 Dollar mit ihrem Namen Withoune vor die Nase und fragte: «Ich will, daß Sie mir eine Erklärung geben!» Er versuchte mehrere Anfänge, um sich mit vielen «Ja, aber» und «Ich...» zu verteidigen, fiel dann aber bald in ein zusammenhangloses Murmeln. Seine schwache Verteidigungsgeschichte ließ sich auf die Tatsache zusammenfassen, daß nicht nur die ganzen 75 Dollar für Alkohol draufgegangen waren, sondern auch noch das gesamte Bargeld, das sie für den Haushalt und für meinen monatlichen Lohn geschickt hatte. Zu jener Zeit war dies eine schockierende Summe, die da ein einziger Mann allein für Spirituosen verpulvert hatte. Rum war sehr billig, kostete weit weniger als einen Dollar pro Flasche. Mrs. M. und Withoune stürmten beide zum Haus hinaus Richtung Sattelkammer, und ich hörte, wie der Schuldige Mrs. M. anflehte: «Bitte entlassen Sie mich nicht, ich weiß nicht, wohin ich sonst gehen kann!» Stundenlang schien es so weiterzugehen.

Ich war recht überrascht, daß sie ihn noch Wochen im Haus duldete - wahrscheinlich aus Mitleid.

Cupido

Sobald die unangenehme Angelegenheit erledigt war und auch ich meinen Lohn erhalten hatte, ging alles wieder seinen normalen Gang.

Diesmal war ich nicht allzu überrascht, als wieder Gäste in Scharen von sechs bis acht Personen auftauchten. Bei jeder neuen Ankunft beschloß ich, nur zu bleiben, bis sie gegangen waren, und dann nach Cotito zurückzukehren. Dieses ständige Bedienen und Umsorgen einer Schar verwöhnter Gäste war für mich auf die Dauer kein Leben. Wirklich außergewöhnliche Gäste, für die es sich lohnte, alles andere zu ertragen, kamen allzu selten. Aber der Gästestrom hörte nicht auf, auch als ich Mrs. M. schon über meine Absicht, nach Cotito zurückzukehren, informiert hatte. Keine Gelegenheit für eine Ruhepause. Die Trockenzeit hatte eingesetzt, und viele Leuten wollten aus der heißen Kanalzone zu uns heraufkommen, um hier kühlere Tage zu genießen.

An einem der angenehm kühlen Nachmittage, als Mrs. M. und ich mit einigen Gästen auf dem Rasen Badminton spielten, kam ein sehr großer, junger, schlanker Mann den Pfad herauf. Ein Gewehr und eine Tasche mit einem Reißverschluss waren sein ganzes Gepäck. Mit einer überraschend tiefen Stimme fragte er: «Ich hoffe, dies ist der Ort, den ich suche - Mrs. M.s *Hunting Lodge*?» Mrs. M. hörte sofort auf zu spielen und ging auf den neuen Gast zu, um ihn zu grüßen und allen vorzustellen.

«Mein Name ist Ray ...», sagte er und schüttelte mir die Hand. Sein schmales Gesicht und sein männliches Profil mit dem braunen, lockigen Haar gefielen mir. Er war tatsächlich mein Idealtyp eines gutaussehenden Mannes und glich ein wenig Gary Cooper, meinem Lieblingsschauspieler.

Da ich keine Ahnung hatte, wie gut man bei den Amerikanern die Akzente der Leute aus dem Norden oder Süden unterscheiden konnte, fiel mir nur auf, daß Ray langsamer und mit mehr Modulation sprach als zum Beispiel Mrs. M. Ich war beeindruckt, wie er mich in die Gespräche immer miteinbezog. Jedesmal, wenn ich versucht war, mir einzubilden, Ray sei ein wenig netter zu mir als zu den andern, fand ich wieder, er sei geradeso freundlich zu Skippy und sogar zu Withoune.

Eines Abends, als wir um das Cheminée herumsaßen, tauschten alle kleine Geschichten aus, und ich hörte vor allem zu. Ich war verblüfft, wie Rays tiefe Stimme die Lehne meines neben ihm stehenden Stuhles zum Vibrieren brachte.

Als Ray von einem Ausflug nach El Volcan mit einem Packpferd zurückkam, wo er sein Gepäck und ein größeres Gewehr abgeholt hatte, drängten sich alle Männer um ihn herum. Nie zuvor hatte ich Leute gesehen oder gekannt, die sich derart für Gewehre interessierten. Mir schien ein Gewehr gleich wie das andere zu sein. Ich interessierte mich nicht dafür. Zwar mußte ich zugeben, daß Rays Gewehr ganz attraktiv aussah mit seinem dunklen, glänzenden Kolben aus Mahagoniholz. Als Ray zahlreiche Schachteln mit Patronen auspackte, machte Skippy ganz große Augen, und die Männer pfiffen vor Bewunderung durch die Zähne. Ich entnahm ihrem Gespräch, daß Munition in diesen Jahren kaum aufzutreiben war - und ebenso die Gewehre. Der Anblick von Rays Reichtum schien sein Ansehen bei den Männern um einige Grade zu steigern.

Selbst wenn ich nun zum ersten Mal Gewehre aus der Nähe sah, spielte es für mich keine Rolle, wenn es auch das letzte Mal gewesen wäre. Was mich viel mehr beeindruckte, war Rays offene Freundlichkeit, seine Ordnungsliebe und seine Rücksichtnahme auf andere, die ich jeden Tag neu bewunderte. Sein Zimmer war immer so gut aufgeräumt, daß ich mich fragte, ob er es überhaupt bewohnte. Immer und überall benutzte er Aschenbecher - im Gegensatz zu den meisten Gästen, die dafür Kaffeetassen, Unterteller, Teller oder einfach den Boden benutzten, um ihre Asche zu deponieren. Dies irritierte mich. Ich war gezwungen, die Zündhölzer und Zigarettenstummeln erst aus den Resten herausfischen, bevor ich diese einer halb verhungerten streunenden Hündin, die regelmäßig vorbeikam, zu fressen geben konnte. Sie verschlang nämlich alles mit solcher Hast, daß sie bestimmt an den Zündhölzern erstickt wäre. Ihr tief herunterhängender Bauch zeigte, daß sie kürzlich geworfen hatte.

Wahrscheinlich schätzte ich Ordentlichkeit und Rücksichtnahme so hoch ein, weil ich einen endlosen Strom von Gästen erlebt hatte, die erwarteten, ständig wie Säuglinge umsorgt zu werden, und die offenbar noch nie etwas von Papierkörben, Aschenbechern und Kleiderbügeln gehört hatten.

Einmal, als Ray am Tisch saß und genußvoll eine Tasse Kaffee trank, bemerkte ich, daß er die Asche in die Aufschläge seiner Hosen schnippte, weil kein Aschenbecher da war ... Jedesmal wenn er von seinen kleinen Jagdausflügen mit Eichhörnchen, Raubvögel und ähnlichem zurückkam, brachte er sie gehäutet, gewaschen und zum Kochen bereit in die Küche, während andere schießwütige Helden prahlerisch einen oder zwei Tukane (als nicht eßbar eingestuft) noch voll Blut und Federn auf die Schwelle der Küche warfen und dabei schrien: «Hier ist etwas für das Abendessen!»

Wie zu erwarten war, gab es den nächsten Coiffeur zwei Tagesritte entfernt. Wer hier draußen Haare annehmbar schneiden konnte, war sehr gesucht. (Sonst ließ man die Haare eben so lang wachsen, wie wir es in Cotito taten.) Eines Tages war ich daran, Skippys Haar mit einer Schere zu schneiden, wie ich es schon oft getan hatte, als Ray mir mit Interesse zuschaute. Als er das Resultat meines Haareschneidens betrachtet hatte, fragte er: «Sag mal, Trudi, würde es dir nichts ausmachen, mein Moos zu schneiden?» Ich machte einen Versuch, ihm davon abzuraten, aber mein Wortschatz war viel zu klein, so daß ich schließlich sagte: «Ja, gerne.»

Es war ganz anders, seine Haare zu schneiden, als bei Skippy. Nur schon beim Gedanken daran begann ich zu zittern, ob mein Haarschnitt wohl gut genug sein würde. Zudem war ich Ray noch nie so nahe gekommen. Mir wurde dabei klar, daß meine Schwäche für ihn bereits viel größer war, als ich mir gegenüber zuzugeben wagte.

Derart aufgewühlt, schnitt ich aus Versehen leicht in sein Ohr, was mir so leid tat, daß ich den starken Drang verspürte, sein Ohr zu küssen, um meinen Fehler gutzumachen. Statt dessen entschuldigte ich mich so sehr ich konnte - während er behauptete, er habe überhaupt nichts gespürt.

Als wir alle um das Cheminéefeuer herumsaßen, stellte mir Ray die Frage: «Trudi, erinnerst du dich noch an die Schweiz? Wie lange ist es her, daß du von dort weggegangen bist?»

«Natürlich erinnere ich mich!» antwortete ich. «Ich war

damals schon zwanzig.» - «Zwanzig?» wiederholte er überrascht. «Ich hätte geschworen, du wärest nicht älter als etwas über fünfzehn.» Nun wandte er sich mir zu und stellte ein gutes Dutzend weiterer Fragen zu meiner Person, bevor er von sich selbst zu erzählen begann. «Ich bin einunddreißig und mit der Marine fast überall in der Welt herumgekommen, außer nach Europa. Bin schon zwölf Jahre in der Marine und kann eigentlich geradesogut dabei bleiben», erklärte er. Einer der Gäste erkundigte sich: «Ray, du tönst, als kämest du aus Texas?» - «Man hat mir dies schon oft vorgeworfen», lachte er, «mein Heimatstaat ist West Virginia.»

Rays Besuche in der Küche, wo ich die meiste Zeit verbrachte, häuften sich. Er erzählte mir viel von seiner Arbeit und seiner Position in der Marine, wovon ich keine Ahnung hatte. Sich entschuldigend, erklärte er: «Leider kann ich dir nicht viel bieten, zur Zeit bin ich ein *First Class Mate Navy* und erwarte eine Beförderung zum *Chief Petty Officer* bei meiner Rückkehr in die Kanalzone.» Er sagte mir sogar, wieviel er pro Monat verdiente. Ich empfand so viel für Ray, dass es mir keinen Unterschied machte, wie wenig oder wieviel er verdiente. Seine Besorgtheit, mir nicht mehr bieten zu können, machte ihn noch liebenswerter.

Ich wagte jedoch nicht, ihm meine tiefe Bewunderung zu zeigen. Ich wollte mir keine Ideen oder gar Träume zulassen, ich kannte ja meine Lage und war hier, um Mrs. M. zu helfen, und Ray war einfach ein Gast, das war alles.

Trotzdem freute ich mich über Rays ständige Aufmerksamkeit. Jeden Tag kam er in die Küche, um den Kalender zu konsultieren und sich zu überlegen, wie er seinen Aufenthalt noch einige Tage verlängern könnte. Er wollte auch

Cotito, die Schweizer Kolonie, wie er sie nannte, noch besuchen.

Als er von dort zurückkam, war es offensichtlich, daß er sich bei meinen Freunden dort sehr gut eingeführt hatte. Er kam nicht nur mit einem, sondern gleich zwei großen Käsen zurück und, um die Taille gebunden, einem Sack frisch geerntetem und geröstetem Kaffee. Auch meine Freunde hatten herausgefunden, wie gern er Kaffee trank, und sorgten dafür, daß er sich an eine der besten Kaffeeplantagen von Panama erinnerte.

Ray hatte seinen Urlaub bereits ausgeschöpft, ganze drei Wochen, und er würde etwa vier Tage brauchen, um in die Kanalzone zurückzureisen.

Es war bereits Februar. Zum Abschied von Ray organisierte Mrs. M. eine kombinierte Abschieds- und Geburtstagsparty (ich hatte Geburtstag) am Abend vor seiner Abreise.

Ich konnte das Fest nicht so recht genießen. Der Gedanke an Rays Weggehen bedrückte mich, obwohl ich mir einredete, er werde mich bald vergessen haben. Ich wünschte mir genug Mut, ihm irgendwie zu zeigen, daß er mir sehr viel bedeutete.

Was ich dann tat, war vielleicht kindisch oder ganz einfach dumm. Aber ich tat es. Ich schlich mich einige Minuten von der Party weg und schrieb auf ein Stück Papier:

«Lieber Ray, Ich habe Deinen Aufenthalt sehr genossen - mehr als ich sagen kann! Herzlich - Trudi.»

Schnell ging ich auf den Fußspitzen in Rays Zimmer und legte ihm den Zettel auf sein Kopfkissen. Bald darauf ging das Fest zu Ende, da wir alle um zwei Uhr morgens aufstehen mußten. Ray hatte eine lange Reise vor sich.

Am nächsten Morgen um zwei Uhr früh bereiteten wir

das Frühstück, während Withoune die Pferde sattelte. In kalten Nächten, wie sie dort oben herrschten, war das Aufstehen fast grausam. Wir waren alle bis auf die Knochen durchfroren, und niemand mochte reden. Ich füllte immer wieder Rays leere Tasse mit heißem Kaffee und brachte kein einziges vernünftiges Wort heraus. Auch Ray war ziemlich schweigsam, sogar ein bißchen nervös, gar nicht so ausgeglichen wie sonst.

Der Moment, den ich am meisten gefürchtet hatte, kam immer näher, als Ray plötzlich aufstand und sagte: «Zeit, zu gehen.» (Jetzt ist alles vorbei, dachte ich.)

Plötzlich, anstatt mir die Hand zu geben, wie ich erwartet hatte, riß Ray mich stürmisch in die Höhe, legte seine Arme fest um mich, hielt den Kopf zu mir herunter und fragte: «Trudi, gibst du mir einen Kuß?» Seine Hände zitterten, als er die meinen umschloß, und mir war ganz schwindlig, als er leise sagte: «Es widerstrebt mir, so von dir wegzugehen; wirst du mir antworten, wenn ich dir schreibe?» Dann setzte er hinzu: «Ich wünschte, ich wäre frei, um dich zu fragen, ob du mich heiraten möchtest - aber ich habe einen Krieg am Hals und kann jetzt überhaupt keine Zukunftspläne machen.»

Ich war so glücklich zu wissen, daß er mich wirklich gern hatte, und gleichzeitig traurig, daß er weggehen mußte. «Ich befürchte, sofort nach meiner Rückkehr auf ein Schiff in den Pazifik verlegt zu werden», sagte Ray zwischen unseren Küssen, kurz bevor er aufsitzen mußte. «Auf jeden Fall werde ich dir schon von David aus schreiben und dann, sobald ich in der Kanalzone bin. Vergiß nicht, mir auch zu schreiben», bat er inständig.

Das Herz war mir schwer, als ich ihm zusah, wie er auf sein Pferd stieg und in der nächtlichen Dunkelheit verschwand.

Von diesem Moment war es, als ob mit mir eine Verwandlung vorgegangen wäre. Auf einmal war ich mir bewußt, daß ich während der letzten vier Jahre meine persönlichen Bedürfnisse und Wünsche ganz begraben hatte. Zum erstenmal fühlte ich mich wieder wie ein Individuum, nicht nur als Teil einer Gruppe.

Ich fühlte mich ganz anders - glücklich, aber zugleich von einer bittersüßen Sehnsucht nach dem Menschen erfüllt, von dem ich geglaubt hatte, es könne ihn nicht geben.

Der Mittwoch, wenn jeweils die Post kam, wurde für mich der wichtigste Tag der ganzen Woche. Als Mrs. M. mich fragte, ob ich sie in etwa zwei Monaten in die Kanalzone begleiten wolle, nahm ich ohne einen Augenblick zu zögern an.

Die zweiten guten Nachrichten standen im ersten Brief von Ray, in dem es unter anderem hieß: «Soweit mir bis jetzt bekannt ist, werde ich nicht versetzt!»

Anfang und Ende der Panamerikanischen Landstraße

Auf einem der wenigen Ausflüge zum Postbüro von El Volcan sah ich mit eigenen Augen, daß die Gerüchte über eine Panamerikanische Straße mit dem Einsetzen der Trockenzeit Realität geworden waren.

Eine ganze Armee von amerikanischen Straßenbauingenieuren mit all ihren monströsen Maschinen war in die Grassteppen von Volcan eingefallen. Auf den weiten, offenen Ebenen der *savana* wurde ein Lager aufgestellt, das einer Armee-Basis glich. Angesichts der vielen Offiziersbaracken, Schlafsäle, Speise- und Aufenthaltsräume und der Kühlanlage, von der eigens dafür erzeugten Elektrizität betrieben, konnte sich jeder ausmalen, wieviel eine solche Operation kosten würde.

Riesige Raupenschlepper und Traktoren waren über einen Großteil der *savana* verstreut, die sich nun in einen rieisgen Sumpf verwandelt hatte. Einige versanken im Sumpf, und mit großen Schleppern wurde versucht, sie wieder herauszuziehen. Dies wühlte den Boden weiter auf, so daß sich noch tiefere Seen und Sümpfe bildeten. Man erzählte mir, ein Arbeiter, der diese Maschinen bediene, verdiene über zwanzig Dollar pro Tag, eine phantastische Summe im Vergleich zu den lokalen Löhnen jener Zeit.

Die ganze Maschinerie, die sich in Bewegung gesetzt hatte, machte nun die einzige armselige Straße von La Concepcion nach El Volcan unpassierbar. Mehrere *chivas*, von denen man nur noch das Dach sah, waren dem Rand entlang einfach stehen gelassen worden.

Die Bauingenieure begannen, lokale Hilfen anzustellen. Keiner jedoch schien es für nötig zu halten, sich zu erkundigen, wieviel ein einheimischer *mozo* normalerweise pro Tag verdiente. Pro Tag erhielten sie in dieser Region 35 Cents. Doch die Ingenieure kümmerten sich nicht darum und bezahlten ihnen erstaunliche 2.50 Dollar pro Tag plus Kost und Logis. Die *mozos* glaubten zu träumen. In weniger als zwei Wochen gab es Probleme ...

Nach dem ersten Zahltag erschien nur eine Handvoll Arbeiter bei der Arbeit. Die Ingenieure waren wütend und fluchten, was das Zeug hielt. Warum wohl legten so viele Männer aufs Mal die Arbeit nieder? Sie konnten sich dies nicht erklären. Zeit und Geld wurde vergeudet, und während die Aufseher sich aufregten, wurden die Raupenschlepperführer für ihr Nichtstun bezahlt.

Endlich fand man die meisten der *mozos* hoffnungslos betrunken in der neu eröffneten *cantina*, wo sie ihren ganzen Zahltag verspielten und versoffen.

Die Arbeiter hatten noch nie in ihrem Leben so viel Geld auf einmal gesehen und noch weniger je so viel in ihren Taschen gehabt. Sie sahen nicht ein, weshalb sie zur Arbeit gehen sollten, bevor sie nicht alles verpulvert hatten.

Als der Regen aufgehört hatte, wurde die Straße für einen Jeep planiert. Es stellte sich heraus, daß Mrs. M. und ich die Ehre hatten, als die ersten Damen und Gäste des Ingenieurs über diese ganz neue Straße nach Cotito zu fahren. Bei den holprigen Stellen mußten wir uns festhalten, und mehrmals mußte unser Jeep aus den Löchern herausgezogen werden. Ich war erstaunt, daß es weniger als zwei Stunden bis Cotito dauerte anstatt vier zu Fuß oder mit dem Pferd. Die Straße führte nicht dem Pfad entlang, den wir vor Jahren geschlagen hatten, sondern folgte mehr oder weniger dem alten Weg.

Als die Ingenieure unsere *finca* in Cotito besichtigten, gaben sie ihrem Erstaunen und ihrer Freude Ausdruck über all die Nahrungsmittel, die hier produziert wurden, nicht zuletzt weil sie den Mangel an Eßwaren aller Art im Gebiet von El Volcan schon erlebt hatten.

Der Versorgungsmanager der Bauherren, der uns begleitete, wollte auf typisch amerikanische Art (dachte ich) sofort ganze Wagenladungen Gemüse, Milch, Käse, Honig und Bananen und jedes andere eßbare Produkt kaufen. Meine Freunde waren ziemlich verblüfft. Natürlich produzierten sie mehr Eßwaren als sonst jemand in der Gegend, aber doch nicht ganze Wagenladungen! Sie waren bereit, alles, was sie gut entbehren konnten, zu verkaufen.

Die Bauherren hatten noch ein anderes dringendes Problem am Hals. Wo konnten sie ihre 37 übergroßen Maultiere, die sie für sich importiert hatten, grasen lassen? Die Tiere waren beinahe doppelt so groß wie jedes einheimische Pferd. Wahrscheinlich wußten die Amerikaner nicht, daß die große *savana* während jeder Trockenheit wie Stroh austrocknet. Es gab kaum genug zu fressen für die einheimischen Herden, die dort das ganze Jahr hindurch grasten. Als die Ingenieure zum erstenmal die grünen Weiden von Cotito von weitem sahen, waren sie verständlicherweise bereit, beinahe jeden Preis zu bezahlen, um hier ihre Maultiere grasen lassen zu dürfen. Die großen Geldsummen, die sie boten, machten meinen Freunden jedoch keinen Eindruck. Ihre Hauptsorge war, ob die Weiden es ertragen konnten, von einer solchen Anzahl Maultiere ratzekahl abgefressen zu werden? Sie lachten nur über das übertriebene Angebot. schließlich waren sie bereit, einen Drittel des Geldes anzunehmen unter der Bedingung, daß die Amerikaner möglichst bald einen andern Platz zum Grasen für die Maultiere auftrieben.

Wie sich herausstellte, hatte die Beköstigung der Maultiere eine sehr unangenehme und schädliche Begleiterscheinung. Sie brachten nämlich die Hausfliegen nach Cotito, wo es bisher keine einzige Fliege gehabt hatte - gleich millionenfach.

Etwas Sonderbares geschah dann. Plötzlich, ohne eine Vorwarnung oder einen ersichtlichen Grund, wurde der Straßenbau eingestellt. Innert kürzester Zeit packten die Leute alles zusammen, reisten mit ihren Maschinen ab und ließen die ganze Umgebung zerstört zurück.

Es gab viele Gerüchte über den Grund für diesen Stopp des ganzen Projekts mitten in der Trockenzeit, der einzigen Zeit, in der eine solche Arbeit möglich war. Eines der hartnäckigsten Gerüchte behauptete, es habe Unterschlagungen gegeben ...

Was die Baugesellschaft hinterlassen hatte, konnte kaum als Gewinn für die Provinz und die Bevölkerung bezeichnet werden, schon eher als eine Katastrophe. Der Straßenbelag wurde weggewaschen, bevor die Regenzeit vorbei war. Der Rest wurde schnell von dichter tropischer Vegetation überwuchert.

Die Bevölkerung bekam die schockierend gestiegenen Preise aufgebürdet. Kein Besitzer einer *finca* konnte es sich leisten, einem Mann 2.50 Dollar pro Tag zu bezahlen. Woher hätten sie das Geld nehmen sollen? Die meisten führten ihre Farm als Selbstversorger und nicht, um Geld zu verdienen.

Es tröstete mich, zu wissen, daß die Wunden dieser sinnlosen Vernichtung von tropischem Land glücklicherweise von selbst verheilten ... wenn man es in Ruhe ließ. Der Boden brauchte nur ein oder zwei Jahre Ruhe ... und die Spuren des einstigen Versuchs, eine Straße zu planieren, würden kaum noch zu finden sein.

Ein letzter Besuch

Die Landschaft in El Volcan war nicht alles, was sich während meiner zweijährigen Abwesenheit verändert hatte. Ich war inzwischen glücklich verheiratet mit Ray und Mutter eines Babys, eines blauäugigen Mädchens, geworden. Zusammen wollten wir unsere Freunde in Cotito besuchen, zuerst mit dem Auto, soweit dies ging, und dann den Rest des Weges zu Pferd.

Dieses Happy-End der Geschichte kam nicht so plötzlich und so einfach, wie es den Anschein erweckt. Unsere Schwierigkeiten waren nicht Unentschlossenheit oder elterliche Opposition oder die sonst üblichen Konflikte, die bei solcher Gelegenheit auftauchen können. Was uns wirklich ernsthafte Sorgen bereitete und uns völlig blockierte, war das Fehlen von rechtsgültigen Urkunden oder einem Paß meinerseits, ohne die ich mich nicht legal in der Kanalzone aufhalten durfte und noch weniger die Genehmigung zum Heiraten erhielt. Viele andere Einschränkungen, teils kriegsbedingt, teils weil Ray sich im Dienst befand, standen uns zudem wie eine Wand im Weg. Sämtliche Frauen der diensttuenden Männer waren schon längst evakuiert worden. Und Gesetze über die Heirat mit Europäern gab es noch keine.

Daß ich Glück hatte, schon seit einem Monat überhaupt in der Kanalzone zu wohnen, wurde mir erst bewußt, als ein Spezialagent bei uns an die Tür klopfte. Erst Jahre später wurde mir klar, daß dieser ein Agent des *Federal Bureau of Investigation* gewesen war. Ein Brief meines Vaters aus Europa war für weitere Abklärungen zurückbehalten worden und hatte deshalb die Aufmerksamkeit auf mich gelenkt. Während dieser Kriegsjahre wurde jeder Brief aus der Schweiz von den Nazis einer gründlichen Zensur unterworfen, anschließend der ganze Umschlag mit Hakenkreuzen verunstaltet. Das FBI mußte deshalb aus Sicherheitsgründen solche Post genau untersuchen.

Der Agent stellte mir viele Fragen betreffend meine Korrespondenz und kam dann zum entscheidenden Punkt: «Sagen Sie mir bitte, wie Sie es geschafft haben, in die Kanalzone zu gelangen?» Bisher hatte ich keine Ahnung gehabt, daß dies etwas Besonderes bedeutete. Ich erzählte ihm, wie ich mit Mrs. M., Skippy und zwei Katern in einem Sack auf einem Küstenschiff für Passagiere und Fracht, von einem schwedischen Kapitän geführt, eingereist war. Vielleicht hatte das Gezisch und Geheul der beiden Kater, das jedes Gespräch übertönte, die Einreiseprozedur im Hafen beschleunigt?

Der Agent erinnerte mich dann daran, es sei von äußerster Wichtigkeit, daß ich ihm meinen Geburtsschein bald vorweisen könne. Wie die Dinge standen, konnte ich nicht einmal den Nachweis erbringen, daß ich geboren war – und noch weniger meine Nationalität beweisen.

Inzwischen hatte Ray seine eigenen Probleme gehabt. Er mußte die Genehmigung zur Heirat vom Marinekommando der Kanalzone einholen. Natürlich mußten auch meine Personalien für die Heirat überprüft werden.

Die ganze Zeit über war ich oft in Tränen aufgelöst, wenn ich an die Hoffnungslosigkeit unserer Lage dachte. Man sagte mir, die ganze Post nach der Schweiz sei durch die Nazis blockiert worden. (Ich weiß nicht, ob dies auch für das übrige Europa zutraf.) Es war ein großer Schlag für mich, nicht mehr direkt jemandem meiner Familie schreiben zu können.

Auf der verzweifelten Suche um Hilfe sagte man uns, das Internationale Rote Kreuz sei fähig, dringende Botschaften bis zu fünfundzwanzig Wörter in die meisten Länder zu senden. Für Ray und mich war dies die letzte Hoffnung. Man übergab mir ein dünnes Stück Papier mit der dringenden Mahnung: «Weder Zahlen noch Daten sind in der Botschaft erlaubt!» Für mein Gesuch war dies denkbar ungünstig, ja gar unmöglich. Wie sollte ich ohne Angabe der Daten einen Geburtsschein verlangen? Alles, was ich schreiben konnte, war: «An das Amthaus in Romanshorn, Schweiz. Ich bin die Tochter von ... geboren in R ..., bitte senden Sie mir eine Kopie meines Geburtsscheins.» Mit nur wenig Hoffnung händigte ich das ausgefüllte Formular der Dame vom Roten Kreuz aus.

Ich glaubte zu träumen, als ich tatsächlich einen großen braunen Umschlag aus der Schweiz erhielt, ausgeliefert vom Büro des Roten Kreuzes ... nach nur ZWEI WOCHEN! Ich hüpfte mit dem wertvollen Papier aus Freude im ganzen Zimmer herum und telefonierte sofort Ray, um ihm die guten Nachrichten mitzuteilen.

Ironischerweise mußte Ray weitere drei Monate warten, um seinen Geburtsschein aus West Virginia, den er am gleichen Tag wie ich bestellt hatte, zu bekommen. Sofort übergab Ray nun meinen Geburtsschein den offiziellen Stellen. Der ganze Prozeß hätte sich noch über viele Monate erstrecken können, wenn nicht Rays *Commander* und der *Executive Secretary* der Kanalzone sich für uns eingesetzt hätten. Beide gestanden Ray, sie seien noch nie mit einem solchen Fall konfrontiert worden. Sie schlugen vor, Ray solle meinen ganzen Lebenslauf mit allen Daten und Orten, wo ich vorher gewohnt hatte, auflisten. Nachdem dieses lange Schriftstück vorlag (eine große Geduldsprobe für Ray), wurde es von den Beamten geprüft und mit einem Stempel beglaubigt, und ich erhielt nun auf diese Weise meinen *Affadavit in Lieu of a Passport*. Mit diesem Ausweis erhielt ich ein Visum für die Kanalzone. Inzwischen hatten wir vom Marinekommando auch die Genehmigung zur Heirat bekommen.

Für mich war es wie das glückliche Ende eines Märchens, als Ray mich über die Schwelle eines hübschen, von Palmen beschatteten Bungalows trug, der uns zugeteilt worden war.

***

Müde und wund vom langen Ritt erreichten wir endlich die letzte Kurve oben auf dem Berg, von wo aus wir das weite Cotito-Tal überblicken konnten. Wir hielten kurz an, um die Schönheit der Landschaft auf uns einwirken zu lassen. Auf dem hellen, smaragdgrünen Teppich des Tales präsentierte sich Cotito wie das Modell eines bunten Dörfchens, mit flammendroten Bougainvillea- und Hibiskusbüschen und friedlich grasenden Kühen und Pferden auf den umliegenden Weiden.

Nun ließen wir gemeinsam einen kräftigen Schrei ertönen, wie es jeweils Sitte gewesen war, unsere Ankunft auf einheimische Art anzukündigen. Meine Freunde hatten uns offenbar gehört, denn wir sahen zwei winzige Gestalten herauskommen, um unseren Ruf zu beantworten. Als wir näherritten, war ich erleichtert, festzustellen, daß sich in Cotito nichts verändert hatte, außer daß die Orangenbäume doppelt so groß waren wie das letztemal, als ich sie gesehen hatte. Vor nur drei Jahren hatten Luise, Doris und ich die schwierige Aufgabe auf uns genommen, sie zu pflanzen.

Unser Ritt schien mir viel länger zu sein als je zuvor, und zwar aus verschiedenen Gründen. Nach zwei Jahren in der Kanalzone war ich nicht mehr so abgehärtet wie zuvor. Zudem trug ich unser fünf Monate altes Baby in einem um die Schultern geschlungenen Tragtuch. Auf diese Weise konnte ich es unterwegs auch stillen, ohne anzuhalten. Seine großen, blauen Augen waren die ganze Zeit weit offen, als wollte es nichts verpassen. Das Baby war so zufrieden, daß es während des ganzen Rittes keinen Ton von sich gab.

Nach den langen sechs Stunden unterwegs war ich froh,

als Theresa ihre Arme ausstreckte, um mir mein Töchterchen abzunehmen, das inzwischen dreimal so schwer schien. Als ich vom Pferd stieg, klappten meine Beine wie leere Strümpfe zusammen, völlig gefühllos. Ray und Benni mußten mir wieder auf die Beine helfen. Als ich alle gegrüßt und umarmt hatte, stellte ich mich noch einmal mutig unter die vertraute kalte Dusche, die mich augenblicklich wieder belebte. Mit einer guten Mahlzeit feierten wir dann unser glückliches Wiedersehen.

Obschon es zuerst nicht so offensichtlich war, gab es doch Veränderungen in Cotito. Nachdem ich als erste die *finca* verlassen hatte, folgten bald einmal verschiedene der Jüngeren meinem Beispiel. Luise, meine beste Freundin, war die zweite, die es wagte, wegzugehen, dann auch Arthur, André, Ruedi und Peter. Später noch weitere. Wer ein bißchen Lebenserfahrung besitzt, kann sich gut ausmalen, daß ein solcher Schritt in den Kriegsjahren damals und in Anbetracht der Abgeschiedenheit des Ortes sehr viel Mut voraussetzte. Alle, die Cotito verließen, hatten wie ich nichts als ein Bündel Kleider bei sich und keinen roten Rappen, um ein neues Leben zu beginnen.

Als Ray und ich uns nach einigen Tagen wieder von meinen Freunden verabschiedeten, schaute ich noch einmal lange auf das unverdorbene, fruchtbare Stück Erde zurück, um es mit den Augen ganz in mich aufzunehmen - für immer.

In späteren Briefen, die ich mit Theresa wechselte, berichtete sie mir, zwei Jahre nach unserem Besuch sei eine Sägemühle am Ufer des Chiriqui gebaut worden. In kürzester Zeit hätten die Betreiber der Mühle jedes Stück Holz weit und breit aufgekauft. Wie ein riesiger Raupenschlepper habe sich die Sägemühle ihren Weg tief in das ganze Gebiet des Cotito hineingefressen. Jeder Hügel, jeder Berg und jedes Tal seien bis zur völligen Kahlheit abgeholzt worden.

Obwohl es meinen Freunden in Cotito gelang, die meisten ihrer Wälder vor diesem Kahlschlag zu bewahren, konnten einige der Nachbarn dem Geld, das ihnen für ihr Holz geboten wurde, nicht widerstehen. Dies führte zu einer der größten Ironien des Schicksals. Die dunkle Seite dieses Handels zeigte sich nämlich nur zu bald.

Dieselben Leute, die ihr Holz verkauft hatten, waren auf einmal in der lächerlichen Situation, ihr eigenes Holz von den nun sehr wohlhabenden Besitzern der Sägemühle zurückkaufen zu müssen - per Ster und zu überrissenen Preisen. Und zwar jedesmal, wenn sie auch nur ein Hühnerställchen bauen wollten.

Um diese an sich schon mißliche Lage noch zu verschlechtern, begannen die Jahreszeiten verrückt zu spielen. Ein Großteil der vorher so fruchtbaren Gegend und vor allem die Berghänge wurden während der Regenzeit leergewaschen, was unmäßige Dürren zu Folge hatte.

***

Da ich die schroffen Wechsel mit Kopf und Herz miterlebt habe, den der sogenannte Fortschritt mit sich bringen kann, ist es mir ein großes Anliegen, das einst so reiche Land wenigstens auf dem Papier zu bewahren. Für das Glück, das ich hatte, lange Jahre inmitten der Schönheit und der Freigebigkeit eines unverdorbenen Stückes Erde im grünen Paradies von Cotito, Candela und auf der Palm Ranch in Costa Rica - *leben* zu dürfen, werde ich ewig dankbar sein.

Ohne eingebildet sein zu wollen, glaube ich doch: Was

wir dort aufbauten und wie wir dort lebten, ist einzigartig und einmalig. Deshalb habe ich versucht, das Wertvolle meiner Erfahrungen und meiner Erinnerungen dieser Jahre schreibend für immer festzuhalten. Ich widme diese Aufzeichnungen meinen Freunden, die mit mir in Panama gelebt haben, und ganz besonders Ray, meinem geliebten Mann, meiner Tochter Yvonne und meinem Sohn Joe.

N
W
ATLANTIC
CANDELA
COTITO
VIEJO
CHIRIQUI
EL VOLCÀN
Boca del
TORO
GOLFO DE
MOSQUID
REP.
BOQUETE
LA CONCEPCIÒN
DAVID
CAMERON
PUERTO
ARMUELLES
PEDREGAL
REMEDIO
END OF
ROAD
GOLFO DE
CHIRIQUÍ
COIBA
PRISON
Built trail
Our farms